西安楼观中国道文化展示区

"大道楼观"系列丛书

紫氣千尋

说楼观

CULTURE OF CHINA TAOISM

王琪玖 著

陕西师范大学出版总社有限公司
西安曲江出版传媒股份有限公司

图书代号：SK11N1188

图书在版编目（CIP）数据

紫气千寻落楼观 / 王琪玖著. — 西安 ：陕西师范大学出版总社有限公司，2011.12

（大道楼观系列丛书）

ISBN 978-7-5613-5899-3

Ⅰ. ①紫… Ⅱ. ①王… Ⅲ. ①道教－寺庙－宗教文化－中国 Ⅳ. ①B957.2

中国版本图书馆CIP数据核字(2011)第267515号

紫气千寻落楼观

作　者	王琪玖
责任编辑	焦欣波
文字统筹	张爱林　王玉民　张忝甜
封面设计	黑子设计
出　版	陕西师范大学出版总社有限公司 (西安市长安南路199号　邮编 710062)
发　行	西安曲江出版传媒股份有限公司 (西安市雁塔南路300-9号曲江文化大厦C座 邮编 710061)
网　址	http://www.snupg.com　http://www.xaqjpm.com
印　刷	陕西金和印务有限公司
开　本	710mm×1020mm　1/16
印　张	20.5
字　数	260千
版　次	2011 年 12 月 第 1 版
印　次	2011 年 12 月 第 1 次印刷
书　号	ISBN 978-7-5613-5899-3
定　价	39.00

读者购书、书店添货或发现印刷装订问题，请与本公司营销部联系、调换。

电　话：(029) 85458066　85458068（传真）

前言

大道如青天

什么是道？或者道是什么？

不管是偶然一遇的游客，还是皓首穷经的学人，抑或居观修炼的道士，看楼观、说楼观、写楼观，这都是绕不过去的话题。然而，大道如青天，可以观、可以习、可以炼、可以悟……但就是不可以说，不可以触摸，因为能够用语言表述出来的道，就不是道了，能够被触摸到的，那就更不是道了。老子在他的《道德经》开篇就说，“道可道，非常道，名可名，非常名”。道不可以道，不可以名，但是，人类有穷究天地物理的好奇心，越是不容易看得懂、想得透、解释得清楚的东西，人们的研究兴趣就越浓。从《道德经》问世起，关于道的研究和解读就没有停止过，但是，正如昊昊上苍，渺渺宇宙一样，无论人类如何努力地去探索，甚至创造出大型强子对撞机，试图揭开宇宙起源的奥秘，都无法接近道的核心谜团，因为大道如青天，天无形，天无声，天无言，天无色，天无情……人们关于道的阐释，虽然几近乎道，但却不是道。这一点，只需要粗略地翻检一下中国道教史就知道。历史上道文化的研究者，或者道教人士的道派之分，以及习道、传道的路径中，有的是自说自话，有的是自以为是，有的是自行其事。其中所谓的成就最大者，也不过是盲人摸到的大象的一条腿、一只耳朵或一条尾巴而已。

那么，道到底是什么？或者说，到底什么是道？

我认为，对于什么是道的问题的解答，不必强求一个标准答案，因为道只是道家的创始人老子就当时的侯王们解决社会问题给出的一个指向性的概念，一个思考问题的原点式的方法。他老人家对道的解答也是以喻代答，也是一种运用排除法来解读道之所以为道的喻说。比如“无名天地之始。有名万物之母。故常无欲以观其妙。常有欲以观其徼。此两者同出而异名，同谓之玄。玄之又玄，众妙之门”。在这段话中，老子似乎是在说，道是“众妙之门”，那么，这个众妙之门是什么样子，或者有着什么内涵，他老人家没有说。但是，为了要让读他的高论的人理解这个“众妙之门”，他在其后用了一系列的喻说，来解惑答疑。这一点，只要是读过《道德经》的人，相信都会有此感受。在《道德经》中，老子说得最多的，不是道，不是德，他没有说道和德是什么，而是说如何得道，得德，也就是识道、知道、得道、守道的方法。

其实，不仅是老子，就是承继和发展了老子之说的关尹子、庄子，也是如此。老子贵柔，关尹贵清，庄子贵气之说，实际上已经指出了这三位道家的祖师爷主要讲的是“得道”的方法。从文化哲学的角度来考察，道家学说偏重于认识论，主要构建和阐释的是对于自然、社会和人生的关系模型。简洁地讲，就是人如何看待、对待和处理人与人、人与自然、人与社会的关系。司马迁说，老子的学说，是“君人南面之术”，实际上是说，老子的《道德经》是写给侯王们看的，是启发（教导）侯王们如何统驭民众的，是谈社会管理和社会治理的。就其侧重点而言，道家主要谈的是比较形而上的管理理念。总体上来说，道家的哲学是属于朴素辩证法的，道家看问题不绝对化、片面化，而是认为任何矛盾对立都是相对的，是可以相互转化的。和道家相比，儒家和法家学说比较偏重于实践论，道家关注的是形而上，儒家和法家更多关注的是形而下。

过去，关于道家学说，我们至少有三个不全面的认识，一是我们理解“道法自然”时，认为道即自然，这是不准确的。道不是自然，而是“不可道”“不可名”的自然之根，是自然之源与归宿。道法自然，就已经表明，道与自然是两个相对独立、有着各自内涵的概念。作为对自然和人类生化之源与存在之本的总概括，道是一种最为根本的存在。它无始无终，无名无象，先于一切事物存在而又存在于一切事物之中，它无处不在而又超越一切具体的存在。二是我们通常理解似乎道家只讲柔，不讲刚，这个认识是不全面的。道家既讲柔，也讲刚，至柔即至刚。《易经》最前边写的“天行健，君子以自强不息，地势坤，君子以厚德载物”。就是讲刚柔相济，阴阳调和，一张一弛，文武之道。所谓“一阳一阴谓之天道，一生一死谓之地道，一男一女为之人道”，这实际上就是所谓的“二生三”。有了这个“二生三”，才有了“三生万物”。就“天道”而言，所生得是春夏秋冬、白天黑夜、风雨雷电；就“地道”而言，所生的是高山大河、五谷杂粮、虫鱼鸟兽、花草树木；就“人道”而言，所生的是男女老幼、贤愚不肖、忠奸智勇。如此之“三”，衍生出世间万事万物。三是有人认为道家是退隐的、出世的、消极的，其实不然。就文化形态而言，儒家是保守型的，师古、泥古、怀古、复古。法家是创新型的，疑古、破古、变古、弃古。而道家是均衡型的，道家无所谓古与今、新与旧、退与进、强与弱、高与下、无与有，它强调或者所持的是均衡理论，“无为无不为”，运用之妙，在乎一心。如果从文化行为角度来考察，道家关注的是“天心”，崇尚自然自在，行为规范为“无为无不为”；儒家涵养的是“地心”，崇尚的是“为政以德”，行为规范为“导之以礼”；法家冶炼的是“人心”，崇尚的是“为政以刑”，行为规范为“以法为度”。所以，如果就方法论而言，我认为儒家和法家是道之形。大道无形，但道无所不在。道就在儒家和法家的学说中，儒家和法都是有形的“可道”之“道”。如果说道家关注的是形而上的“道”，那么儒家和法家关注的则是形而下的“术”。道在术之外，又在术之内。比如，就“治国”或者“救世”而言，儒家以“礼治”，法家以“法治”，如果治国只用礼，那么久而久之，国必颓；如果治国只用法，那么久而久之，国必败。这些都是由中国封建社会的兴衰史所证实过的。我们大家肯定都注意过，每一个封建王朝的末代皇帝，无论是崇法的还是尊儒的，基本上都逃脱不了“昏聩无道”四个字。无道，就是阴阳失调，刚柔不能相济，要么太柔、太软，朝纲混乱，社会失序；要么太刚、太强，法如罟网，国如沸鼎。这就是中国封建社会历史上的“乱世”。而所谓治世，则是君明臣贤，吏清民顺，社会有序，法治有度。但“天道有常”，一治一乱，久乱必治，久治必乱，久兴必衰，久衰必兴，这就是天道的“常”。

那么，如何保持“天道有常”呢？老子在《道德经》中喻示说，要想保持“天道有常”，就要向水学习，要清静无为。所以，不管后世道教有多少流派，就其习道、体道、悟道、得道的“道路”而言，几乎是相同或是相通的，都离不开“清静”二字。在守静清修这一点上，楼观道派真可以称得上是深得老子真传。我们知道，楼观道派的道学思想是以老子的《道德经》为其理论基础的，因此，和其他道教教派不同的是，楼观道派只尊老子和关尹子为祖为宗，从来不把道教的创始人张陵、张衡、张鲁等人则视为道家宗师；对于葛玄、葛洪的神仙学说，既不刻意反对，也不以“正道”视之。楼观道派尊奉老子为唯一教祖，关尹喜为玉清上相，奉老子五千文为道德之源、众经之首。因此，在与其他诸派，特别是在与佛教的论战中，楼观道派始终强调，老子的学说要高于包括佛、儒在内的其他任何教派理论。在魏晋时期，楼观派的道士们不但坚持“老子化胡说”，抵御佛教的“侵入”，而且吸纳改造佛家教义中与道家学说的相通之处，创造出《西升经》，大力宣扬老子西升化胡。由于楼观道派的尊奉、研习和传播，《西升经》和其他楼观道资料共同虚构起“圣真契遇，二经授受”的宗教传承系统，完善了楼观道派的理论基础，巩固了楼观道派的宗教史地位。楼观道派在《西升经》中提出的“我命在我，不在天地”的命运观，不但揭示了道教的生命哲学的主旨，成为以后内丹道重要的理论基础，而且对后世道教的发展产生了深远的影响。特别是从楼观道派的“道德清上高，云程守炼丹。九重天外子，方知妙中玄。心静自然体，发白面童颜。袖里乾坤大，阴阳造化先”传承歌诀里，我们可以强烈地感知到，楼观道派是唯一一个继承了老子衣钵的道派。说实在点，不论各个道教流派的教义教理和习道修炼方法有多少分歧或者不同，其宗旨都是相同的，即追求长生久视。为此，各家道派中不乏走火入魔之人、诡异荒诞之事，而楼观道派却在反反复复强调“心静自然体”，强调“守静”、“修心”，以不变应万变，以一静制万念之动，这一点深契老子所言之大道，而且为楼观道派代代习道之人所尊奉、所传承、所弘发。我想，这大概就是楼观道派经磨历艰，虽屡遭天灾人祸而绵延不绝的缘由吧。

目录
contents

壹　**大道无名仙有根　1**

尧天舜土古骆国　3

——楼观台的人文地理和自然风光

仙根缘自敬鬼神　8

——道教的产生源于敬神事鬼的祖宗祭祀

洞天福地古楼观　11

——楼观道派初创阶段的文化流承

芒鞋脚下是仙山　16

——楼观台道教文化名胜

贰　**老聃有名道无形　27**

大隐于朝一圣贤　29

——神化的老子与真实的老子

世事洞明皆学问　36

——老子的学说出自史官之学

一篇《道德》解人难　45

——《道德经》是写给侯王们的书

目录 contents

众妙之门非常道 48
——《道德经》的思想内涵
千仞终南万世经 59
——《道德经》的思想史价值
叁 **楼观祖师关尹子 67**
文始真人开楼观 69
——尹喜的生平传说
华章九篇入《百子》 75
——《关尹子》到底写了些什么
出老入庄兼阴阳 87
——《关尹子》一书的主要思想
肆 **静虚全性源共生 99**
吾将曳尾于涂中 101
——庄子的生平及其所处的时代
无为无治说消遥 106
——庄子的哲学思想
天下无人不知君 115
——庄子哲学思想对楼观派形成的影响
伍 **始皇清庙祈长生 121**
泛神淫祀不崇礼 123
——秦人神权崇拜的主体是自然鬼神

秦皇尊奉方仙道 130
——秦始皇为什么会信奉神仙
术士挖坑儒士跳 139
—— 秦始皇为什么要坑杀术士
陆 **武帝尊儒不弃道 145**
无为而治天下治 147
——孝文窦太后为何坚守黄老刑名学
武帝尊儒亦崇道 154
——汉武帝为什么对道家先抑后扬
柒 **楼观道起魏晋风 163**
楼观圣火一脉传 165
——楼观道派的形成与代际传承
内守真玄外真素 169
——魏晋南北朝时期楼观道派的代表人物
返本还真融南北 178
——楼观道派的教义特征及组织制度
捌 **北魏太武兴楼观 187**
太武挥鞭定北方 189
——北魏王朝与楼观道派的兴起
灭佛兴道事有因 196
——佛道之争背后的皇权正统之争

目录 contents

成败功过儒与道　202

——崔浩与寇谦之与北魏的兴道灭佛活动

铜身火祭叶犹繁　209

——北周佛道之争与田谷十老

玖　**宗圣宫里说隋唐　213**

崇道护佛通道观　215

——隋王朝对佛道两教的态度

楼观道士助李渊　222

——李渊为什么要尊老子为远祖

崇道抑佛建楼观　230

——楼观之兴与唐玄宗的神仙情结

楼观高道弘道宗　235

——楼观观主尹文操与《玄元皇帝圣纪》

拾　**化胡成佛是与非　239**

化胡之说事有因　241

—— 关于老子化胡的传说

化胡之迹不可考　246

——《化胡经》的背后是佛道之争

拾壹　**我命在我不在天　257**

以道为主杂儒佛　259

——《西升经》的思想渊源

道体虚无性自然　264
——《西升经》关于道、气、无的论述
我命由我不由天　270
——《西升经》的命运观
承老继庄立新论　276
——《西升经》的学术价值
拾贰　楼观全真一脉系　283
变化升举起内丹　285
——道教金丹思想向内丹思想转化
三教合一归全真　291
——王重阳的宗教学术思想
全真教兴宗圣宫　296
——宋元时期楼观道派的流变
结语　丹炉不熄千年火　301
参考文献　307
后记　309

壹

大道无名仙有根

尧天舜土古骀国

——楼观台的人文地理和自然风光

重峦俯渭水，碧嶂插遥天。

出红扶岭日，入翠贮岩烟。

叠松朝若夜，复岫阙疑全。

对此恬千虑，无劳访九仙。

终南山

这是唐太宗李世民初到长安时，为终南山神奇秀美、宛若仙境的景色吸引，有所触发而写成的一首山水诗，名为《望终南山》。前六句写山写水，写朝阳，写山峦，写烟霞，写松树，如丹青圣手，参差走笔，错杂成趣，把终南山的神秀描写得历历如画。后两句直抒胸臆：如此如诗如画的美景，可以消尽人间的无数烦恼，根本没有必要劳心费力去寻访什么神仙。千百年来，大凡登上终南山的游人，看到李世民的这首诗，莫不深有同感，顿起引为知己之念。

之所以会引起大家的“知己”之念，是因为这首诗以寥寥数笔，写出了终南山的神奇秀丽、仙风神韵，道出了人们登临时最真切的情怀，令人心向神往。自古以来，“西接岐州，东抵陕虢”的终南山就是仙家道士的高隐之地。历朝历代，在终南山的崇山峻岭之中，茅棚道庵、石屋静室多不胜数，修仙炼道之人、清修高蹈之士辈出不穷。终南山的灵崖秀水、清涧幽谷、白云清风，孳乳和催生了中国西北地区，特别是长安道教的发生和发展，这里仙踪处处，道迹陈陈，不但是中国道教的发祥之地，更是研究中国道教不可或缺的活标本。

终南山古楼观

有着“天下第一福地”之称的楼观台，位于终南山北麓浅山丘陵地带，地处陕西省周至县境内。楼观台之南、之东南、之西，沿山一带有石楼山、显灵山、五福山、说经台、大陵山，与长安区、户县境内的太乙山、五台山、鸡头山、莲花山、白云山、子房山、牛首山、首阳山山脉相连，道脉相接，更有赤谷、牛谷、耿谷、甘谷、石镜谷、田谷、就谷、芒谷、仓谷等清流淙淙，缘山而出。山以岭秀，水以泉兴。楼观依山临水，森林环绕，芳华遍野，真个是天上仙阙，人间蓬莱。

考察楼观台人文历史和神话传说，我们就会发现，楼观台位于《关中记》所记之“终南太乙，左右三百里为福地”的中心地带，道教文化底蕴深厚，源远流长。在传说中的尧舜时代，秦岭北麓骆峪一带，生息着一支依山而居、刀耕火种、打渔守猎的原始先民，这个氏族部落以“骆”（也就是一种尊贵而祥瑞的马）作为自己图腾。《礼记·明堂位》说：“夏后氏骆马黑鬣。”并有“乘戎车，登白骆”之说。这里的夏后氏，就是指出生于骆国，日后以治水而名扬天下的大禹。 据《山海经·海内经》记载：“黄帝生骆明，骆明生白马，白马是为鲧。”由此，我们可以看到，这个以骆为图腾的氏族部落，与黄帝有着深厚的文

骆峪风光

化血缘关系。根据古骆国《禹皇高碑》记述，从公元前24世纪的尧舜时代到公元前1562年夏朝灭亡，800余年间，今天的周至县地属一直在骆国境内，古楼观地覆舜土，仰光尧天，物华天宝，代传流承。

当然，从道教史的角度来看，终南山的神奇秀美，是楼观道派之所以能够兴起的文化沃壤。据高从宜、齐长民《神秀终南》一书介绍，终南山山谷众多，峪岭丛叠，数十座南北走向的山岭，自东至西排列。其中太乙山（今名翠华山），有吕公、黄龙二洞，有太乙池（天池）、老君庵；五台山（又名南五台）山间有八仙、吕祖、湘子、黄龙、玉泉等洞；圭峰山山麓有草堂寺；白云山下有白云观，观旁有老子泉；子房山山间有黄石洞，俗传为张良辟谷处；牛首山（俗称牛头山），山间有天齐庙，山下有金峰寺；石楼山（楼观山），又名老子陵，近有炼丹峰，其北为说经台；楼观东南有显灵山，山顶有仰天池、九天玄霄宫；五福山五峰并峙，南有太微、玉女二峰，山间有玉女洞、闻仙阁。

除上述山峰之外，终南山的山谷也是遍地神仙洞窟。其中最有名的：一是太乙谷，又称灵母谷，谷口建有太乙祠，谷内有瀑布名炭谷湫，唐代于其旁建祠堂，专司祈雨；二是鸡头山东的太平谷，又称太平峪，谷内有长啸、药王、黄崖三洞及重云阁，其西为圭峰，谷口隋建太平宫，清改真武庙。其三是户县东南的神水谷，又称神水峪，谷内有睡佛洞；其四是涝峪，亦称涝谷，其水为长安八水之一，谷内有朝阳洞；其五是栗峪，峪内有药王洞；其六是户县西南的甘峪，谷内有望仙坪，北为重阳宫；其七是户县西南的皂峪，峪内有石门、仙人遗迹；其八是户县西南的檀峪，峪内有李靖泉、老君庵；其九是户县西南的黄柏峪，谷内有仙人桥、长仙洞；其十是周至县东南的田谷，又称田峪，为北朝“田谷十老”修道处，谷口西为楼观；十一是周至县南的芒谷，一名黑水谷，谷口有马融石室，谷内有仙游寺；十二是周至县东南的就谷，一名就峪，峪北为石楼山。此外，终南山内大小峪内，还有相当多的无名道庵，隐居着数千名清修的习道之人。

终南隐者的告示牌

如此众多的道教宫宇观庵遗迹，可以想见千百年来终南山修仙习道的风气之盛。也正因为终南山“造化钟神秀”，所以非常契合神仙方士和习道之人隐居山林，居于幽谷，远嚣尘、脱俗累、弃人事、绝名利，“可以精思，合作仙药”的要求，成为习道修仙之人的首选之地。其次，又由于终南山楼观台曾有老子著经书、尹喜结草楼之说，完全符合古人理想道观的三个基本条件，既有“山川之秀”、“宫宇之盛”，也有“有德之士”。因而战国以至隋唐时期，天下羽士代不绝人，神仙传说不知凡几，被天下道士视为绝佳的洞天福地，不但是封建帝王和普通民众祭祀崇拜的灵山圣地，也成为汉唐诗人歌之咏之的寄情之所。值得指出的是，我们现在能看到的关于终南山以及楼观台的史料，写终南山山势地貌以及物产资源的并不多，相当多的是关于终南山秀丽景色的描写，以及其与养生修道有关的描述。班固的《终南山赋》是这类诗赋的代表作，它是这样描写终南山与神仙的不解之缘的：“伊彼终南……旁吐飞濑，上挺修林，玄泉落落，密荫沉沉……彭祖宅以蝉蜕，安期飨以延年。”东晋葛洪在《抱朴子·内篇》中列举的“可以精思合作仙药”的大山中，也有终南山、太白山、华山和地肺山。唐文宗对终南山更是情有独钟，曾修建终南山祠，册封终南山为广惠公。石志坚在《终南古楼观宗圣宫图跋文》中对终南山和楼观更是推崇不已。其文曰：“天下形势之伟者，在郡曰长安；长安名胜之巨者，在山曰终南；终南名胜之最者，在宫曰楼观……自古登仙得道之十，出乎其间，无世无之。”

不过，楼观道派的出现以及发展，绝不只是“占山川之秀”，得益于终南山秀美的景色，更是与它地近王畿，缘结帝王的地域优势关系密切。从文化背景看，终南山古楼观地处三秦腹地，是中国古代文化最早的发祥地和中央地带，具有深厚的历史文化渊源和背景；从地理位置上看，它处于十三朝古都长安城的附近，和当时的社会文化以及世俗生活息息相通，楼观道派与其保持着“远而不离，超而不绝”的广泛联系，特别与历代帝王以及皇室贵族的关系极为密切，这不能不说是楼观道派虽然形成迟，规模小，但在中国道教史上的地位比较高的重要原因。

仙根缘自敬鬼神

——道教的产生源于敬神事鬼的祖宗祭祀

许地山先生在其《道教史》中说：“道教的渊源非常复杂，可以说是混合汉族各种原始的思想所形成的宗教。”和中国其他道派的形成一样，楼观道派也是“混合汉族各种原始的思想”而形成的一个道教派别。在所有孕育和滋长楼观道派的文化“母乳”中，敬神事鬼的祖宗祭祀——鬼神崇拜，无疑是最直接的元素。

从行为科学的角度来看，鬼神崇拜是民众的自发信仰行为，但它却源自于原始人类对未知的自然力的敬畏和探索。大量的考古发现以及氏族公社时期的文化遗迹证实，原始宗教的产生，缘于原始人的“人的灵魂不死、山川草木万物皆有灵”的观念。在万物有灵观念的推动下，原始人产生了最初的图腾崇拜。并且由此产生了最早的宗教雏形——祖宗崇拜。在关中地区，远古时期的祖宗崇拜中，最早的具有群体行为特征的祖宗崇拜当为黄帝崇拜。黄帝所在的有熊氏部族原是古老的游牧部族，因与姜姓氏族部落联姻而进入农耕文明阶段。然而，更为真实可信的是周族的祖先传说，在传说中，炎帝神农氏族的女子姜因为踩了巨人足迹而怀孕，后来生了周族的始祖后稷。据学者们考证，传说中的“践迹”、“弃子”是古代圣足迹崇拜和图腾崇拜的考验仪式。在今宝鸡市境内，保存有姜城堡、姜庙和神农庙；在咸阳市辖的武功县，直到近世还盛行“祭婆婆”风俗，每年正月十二日在上姜原寺举行庙会，拈香焚表，宣读祭文。这些都说明始祖崇拜的源远流长。

殷周时期，先民的鬼神观念逐渐渗透进国家政治生活之中，其时，一个国家最重要的活动有两个，一个是战争，另一个就是占卜。战争是扩大或保卫国土和赖以生存的物质资料的重要手段，而占卜则是通过这种方式，以求得与“上帝”、“神”的沟通并获得神的庇护。据樊光春《西北道教史》介绍，位于关中腹地的扶风、岐山两县境内发现的西周甲骨上的文字形状同河南安阳殷墟出土的甲骨文相仿，所记载的是上起周王季下至周公摄政时期的卜祭、卜告、卜年、卜出入、卜田猎、卜征战和杂卜之事。此外，这些甲骨上刻的一些数字符号可以证实，类似于八卦一类的阳阴术数概念，最初就出自关中地区。同时，这些甲骨文字从一个侧面反映出殷周之际关中地区占卜风气之盛。这一时期，在民间出现专门负责祭祀活动的巫、祝、卜“三师”。他们除了直接效命于国君之外，还向世人提供诸如降神、解梦、预言、祈雨、占星、医病等服务，而这些活动所涉及的对象，无不与鬼神有关。

据《尚书》《尔雅》《左传》《史记·封禅书》等古文献记载，我国古代的祭祀制度很早就已形成。随着诸侯国的建立，关中地区从诸侯到民间都把祭祖祭天作为重要的社会活动。春秋时实行郊祀，祭祀的对象后稷就是活动于关中地区西部的周族始祖。秦汉定都关中之后，祭祀制度日臻完备。据《史记·封禅书》记载：“秦灵公作吴阳上畤，祭黄帝；作下畤，祭炎帝。”汉初，在前代祭祀规制的基础上，增加了对黄帝、颛顼、帝喾、尧、舜（合称五帝）的祭祀，汉王朝还在长安置祠祝

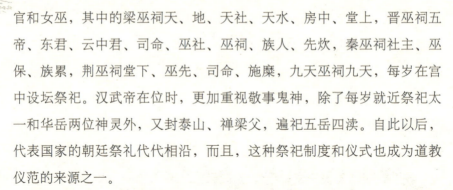

官和女巫，其中的梁巫祠天、地、天社、天水、房中、堂上，晋巫祠五帝、东君、云中君、司命、巫社、巫祠、族人、先炊，秦巫祠社主、巫保、族累，荆巫祠堂下、巫先、司命、施糜，九天巫祠九天，每岁在宫中设坛祭祀。汉武帝在位时，更加重视敬事鬼神，除了每岁就近祭祀太一和华岳两位神灵外，又封泰山、禅梁父，遍祀五岳四渎。自此以后，代表国家的朝廷祭礼代代相沿，而且，这种祭祀制度和仪式也成为道教仪范的来源之一。

和原始初民的祖宗崇拜相契合的是，早在春秋战国时期，人们就在祭祀天地神灵的宗教仪式中，隐含了祈求祖宗神灵庇护、消灾祛病、延长寿命的希冀。正是在这种生命诉求的助推下，胎息、服气、导引之类的养生健身之术和服食药物的医药术开始在关中地区流行，追求长生不老的神仙方术以及以此为业的方士应运而生，关于创世的神话和始祖的神话，以及各种仙人故事广泛传播。在关中地区，流传最广、时间最久的是关于黄帝梦游华胥国和女娲抟土造人的神话传说。据《列子》记载，黄帝梦中的华胥国之人“入水不溺，入火不热，乘空如履实，寝虚如处林”，与秦汉神仙方士们所鼓吹的神仙极为相似，或许就是最早的神仙。至于位于今临潼区和蓝田县境内的人祖庙和人宗庙，更是把华胥感孕、伏羲兄妹造人的神话，演绎得神奇动人，特别是关于女娲抟土造人的传说，为华夏儿女确立了一个共同的“骊山老母”，把一座普普通通的山岭，神化为华夏血脉之源，求儿生女，只须柏香一根，即可如愿。据刘向《列仙传》载，秦汉之际，终南一脉，神仙遍地，其中最为有名的有容成公、萧史、弄玉、赤须子、谷春、阴生等人。这些仙人，或为黄帝之师，或在老子之先，或为羽化之仙，或有服气绝粒之能，或有发白复黑、齿落更生之异……关中大地，神话盈耳，仙气氤氲，被视为“神仙窟宅”、“道家仙境”。

这种敬神事鬼，祈寿禳灾，以求长生久视的风气，很快就风靡朝野。很自然地，神仙方士也就由民间堂而皇之地步入宫廷，成为皇帝的座上客。在寻仙访道以求长生的热潮中，最执著最狂热最荒唐的当属秦始皇和汉武帝。

秦始皇为了寻求长生不老之药，被徐福等江湖术士玩弄于股掌之中，不但派徐福率领数千童男女出海求仙，而且还带病东临渤海，射鲸求药，最后被神仙方士们哄骗成与世隔绝的“真人”，隐形匿迹，不勤政事，自我封闭于深宫之中，断绝了许多了解国家局势的渠道，不能及时排解社会矛盾，埋下了帝国崩溃的隐患。

汉武帝晚年，迷醉于求仙访道，冀求长生，听信李少君的鬼话，竟然亲自跟着李少君祠灶，并且派遣方士入海出访求安期生。直到李少君病死，汉武帝还不醒悟，以为他羽化升仙，还为他修建了招仙阁，并继续罗致方士访求仙人。除了李少君之外，汉武帝还先后宠信方士少翁、栾大、公孙卿等，劳心费财，最终一无所获。直到晚年，才听从大臣的劝谏，下令禁罢方士。汉武帝死后，西汉末期的帝王中好神仙者不绝于史。公元前61年（神爵元年），汉宣帝立仙人玉女祠，汉成帝晚年和汉哀帝也都敬鬼神、亲方士，使得神仙方术在长安地区源源不绝，得以延续。

洞天福地古楼观

——楼观道派初创阶段的文化流承

关于楼观道派的兴起，现在最流行的说法是，楼观道发端于周，兴建于秦汉，鼎盛于隋唐。依《楼观仙师传碑》记载，楼观之兴，缘自于周朝函谷关令尹喜来此修道，结草为楼，观星望气，自此始有楼观之名。后来老子李耳去周西行，路过函谷关时，尹喜把他迎到楼观，执弟子礼，让老子在说经台讲授《道德》五千言，因此，楼观便成为道教的

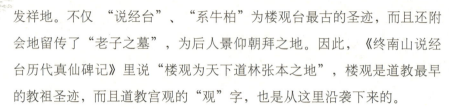

发祥地。不仅“说经台”、“系牛柏”为楼观台最古的圣迹，而且还附会地留传了“老子之墓”，为后人景仰朝拜之地。因此，《终南山说经台历代真仙碑记》里说“楼观为天下道林张本之地”，楼观是道教最早的教祖圣迹，而且道教宫观的“观”字，也是从这里沿袭下来的。

楼观老子庙的建修，是从秦始皇开始的。据《混元圣迹》记载，秦始皇二十八年（前219年）壬午，秦始皇封禅泰山后，在楼观之南建庙祀老子，叫做清庙，并躬行饗祀。继秦之后，汉武帝也曾在讲经台北为老子造祠。因此，楼观道派的研究者们认为，从夏、商以至周、秦、汉、魏的1100多年，是楼观从无到有的开创时期。不过，如果追溯关中地区道教教团的成因，还得从黄老之学的传播说起。

黄老之学，严格地说是黄帝传说与老子传说的混成之学。传说中的人文初祖黄帝，虽然从传说中可以看到他的足迹似乎遍布大江南北，但比较可靠的是，古代长安地区是他最早生活的地方。在这块古老而神奇的土地上，黄帝及其族人所创造的远古文明（亦可称之为元点文明），比如指南针的发明、衣冠服饰的初成、谷稷豆菽的种植、刀耜等农耕生产工具的发明，以及天地鬼神观念等学术思想的产生，不但引领黄河流域的先民们从原始的童蒙走向文明，而且远播“异邦”，化人育民，在漫长的民族文明演化史上，产生了强大的文化涵化和文化和合力量。据说是由黄帝制定的“君臣上下之义，父子兄弟之礼，夫妇妃匹之合”把社会生活由无序引向有序，成为后世社会生活的准则。由黄帝开始设置的四辅、三公、六卿、三少等职官，使“各司其序，不相乱也”。传说中由黄帝发明（实际上是出现在黄帝时代）的日用器具，例如井、火食、舟楫、车、衣裳、冠冕、杵臼、伞、宫室、镜、弓、货币等等，肇启了中华民族的农耕文明之航。特别是关于黄帝发明文字、绘画和音乐的传说，以及被称之为“岐黄之术”的据说是由岐伯和黄帝讨论写就的《黄帝内经》和《黄帝阴符经》，被后代医家和道士们奉为圣典。黄帝的学术思想，在自然条件十分优越的古代长安地区的农耕社会中产生了深远的影响，形成了秦陇文化重视人伦规范、重视农业、重视修身养性，民风淳朴而不尚奢华，自给自足而轻视交往的基本特点。最重要的是，黄帝学术中的养生理论以及阴阳学说、鬼神观念等，对于后世道教的形成，也具有重要的影响。

和黄帝有着相同神话色彩，被道教奉为始祖的老子，因为其所著的《道德经》一书，融合了诸多被视为黄帝学术思想的观点，又由于受到了当时秦地思想家尹喜的尊崇，所以被庄子誉为“古之博大真人”。由于《道德经》全面阐发了老子的“道”和黄帝的“德”这两个方面的基本理论，将老子的自然观和黄帝的社会观密切地结合起来，所以成为尊崇自然、重视社会和谐的道家和道教的根本经典，并以《道德经》为名，传播于世。

那么，作为道家经典的《道德经》，为什么会被奉为道教的经典呢？简要地说，《道德经》中的天道自然无为的观点，以及有一些近于“浑沌”的说法，特别是《道德经》中，“道”与“无”是先于天地、万物而存在的，是天地、万物的创造者，即天地万物的本质和本原的观点，为道教的神秘理论提供了理论依据。从某种意义上讲，后世道教是“借壳上市”。其次，《道德经》所阐发的“万物负阴而抱阳”阴阳观，与《周易》所说“一阴一阳之谓道”共同成为太极图的理论基础。而作为宗教标志的《太极图》，又是道教解释自然现象的重要工具。再次，是老子的养生观。《道德经》将“长生久视之道”作为人生的根本追求，把尊道积德和清静守一作为实现这一目标的重要手段。“善摄生者，陆行不遇兕虎，入军不被甲兵。”这种长寿而有异能的修道者，被道教演变成长生不死的仙人，也成为习道之人的追求目标。此外，老子本人大半生生活于楚地，深受楚文化中巫鬼观念的影响，后由楚入秦，又继承了周的天命观，十分强调道德的作用，故而归纳出“人法地，地法天，天法道，道法自然”的最高法则，把遵循自然无为作为人的基本道德准则。

正由于《道德经》书中本来具有与宗教理论相近的内容，所以早期道教理论著作《道德经想尔注》将“道”改造成凌驾于人之上的主宰之神：“道至尊，微而隐，无状貌形象也；但可从其诫，不可见知也。”道既“在天地外”，又“在天地间”，“往来人身中”，“散形为气，聚形为太上老君”，由此出现道教至上神的概念。

黄老学术思想形成之后，继承和传播这一思想的学派主要是道家。自战国至秦汉，长安地区渐次演变为全国的政治、文化和学术中心，道家代表人物也多活动于这一地区。此后，又逐步演变为道教。尽管人们对道教形成的标志尚存在多种看法，但这一演变的过程在长安地区是可以理出一条比较清晰的头绪的。正如闵智亭先生所言：“由于黄老学术中有很多可以作为长生炼养理论解释，所以黄老之道，在西汉初期一方面是治国之道，另一方面也潜向养生之道。到了董仲舒大倡天人感应，把儒家学说给以宗教化，受到汉武帝罢黜百家、独尊儒术的推戴，黄老道家之学，便失去了显赫的政治作用，成了神仙家的理论根据。在神仙家的不断推崇下，终于形成了东汉的黄老道家信仰。”

值得特别指出的是，楼观道派的兴起，也得益于《太平经》的流传。史载汉代曾经流传三种《太平经》，一是西汉汉成帝时齐人甘忠可撰写的《天官历包元太平经》，共有12卷；二是东汉顺帝时宫崇上其师于吉于曲阳泉水上所得《太平清领书》170卷；三是张陵《太平洞极经》144卷。虽然这三部经书已经全部散佚，但从《正统道藏》所收的57卷《太平经》来看，《太平经》内容庞杂，借天师神人与六方真人的问答，演说原始道教教义和方术。要求习道之人顺应五行，治政修身，以达到天下太平。《太平经》中反复出现天、地、神、人、仙人、道人、圣人、贤人的概念，并且赋予其不同的职能：“神人主天，真人主地，仙人主风雨，道人主教化吉凶，圣人主治百姓，贤人辅助圣人。”因此，有学者认为，《太平经》在某种意义上讲，仍然属于政治理论书，作者著书的目的是为了成为“帝王良辅，相与合策共理致太平”，希望建立一个理想的封建社会，君、臣、民上下同心的太平世界。《太平经》还对老子进行大肆神话：“老子者，得道之大圣，幽显所共师者。”还说他是“长生大主，号太平真正太一妙气、皇天上清金阙后圣九玄帝君”。学界普遍认为，从《太平经》开始，老子被道教“劫持”，成为道教的祖师爷。也正是由于老子的思想和岐黄之术有着极大相似性，所以很快就被黄老道教团体所利用。此外，《太平经》中也不乏反映贫苦民众疾苦与要求的思想，并对当时的社会政治问题发表了看法，因此，《太平经》在长安地区，也受到了广大下层劳苦大众的信崇。据《资治通鉴》卷三十四记载，公元前3年（建平四年）：“关东民无故惊走，持稿或脈一枚，转相付与，曰‘行西王母筹’，道中相过逢，多至千数。或被发徒跣，或夜折关，或逾墙入，或乘车骑奔驰，以置驿传行，经郡国二十六至京师，不可禁止。民又聚会里巷阡陌，设张博具，歌舞祠西王母，至秋乃止。”这次有组织的、大规模的民间祭祀西王母的活动，从另一个角度，可以看做是楼观宗教社团诞生的社会基础。

长安地区有关黄老道教团的记载，出现于东汉楚王英祭祀黄老和桓帝“事黄老道”之后。据《三国志·张鲁传》注引《典略》，灵帝时（168～188），民间出现了三个大的宗教团体，在长安地区以骆曜为首，教民“缅匿法”，即隐身术。二是蜀郡人张楷聚徒上百人，隐居华山之中，“学者随之，所居成市。后华阴山南遂有公超市”。此外，五斗米道在巴汉活动时建立的二十四治中的北邙治和八个游治中的太华治，都设在京兆郡长安县。据《三国志》卷十一记载，东汉初平年间（190～193），山东人青牛先生字正方，客居长安，“晓知星历、风角、鸟情，常食青葙芫华，年似五六十者。人或亲识之，谓其已百余岁矣”。先是京兆人扈累从其学道，后又传安定（在今甘肃平凉一带）人石德林。三辅战乱，三人同逃汉中。曹操西征汉中后，青牛先生入蜀，扈累随五斗米道众北迁邺城。石德林独返长安，行乞度日，故号寒贫。初平年间驻守长安的董卓部将李傕“性喜鬼怪左道之术，常有道人及女巫歌讴击鼓下神，祠祭六丁，符劾厌胜之具，无所不为”。建安初（约196年），京兆道士杜契南下东吴，被孙权任为立信校尉，后师从会稽道士介琰，隐居茅山，得隐形遁迹之术。以上各类有奇异之行的道士，在长安地区当不在少数。此外，五斗米道北迁，也为楼观道派的兴起，提供了深广的道教资源。公元215年（东汉建安二十年），张鲁投降后，大批五斗米道众北迁，其中大多数分布于关陇一带。据《三国志·魏书·张既传》，移汉中民数万户居长安及三辅。魏晋南北朝时期，长安地区出现许多世奉五斗米——天师道的世家，如冯翊寇氏、京兆韦氏等。此外，还有诸如成公兴、刘仲、韦元、鲁祈等或居长安修道，或隐于终南山中。这些习道之士，是魏晋时楼观道派道众的重要来源。

芒鞋脚下是仙山
——楼观台道教文化名胜

“山不在高，有仙则名，水不在深，有龙则灵。”若纯以山水论，位于秦岭北麓中部的山前台原和浅山区的楼观台既不高耸，更不雄奇。但是，古人却对于这个小小的楼观赞誉不已：

关中河山百二，以终南为最胜，

终南千峰耸峙，以楼观为最名。

毫无疑问，这是因为两千年前骑着青牛逶迤而来的老子，曾在这里传道讲经，留下了不朽的《道德经》，从而使得这个小小的山岗永远高耸在中华文明历史中。明朝万历年间状元，陕西武功人康海略曾经描述道："盖山河百二，固以经台为迥矣。然究其为美，不逾乎老子设座讲经而已……其形势之尊，重山曲水，回绕四方之拱向，宛然臣僚肃静，朝君于九重者也。"楼观台南面的九道梁，宛若九龙朝凤，幅凑此台，真可谓山川灵秀尽钟于此，因此，楼观台被称为"天下第一福地"、"终南仙都"。文化学者们认为："陕西的黄帝陵是中国文化的根，楼观台是中国文化的魂。"

楼观台道名昭著，除了有着老子和尹喜楼观授经的道教传说之外，还保存有各种文化遗存多达60余处，蔚为道教文化遗存大观。楼观台既有周秦遗迹、汉唐古迹，又有幽室园林。老子说经台、宗圣观（宫）遗址、尹喜观星楼、秦始皇清庙、汉武帝望仙宫、大秦寺塔、老子墓等著名景观，炼丹炉、吕祖洞、十老洞、迎阳洞、老子词、栖真亭、元始台、上善池、化女泉、延生观、吾老洞、王母宫、西楼观等文化古迹及遗址，处处涵蕴着浓浓的道教文化氛氲。

（一）说经台

在众多的楼观胜景中，最核心和最能彰显楼观道教深厚底蕴的景点是说经台。说经台相传是老子为尹喜说经之处，建在山麓一个突起的峰巅，海拔560米，苍松古柏，四面环抱，柳林青翠，屏障台前。台北与扇形的土坎相连，面向如画的秦川渭水，宋代著名的文学家苏轼曾经到此一游，留下了著名的诗篇：

舞剑有人通草圣，海山无事化琴工。
此台一览秦川小，不待传经意已空。

进入楼观风景区，沿林荫大道南上，至竹林北畔折向东行，即为说经台山门。说经台坐北向南，山门一间，碑厅六间，东西两亭，分列左右。说经台是历代帝王和道众朝觐之圣地，文人墨客雅集之园林，高

说经台

大苍劲的古林木，宏丽典雅的古建群，珍奇精美的碑石雕塑，令人赞叹不已。其中的古银杏树、老子捣药臼、欧阳询隶书的《大唐宗圣观记》碑、唐刻《道德经》碑，尤为稀世珍宝。诗人岑参、卢纶、温庭筠、王禹偁、苏轼等都写有歌之咏之的诗作。

由山门再上，则有蜿蜒曲折的磴道，通向台顶。沿着说经台石阶拾级而上，中途一道矮墙拦出一片台地。凭栏眺望南方，终南山东西横亘，座座峻拔的山峰犹如万壑来朝。那远山近峰的气势，确如《元重修说经台记碑》所载："说经台万峰环拥，三面屏开，大川横展，周秦遗墟，汉唐故址，皆历历在指顾中。"终南山流淌而出的多条河水——峪河、韩峪河、马岔河、黑河、骆峪河、芦河，终年环绕楼观台周边地区奔涌不息。难怪自古以来，楼观台胜景引得无数文人墨客前往拜谒。

过了灵官堂，即到顶上的老子祠。

（二）老子祠

老子祠，创建于唐代，明代重修，这里是老子讲学的地方，老子就是在这里写下了著名的《道德经》。院内门两旁立的碑石就是《道德经》碑，共四通，东边两通刻于唐代，西边两通刻于元代。其中，东厢一组两通碑石用楷书书写，称为唐正本《道德经》，楼观道坛认为这是最标准的《道德经》版本。西厢一组两通碑石是元朝刻立的，民间称之为梅花篆字《道德经》，是元代著名书法家高文举用古篆书写的，故亦称为《古老子》。

老子祠

老子祠是一座宽阔的四合头建筑，院中古柏森森，香烟袅袅，宏殿巍峨，气象肃肃。南墙正门，斗拱下悬匾额“老子祠”，是赵朴初的手笔。庭院正中一座大殿，正是供奉老子的殿堂。大殿高悬一方巨大的“配极元都”匾额，点出了楼观台作为道教祖庭的尊贵，也是一幅笔力圆润遒劲、字架稳重端庄的书法佳作。大殿东西山墙上镶嵌古人的题诗，西墙一方石碑镌刻着明朝万历年间的诗作：“曲山曲水环邑居，棠铺绿野正扶疏。刘郎去后知多少，又说河东似子丘。”大殿北侧悬挂巨匾，草书大字“青玄上帝”，盛赞老子在中国文化史上的崇高地位。正中的启玄殿内，有老子贴金塑像一尊，童颜鹤发，清瞿睿智。左为尹喜，右为徐甲，寂然而立。大殿东西两旁还有四子（庄子、列子、文子、谭子）殿、方丈、斋舍等。庭院前后，古柏参天，清幽旷远，如临仙境。出老子祠后门下行，有伸向东西两面的石阶，沿阶行，过走廊，即抵藏经阁。这是一座近年重建的扬角飞檐建筑，宏伟辉煌，五间并列。阁内收藏《道德经》各种版本、历代研究道德经的文献典籍，以及道教文物。

明秦简王有一首《题说经台》把说经台描绘得如同人间仙境：

尘海仙家第一宫，峥嵘台殿托秦工。
五千道德言犹在，百二河山气自雄。
炼药炉寒虚夜月，系牛柏老劝秋风。
穹碑屹立斜阳外，夜夜龙光贯彩虹。

（三）上善池

说经台山门前西边，有一石砌水池，池水清冽，饮之甘甜，池为八卦形。池内北壁有一伸出水中的石雕龙头，口中吐水，潺潺有声，终年不歇。池旁的六角亭下，覆盖一碑，高可七尺，“上善池”三字为元代书法家赵孟頫隶书，结构严谨，气韵生动。

楼观台景观——上善池

相传，元世祖忽必烈至元二十年（1283年）春，周至一带遭千年不遇的时疫，死亡者众多，百姓处于惶恐不安之中。当时的楼观台监院张致坚梦见太上老君告诉他说：“山门前有块石板，石板下有一眼泉水，泉内有吾炼成之仙丹，可治时疫。”张监院醒来觉得奇怪，就命小道士在山门外西边找到石板，揭开石板，果然有一泉，就用此水治好了30多名道士的疫病。消息传出，远近百姓皆来取水。凡饮此水者，时疫即退，简直是“药到病除，圣水回春”。后来，四方善男信女多来此取水治病。“丹砂久窖井水赤”、“汲尽阶前井水浑”之句，就记述了当年取水治病的盛况，上善池也因此而名扬四方。有诗云：

清泉虽小来历奇，诗人雅士多咏题。

楼观台下一胜景，游览莫忘上善池。

（四）炼丹炉

炼丹炉

炼丹炉，在说经台南炼丹峰上。炼丹峰在说经台南约二公里处，一峰奇秀，海拔九百四十公尺，宛若画屏，映照山门。炼丹峰左右有深谷幽泉，白云如带，流水淙淙，峰后有小径如丝，牵连群山，绕入云端。弃车登山，山路两边松竹如海，掀绿叠翠，高松列阵，如迎似扶。登山而望，云海茫茫，秦川如砥，渭水如带；环首四顾，群山如凤欲飞，说经台恰似凤冠，翘翘然傲视苍穹；满山丛林，苍然杂陈，如凤之羽，戛戛如蓬。峰上有砖砌八卦形丹炉一座，古意盎然，为明代所造。相传老子曾在这个炉里炼过丹药，据实而断，当为明清时道士炼丹所用，附之以老子，当为仙语神话。据传炼丹炉原门前有对联一副，是用道教专用奇字，译为楷书是：“玉炉烧炼延年药，正道行修益寿丹。”这副对联后来被道士们移刻在说经台上的《道德经》石碑之旁。

（五）仰天池

仰天池也叫天池，位于说经台东南约七公里的山峰之上，面积约五十平方米，海拔1160米，神工鬼斧，浑然天成。池中绿波盈盈，冬夏如一，深及丈余。池内多有五色彩鱼，悠忽往来，戏水凌波；池边芦苇丛生，清风徐来，有如绿衣仙子，躬身浅迎，更有一只用芦苇根结成的天然草船，可供游人登憩游驶。据传，太上老君当年曾在池边筑炉炼丹，并以此池之水淬炼铜铁。池边尚存栖真亭、玉皇庙和若干残碑。清初，有一位名叫赵吁的周至诗人写诗赞叹道：

仰天池

种竹连朝暮雨天，雨晴人在图画边。
朱楼翠阁山山寺，绿树清泉处处田。
径僻遥闻幽磬发，林深时见老僧还。
平生最惬瞿昙理，到此浑忘浊世缘。

（六）化女泉

由说经台西行约一公里，即有化女泉迎面而至。化女泉为一古泉，年代久远。相传，太上老君曾扶杖到此，插杖于地，以七香草点化成为美女，以考验弟子徐甲学道之心，徐甲见有美女相伴，果然凡心大动。老君见状，十分生气，一边用杖捣地，一边严辞训诫，仙杖落处，有泉涌出，泉水清洌可饮，化女泉名由此而来。泉边有道院一座，始建于元太宗丙申年（1236年），现在仍然保存着清代所建的老子享殿三楹，为带廊硬山式建筑。化女泉直径约60厘米，深约2米，四季清流不歇。由于泉水来源附有老子仙杖开泉神话，所以当地人视之为可治百病之神水，取饮不绝。

（七）宗圣宫

宗圣宫原为楼观主殿，位于说经台北2公里楼观台森林公园大门以北的西巷村东。原系尹喜故宅草楼观，因老子来此讲授《道德经》而闻名。魏、晋、南北朝至隋代，一直名“楼观”，颇具古朴之风。唐代整修扩建，诏赐“楼观”改名为“宗圣观”。宋初，奉旨改名“顺天兴国观”。元代扩建，1266年6月，易名“宗圣宫”，沿袭至今。

宗圣宫大门

据《重建宗圣宫记碑》记载：宗圣宫占地18150平方米，气势宏伟，唐武德二年（619年）和元太宗八年（1236年）相继扩建。占地18150平方米，坐北向南，自南向北沿中轴线依次排列有山门、宗圣宫、玄门、列祖殿、紫云楼、三清殿、文始殿、四子堂等。在诸多宫内建筑中，以紫云楼最为有名，明代诗人王传写有《紫云楼》一诗：

几度名山避暑游，早凉多在紫云楼。
峰峦雨过清于水，松柏风来爽似秋。
睡起忽惊仙鹤舞，醉归又被野云留。
翠微高处琼芝满，薄采还须到上头。

明清以后，受地震、山洪暴发、战争影响，宗圣宫逐渐萧条，“文化大革命”中再遭浩劫，成为一片废墟。1986年，楼观台文管所在宗圣观原三清殿、文始殿、玄门列祖殿遗址上，筑成围墙，整修了部分文物，2001到2002年，西旅集团与楼观台太白山旅游开发公司合作，投资修建了宗圣宫北山门和门前广场，在宗圣宫

宗圣宫的紫云楼和三鹰柏

建筑遗址上修复了三清殿、紫云楼、玄元皇帝祠。重修后的宗圣宫占地面积约112亩，遗址内留存有大量文物，有宋元以来碑石24通，明雕石狮两对，唐、元时代石牛各一。其中以宋《奉圣旨给地公据》碑、元《重建三清殿记》碑最为珍贵。珍奇古木有“系牛柏”、“三鹰柏”、“九老柏” 、老子手植银杏树等。

系牛柏在宗圣宫遗址偏东，据《古楼观志》记载，老子入关驾车之牛即系此柏上，历时二千余年，苍劲犹昔。元朝至元戊寅（1728年），皇子安西王特遣提举段德玉，琢石为牛，置于树下，供人瞻仰，今尚完好。

楼观台有古银杏树雌雄二株，宗圣宫的这一株为雄树，树身直径三米，高约二十米，树龄约二千年。虽树身半毁，但枝叶仍极繁茂。雌树在说经台山门前，树身直径约二米，高二十九米，树盖如伞，叶茂实繁。

（八）老子墓

老子墓在说经台西约四公里的峪关遇仙桥以西，又称西楼观台。地处终南山北麓，就峪河绕陵而过，北魏郦道元《水经注》云：“就水出南山就谷，北径大陵西，世谓之老子墓。”在椭圆形墓冢前有清代乾隆时著名学者，陕西巡抚毕沅书写的“周老子墓”三字石碑。

大陵山山顶的“吾老洞”，据传是老子晚年生活、著经、羽化之地，石洞宽8尺，高丈余，深不可测，世传内藏石函，函内有老子头盖骨，多年来探险者甚多，均为洞中阴风所阻。洞前有明万历四年《重修吾老洞碑》一通，碑额有“终南福地”四字，洞额嵌汉白玉匾，上镌“吾老洞”三字，洞内东侧有“藏丹神洞”石刻，洞内供奉明代老子石像一尊。

吾老洞侧有老子祠遗址，始建唐初，香火极盛，后毁于北宋时火灾，明代重建，清时复修，“文化大革命”时被毁。近年来，虽有修复，但规模较小，是历年农历二月十五日老子诞辰祭祀活动的场所。大陵山峰顶有玉皇楼遗址，陵北有王母宫遗址，王母宫北坡下有百亩水田，世称其为传说中的瑶池，是王母的起居之地。大陵山东坡下有遇仙桥遗址，相传为鲁班所建，建桥时巧遇八仙之张果老而得名，是通过就水进入大陵山必经之地，唐、宋时为竹桥，明时为木桥，后屡毁屡建，现在明代桥墩尚存。此外，还有老子弟子尹喜祠、尹喜墓和徐甲墓址；宋苏轼赏雪亭遗址；明状元康海读书台遗址；康海汲水状元泉遗址；传说中《西游记》里孙悟空斗琵琶精的琵琶洞遗址等。

老子墓

贰

老聃有名道无形

大隐于朝一圣贤

——神化的老子与真实的老子

老子

正如历史上那些有大作为者被尊圣、尊贤、神化为神为仙一样，作为道家创始人、道教神圣人物老子的生平和著作《道德经》都充满了神秘色彩，犹如神龙在天，藏头露尾，让人难以窥其真实面目。尤其是在道教将其仙化为太上老君，唐代的帝王们将其圣化为大圣祖高上大道金阙玄元天皇大帝，《道德经》被唐皇室钦定为官民必读必藏的圣典之后，后世史学家、道学家对其人其书，更是以神仙天人、先贤圣哲、哲学经典、宗教秘笈视之。

不过，秦汉之际，老子远没有如此之圣，当然也就没有如此神秘，其身世虽然扑朔迷离，但也大致有迹可寻。根据《史记·老子韩非列传第三》载记：老子是楚国苦县厉乡曲仁里人。姓李，名耳，字伯阳，谥曰聃，“周守藏之史也”。据说，孔子曾经问礼于老子，老子的回答让孔子非常佩服，认为老子是人中之龙，学问大得不得了。老子一生除了搜集整理周王室的史料典籍之外，还致力于道德之学的研究，“自隐无为”。《史记》中还说，老子长期生活在周地，在周王室为史多年，他看见周王室日益衰微，世道日乱，所以就离开周王室，向西而行，到达函谷关时，应关令尹喜的请求，写下了道经和德经，后来离开函谷关，不知所终。按照《史记》中的记载，历史上的老子大概活了一百六十岁，甚至二百岁，据说老子还有一个儿子，名字叫做宗，宗曾经在魏国为将，因功封于段干。老子的孙子叫注，重孙叫宫，宫的玄孙叫做假。假曾经在汉文帝的朝中为官，假的儿子解曾经担任过胶西王刘昂家的太傅。

如果我们把老子当做常人看，即便是按照《史记》中的说法，老子活了一百六十多岁，或者二百岁，也无非是无为静修，养生有成而已，是个娶妻，生子，喜欢做点学问，更喜欢清静自处的老寿星而已。但是，自庄子时起，就有人开始把他神化、仙化。庄子在《庄子》中的不少地方提到老聃（老子），说他是位深明至道的圣人或“博大真人”。孔子说：“鸟，吾知其能飞；鱼，吾知其能游；兽，吾知其能走。走者可以为罔，游者可以为纶，飞者可以为矰。至於龙，吾不能知其乘风云而上天。吾今日见老子，其犹龙邪！”庄子、孔子的赞叹，我们不可坐实了看，正如我们今天对某人的道德文章或是智慧见解很是钦服，就会用“高人”、“神人”一类语言赞誉之一样，庄子、孔子的“博大真人”、“神龙”之誉，也不过是表达其敬佩之意罢了。然而，晋人葛洪在其所撰写的《神仙传》里，却硬是给老子披上万道霞光，将其出生不但神化，而且仙化，就连老子的长相，也变得怪诞神异起来。据葛洪《神仙传》中老子“其母感大流星而有娠”的说法，老子是天上的一颗大星投胎而生。更有《大明一统志》佐证其说法云：“流星园，在亳州天静宫南，碑云：有星突流于园，老子因而降诞，即此。原有圣母殿，遗址尚存。”既然是大流星投胎而生，那老子的相貌自然不同凡人。根据《神仙传》的说法，老子“身长八尺八寸，黄色美眉，长耳大目，广额疏齿，方口厚唇，额有三五达理，日角月悬，鼻有双柱，耳有三门，足蹈二五，手把十文”。这个说法不算太神奇，因为不管怎么样怪诞，总还是人的模样，而《玄妙内篇》所记的，则是非神非仙所不能为了。其云：“李母怀胎八十一载，逍遥李树下，乃割左腋而生。生而白首，故谓之老子。”又云：“玄妙玉女梦流星入口而有娠，七十二年而生老子。”又有《上元经》中说：“李母昼夜见五色珠，大如弹丸，自天下，因吞之，即有娠。”《神仙传》中还说老子“老子生而能言，指李树曰，以此为我姓”。

如果说《庄子》《神仙传》里的说法，只是想把老子这个人神化仙化，以示其人其学自有仙根在，那么，汉代人王阜则是将其人其学全部仙化、圣化，甚至“虚”化。王阜所著的《全汉文》中所记的《道德经圣母碑》中说：“老子者，道也。乃生于无形之先，起于太初之前，行于太素之元，浮游六虚，出入幽冥，观混合之未别，窦清浊之未分。”王阜直接把老子等同于道，老子即道，这种说法直接赋予老子以神的特性，把老子塑造成了创造宇宙、化成天地的伟大神灵。同时，这种把老子与道合而为一的创世说，也成为后世道教创世说的依据和雏型，拉开了把老子神化、尊奉为道教鼻祖的序幕。

不过，正式把老子列为神仙，最早形诸于文字的是托名刘向，实为汉魏间文士所作的《列仙传》。在《列仙传》里，老子与赤松子、

道教神仙人物

黄帝、吕尚等人同列仙班，说他“好养精气，贵接而不施”。好像老子是个深谙房中术的一流采花高手，风流神仙。在《道德经想尔注》里，老子却又被衍变为太上老君，成了宗教教主，道的化身，地位一下子提升到了黄帝之前，凌越赤松子，成了最高神灵，享有至高无上的尊荣。这时，老子的形象也发生了很大变化，更具神仙意味。东晋葛洪《抱朴子内篇》说：“老子身长九尺，黄色，鸟喙，隆鼻，秀眉长五寸，耳长七寸，额有三理上下彻，足有八卦，以神龟为床，金楼玉堂，白银为阶，五色云为衣，重迭之冠，锋铤之剑。”然而，在《枕中书》里，老子就不是最高神灵了，他的最高神地位被元始天尊（王）取代，而且了无踪迹。但是，老子这时具有的太上老君的神仙封号，已经为道教中人所公认。魏晋南北朝时，北魏道士寇谦之利用太上老君的名义，着手清整道教，并自封为天师。南朝刘宋道士陆修静，也假托太上老君的意旨，建立道教斋戒科仪。南朝陶弘景的《真灵位业图》中，太清太上老君位为第四，成为道教中统治一方的尊神。陶弘景之后，老子进一步神化，他被捧为宇宙的主宰，成为道教三清之一，名列第三，地位仅次于元始天尊和灵宝天尊。有唐一代，对老子的神化达到了历史的最高点，老子的地位空前提高，成为至尊至高的众神之神。即便是在道教的神仙序列中，也出现了老子一气化三清的说法，老子统一了三清，成了地位无比尊荣的太上玄元皇帝。那么，唐朝的皇帝们为什么要把老

三清图

子抬得如此之高呢？据道教史的研究专家们考释，唐朝的皇帝们之所以要尊奉老子，最真实的原因是为摆脱世俗的猜疑，提高门第出身，获得上层社会的支持，完全是出于政治斗争的需要。在此过程中，道教的道士们功不可没。据说早在隋大业十三年，道士李淳风就深谙其中三味，自称是终南山太上老君降灵，告诉唐高祖李渊说："唐公当受天命。"这当然令李渊高兴不已，将老子奉为祖宗之神。唐高祖武德三年（620年），秦王李世民出兵讨伐山西刘武周部将宋金刚时，据说有晋州百姓吉善行，在浮山县羊角山见一老叟乘白马，告诉吉善行："我是天上神仙，姓李字伯阳，号曰老君，即帝祖也。今年平贼后，天下太平，享国延永。"唐高祖听到报告，便在羊角山建兴唐观供奉老君，改浮山县名神山县。此后，各地相继修建老子庙，唐高祖李渊多次前往拜谒太上老君，以示崇敬。此后，唐朝历代帝王几乎都对太上老君顶礼膜拜，尊崇备至，对其封敬，步步升级。乾封元年（666年），唐高宗追封老子为太上玄元皇帝。天宝元年（742年），唐玄宗下诏将玄元皇帝升入上圣；天宝二年，又追尊老子为大圣祖玄元皇帝；天宝八年，册尊老子为圣祖大道玄元皇帝；天宝十三年，又上尊号为大圣祖高上大道金阙玄元天皇大帝。

由于唐王朝皇室的尊奉，老子地位空前显赫。关于老君的神话故事也开始四方流传，唐末五代著名道士杜光庭所著的《道教灵验记》，记载了不少关于老君的灵验故事，着力刻画渲染了老子的神圣与权威。在这些故事中，老子的崇高地位和威严不容轻侮，如若冒犯，定有恶报。《蜀州壁画老君验》记载，一官健（士兵）不听劝阻，用箭射老君像前的横金取乐。“箭势径去到老君前，有物击回，中于阶下楠木树上。其声震烈如劲弩焉，箭才中树，官健已死，众人扶持救之，心前血流不绝。”除此之外，太上老君慈爱芸芸众生，庇佑世间生灵的故事也为数不少。在《道教灵验记》里，老君并不只是以严厉的权威者的面目出现，对于他护佑下的生灵，往往给予最慷慨的关怀。《阆州石壁成纹自然老君验》记载大旱之时，阆州刺史高元裕“山川祠庙，无不周诣”，但旱情并没得到缓解。后来，老君显灵将高元裕引至山上，“果有嵌窦悬泉，在峭岩之曲，乔木之下，有石壁奇文，自然老君之状。前有玉童，衰袖捧炉，双髻高竦；后有神王之形，恭若听命。元裕焚香叩祈，以崇葺为请雨。还未及州，甘雨大霔，连绵两夕，远近告足”。神话中的太上老君不仅护佑一方百姓，对于一般老百姓的愿望也会给予满足。《许述事老君验》中，许述是一个农民，他一直供奉着老君的画像。有一年遭遇水灾，他家生活很窘迫，这个时候，神仙显灵了：“忽梦神人，羽衣大冠，云气而行，谓之曰：‘尔神仙子孙，当须归心太上，以求福佑，可致家丰力足矣。’”醒来后，许述在紫极宫中得到了一幅老君画像，从此旦夕供奉，他的家业因此殷实起来。后来，他到洞庭湖游玩，湖中水波激荡，其他的船差点覆没，唯独许述的船安然无恙。原来还是神灵在护佑，旁边船上的人说：“适见许家船上有紫气平覆，船背上有白衣仙人，侍者皆着五色衣，光彩照天，尽如金色，乃知许船是老君所护，风波不伤。”只有一心供奉老君，哪怕是一介平民，在危急时刻，老君总会出现，伸出他慷慨的援助之手，不管求助者的要求是多么平凡和简单。

其实，考察老子的神化，从实到虚，从人到神，从太上老君到太上玄元皇帝的变化，我们就会发现，老子的神化过程，实际上也就是道教发展的过程。宗教是现实生活的折射，道教故事神话表达的，其实就是现实生活中人们世俗化的诉求，老子的神话故事其实就是道教信仰和民众世俗需求相互作用的沉淀与见证。

不过，作为道教史的研究者，或者是一般的普通读者，对老子一定要有一个历史唯物主义的认识，即历史上的真实的老子，并没有道教传说中的老子那么大的神通，奉为道教之祖的老子，不是道家学派的创始人老子，更不是什么天上的太上老君。历史上的真实的老子，只不过是“周守藏室之史也”，也就是类似于我们今天的国家文史馆馆员罢了。当然了，老子这个文史馆馆员，远没有现在这么清闲，除了搜集整理和管理周王室的图书、向周天子进献典籍、记录天子的言行、进言献策、还要“司天”，就是负责观察天象，依据日月星辰的变化规律来制定历法，“明天道”。“守藏史”除了要做好这些之外，还要负责周王室天子，以及周王朝宗室子弟的教育培训，大概还得认真备课，做几次专题辅导报告。当然，由于精通周王朝的各种礼仪，周王朝宗室的婚丧嫁娶一类的事情，大概也经常请他去做司仪，所以才有了孔子问礼于老子的故事，也正因此，胡适说老子是以“相丧”为业的教士。由此，我们基本可以认定，历史上的老子是一位上通天文，下通地理，精于人情世故，很是有点“大隐隐于朝”味道的“隐士高人”。因此，我们不要把老子想象得多么神秘，也不要一味沉浸在道教神话中，把老子神化成一个不食人间烟火的“真人”，把他的道家学说，弄成玄而又玄，难名其妙的“玄学”，让我们“恍乎，惚乎”，如坠十里烟雾，茫然无一应。

世事洞明皆学问

——老子的学说出自史官之学

许地山著《道教史》书影

作为道家学派创始人的老子，毫无疑问，实实在在是一位有着七情六欲的凡人，一位绝顶聪明的智者，一位世事洞明，人情练达的高人。虽然他撰写《道德经》的目的，是给当时的侯王们教授“君人南面之术”，但是他的《道德经》面世的时候，没有几个侯王愿意认真学习，也不过是作为一家之言而为当时的“士”所传习，并不像被奉为道教经典之后那样，神乎其神，玄妙得让一般的读者只能“望书兴叹”的道教秘籍。我们认为，老子在《道德经》里表达的他对宇宙自然、天人关系的思考，并不是他的脑袋有着“与生俱来”的经天纬地之原生智慧，而是他吸纳融汇前人的政治智慧和生存智慧，通过观天察地、阅今思古、身感体悟、玄思冥想“无为自化”出来的关于治国理民、为人处世的人生大智慧。

那么，老子的道家学说源自于哪里呢？

其实，关于道家学说的源渊，古人早已经给出了明确的回答。《汉书·艺文志》说：“道家者流，盖出于史官。”由此，我们可以知道，道家学说，源自于史官之学。过去，有人认为这句话只是说道家学派的创始人老子当过周王室的史官，而与道家学说的理论体系无关，其实，这是不全面的。确切地说，这句话的意思是，道家的学术渊源和核心理念来自于史官之学。对此，宋代大儒朱熹看得很是真切，朱熹在《答汪尚书》中说："盖老聃周之史官，掌国之典籍、三皇五帝书，故能述古事而信好之。"这句话的意思是说，老子之所以能够"述古事而信好之"，是因为老子掌握着周王室的文献典籍、三皇五帝之书，他对这些非常喜欢，而且穷学精研了"国之典籍、三皇五帝书"，才成为饱学之士的。著名史学家傅斯年非常认同宋熹的观点，他在《史料论略及其他》中说："史官之职，可成就些多识前言往行，深明世故精微之人。一因当时高文典册多在官府，业史官者可以看到；二因他们为朝廷作记录，很可了澈些世事。所以把世故人情看得最深刻的老聃出于史官，本是一件自然的的事。"

傅斯年先生的真知灼见，实际上已经指明道家的文化渊源是史官之学，因为周代的史官，实际上就是当时最有话语权的文化精英人物，由于职业的缘故，他们要比其他人，甚至是天子、公卿一类人物的学养和文化素质都要高出很多。正是因为有着大量阅读前人著述、协助政务、记录时事的机会，所以老子的见闻要比别人更广博，思考力比别人更强，当然，对于当时史官们特别关注的关于天人关系的思考也比别人更为深入，更加系统。

那么，什么是史官之学，史官之学都包括哪些"学问"，老子又从史官之学中学到了些什么呢?

所谓史官之学，就是夏商周巫史所掌握的卜筮之学、龟筮决策之术、术数之学。根据孙以楷先生的研究，老子的哲学思想来源于春秋史官的哲学思想，老子吸纳了春秋史官哲学思想中天道自然的观念，系统地总结和创造性地发展了春秋史官哲学中的朴素辩证法思想。考察古代史官的文化背景，以及古代史官著作中的阴阳、五行、八卦等哲学思想，我们认为，老子道学思想的形成，与古代史官之学有着极其重要的渊源关系。

首先，古代史官之学孕育和形成了老子的"道"的观念，形成了老子“道法自然，天人合一”的思维模式。在文明社会到来之初，人们认为天是至高至上的神，要把自己的愿望上达于天，或者要弄清楚天的意志，就要通过天的代言人——巫祝来充当媒介。巫祝具有“绝地天通”的本领，他们通过卜筮、巫舞等巫术形式，在天、地、人、神、鬼之间传递信息，发挥中介作用，久而久之，他们不但成为宗教祭祀之官，是神意的化身，而且是当时的学术权威，一切知识的总汇者和掌控者，就是连君主也要对他们敬畏三分。大体在颛顼时代，巫祝之官出现了职业化的倾向，成为一种专门的职业。从帝尧时代起，原始部落的组织机构中开始出现了专门观测天象的“巫官”。这些“巫官”负责观测日月星辰运行位置的变化，敬授人时，指导农业、渔猎等百工之事。商周时期，职掌天道的史官虽然与巫卜已非同类，但是史官们仍然兼具有宗教职能，精通占卜问筮，在人与天、神、鬼之间发挥着中介作用。殷墟出土的大量的刻有文字的龟甲，就昭示着筮卜之风的盛行与普及。大体成书于周初的《易经》就是由当时的宗教巫术，特别是卜筮之官和兼掌卜筮之事的史官采辑、订正、增补、编纂而成“巫祝”之书。成书后的《周易》，由周王室的史官收藏和管理，并且成为周王室史官们经常阅读和研究的典籍。春秋时期，史官文化逐渐压倒巫卜文化，周人的敬宗祀祖逐渐取代了夏商的敬天事鬼，但是，史官与巫祝仍然有着许多相类、相通之处。据清代汪中所言，春秋史官的职掌包括司天、司鬼神、司灾祥、司卜筮、司梦等，而这些也都是巫官的职掌范围。在这种文化背景下，史官们所说的天道亦往往带有神秘色彩，天道鬼神基本上还是处于天命神学的支配之下，人们一方面试图挣脱天道鬼神的束缚，一方面又不得不匍伏在天道鬼神脚下。老子是楚国人，曾经生活于楚文化的氛围中，作为周王室的史官，又大量接触有着“巫祝”文化色彩的史书典籍，很自然地受到巫祝文化和史官文化的浸淫，从而构成其“天人合一”的思想模式。比如，《道德经》一书中的核心观念“道”，就根源

老子像写意

是巫术礼仪的“无”。“无”，即巫也，舞也。它是在原始巫舞中出现的神明。在巫舞中，神明降临，视之不见，听之无声，却功效自呈。它模糊而实在，涵盖一切而又并无地位；似物而非物，似神而非神，可以感受而不可言说；所以，老子才说“道”是“玄之又玄，众妙之门”，“自古及今，其名不去，以阅众甫。吾何以知众甫之状哉？以此”。也正是从这里，老子领悟并且概括出“无”，并扩及“当其无，有车之用”，“当其无，有室之用”等等日常生活的哲理和智慧，并与权术、战略相衔接以服务于现实生活。

其次，随着社会文明的迅速发展，史官文化与巫祝文化日益分离，在西周末年，史官文化中已经出现了对巫祝文化中的上帝、鬼神观念的批判、怀疑与扬弃，先民后神、自然为本的观念也逐渐成为史官的群体意识。到了春秋时期，在阴阳学说的影响下，史官文化对传统天道观进行了改造，剔除其神意内容和神秘色彩，生发出“天道自然”的思想。老子作为博学多识而开明通达的史官，其著述是送给执政者听的“君人南面之术”，不需要“以神道设教”。正因为这样，他把天人关系中的“天”还原为自然之天，并对其进行高度概括，从中抽绎出带有普遍性法则意义的范畴——道。老子认为，作为宇宙的本体和支配世界万物的根本规律，道高于天，“先天地生”，而它本身及其生化万物的过程都是自然而然的，即所谓“道法自然”，从而扬弃了传统天道概念的神学内涵。在老子的思想体系里，道应包括天地人在内，但就实际而言，老子不仅往往将道与非道对立，而且又将天道与人道对立起来：“天之道，其犹张弓与？高者抑之，下者举之，有余者损之，不足者补之。天之道，损有余而补不足……孰能有余以奉天下？唯有道者。”（《道德经》七十七章）在老子这里，道与天道有着十分密切的联系，它们的含义常常是一致的：“天之道，不争而善胜，不言而善应，不召而自来……”（《道德经》七十三章）“天之道，利而不害。”（《道德经》八十一章）老子推崇天道，贬抑人道，又特别强调道的过程、法则方面的特征，这就在一定意义上把道和天道（“天之道”）等同起来，或者说老子心目中的道，其实就是天道，道就是天道的同义语。

此外，古代史官在职掌天道的过程中，形成许多朴素辩证法思想，老子对其进行了系统的总结和创造性的发展。比如，在中国古代，人们对事物对立统一性质的认识，常常是用一与两或阴与阳等概念来表示的。虽然在《诗经》中出现的“阴”“阳”，还不是哲学概念，但已表达出人们对于一物两面具有相反性质的认识。《易经》中虽然没有出现成对的阴阳概念，但是贯串《易经》的主导意识却是阴阳的对立统一，“——”是阳，“－－”是阴。没有“——”与“－－”之间的对立统一及相互渗透、转化的意识，就没有《易经》，但是真正把阴阳意识提升为一对哲学范畴，并以其来解释天人关系的，还是要数老子。

其三，老子不仅继承了春秋史官的“两”的观念，而且继续商周以来思想家们从杂多（八卦、六气、五行）中寻求一体的努力，成功地把一与多统一起来，提出了著名的“一生二”的命题。春秋之时，史官文化中有“天六地五，数之常也”之说。所谓“天六”，指“天有六气，阴、阳、风、雨、晦、明也”。所谓“地

阴阳图

五”，指“地有五行，金、木、水、火、土也”（《国语》韦昭注）。天六与地五经纬交织，构成了天地万物：“经之以天，纬之以地。”天六居于经位，为主；地五居于纬位，为辅。医和说：“天有六气，降生五味，发为五色，征为五声，淫生六疾……分为四时，序为五节，过则为灾。”五味、五色、五声、五节，都是六气的派生物。在六气之中，阴阳是更根本的，风、雨、晦、明都是阴阳的表现。从这些论述中，我们可以看到，春秋之时的史官们已经具有了这样一种意识，即六气产生五声、五色、五味，而最终归为五行。五行是构成万物的材料，六气特别是阴阳则是决定万物的内质。老子继承了这些朴素的阴阳观念，提出了“万物负阴而抱阳”的著名论断，指出阴阳二气的对立统一即为冲气：“冲气以为和。”（《道德经》第四十二章）

其四，老子哲学中的“一生二”的命题的提出，也直接地受到史官文化的启示。我们知道，八卦是商代乃至商以前人们用来解释天地万物及一切自然现象构成的八种自然物和自然现象。这八种自然物和自然现象又组成四对，每一对都包含着两个相反的方面，这表明人们从八种自然物和自然现象中寻求“一”的努力。五行也是商代人用来解释自然万物构成的五种物质元素，它们都存在于人们的生活与生产活动中，是人们生产生活不可须臾离开的。但是，周代的史官们并不满足于并列地用五行来解释一切，而是努力寻求五种元素内在的统一关系。到了晚周时期，史官们甚至还构想阴阳与五行间的统一关系。从杂多（八卦、六气、五行）中寻求一个本源本体，崇尚“一”，这是人的思维的发展。当然，这种“一”并不是政治上的唯一，而是包含着“多”的“一”。到了春秋时期，随着宗法奴隶制逐步走向颓败，周天子大权旁落，政出诸侯，陪臣执国命，政治上的“尚一”观念受到冲击，“陪贰”的观念得到提倡与发展。政治观念上的变化，使传统的“－－（阴）”“——（阳）”对立的思维方式得到解放。史官们沿着“推天道以明人事”的思维路径，不断地阐述一与两、一与多的辩证关系，使我国古代朴素辩证法获得了长足的进展。晋大夫士蔿以人体四肢的关系与作用以及军队的结构，论证政治上君臣的相辅相成的对立统一关系。他说："贰若体焉，上下左右，以相心目，用而不倦，心之利也……故古之为军也，军有左右，阙从补之，成而不知，是以寡敌。"（《国语·晋语一》）一体之中分上下左右，这对老子的"一生二"的命题的提出，提供了有益的启示。到鲁昭公三十二年（前510年）时，史墨就明确指出："物生有两，有三，有五，有陪贰。"老子既可能从他的前辈史官处继承"贰若体焉"的命题，也有可能吸取同时代的史官史墨的"物生有两"的命题，从而作出"一生二，二生三，三生万物"的论断。老子在这里不是笼统地说"物生有两，有三"，而是在两（二）与三之间揭示出其内在的关系，显然是对春秋史官一、两辩证观的发展。史墨用"物生有两"这个高度概括的命题解释了"天有三辰，地有五行，体有左右"，认为一切事物都有"妃耦"，即"皆有贰也"。史墨已经认识到所有事物都包含互相对立的"两"个方面，有矛盾的主导一方，就必然有其相反的

有关于老子描述的道教典籍

次要方面，即“妃耦”，亦即“贰”。这种矛盾普遍性的观念在《道德经》中表述为“万物负阴而抱阳”。一切物都是阴与阳的对立统一，因此在《道德经》中充满了对立统一的矛盾概念，如贵贱、荣辱、生死、祸福等。所有这些对立面（两）都是阴阳对立的表现，都包含在统一体（一物）之中。史官出身的老子明显地继承和发展了其前辈及同时代史官的哲学思想。

但是，“抱一”毕竟从本质上同于商周“唯一”的政治观念，因为它是从多样性或对立中寻求统一。这也就是“和而不同”。“万物负阴而抱阳，冲气以为和。”“和”是一，但包含着两（阴阳）。老子的“和”的范畴也来自春秋史官。据《国语·郑语》，史伯说：“和实生物，同则不继。”什么叫“和”，史伯解释说：“以他平他谓之和。”“和”即矛盾的一方与另一方之间的配合、平衡。任何事物都是多样性的统一，都是对立的统一，只有多样性统一、对立双方平衡，才能构成事物。如果是单一性的重复，即“以同裨同”，没有差异，没有多样性，没有对立，就不可能构成任何事物。商周以来史官不仅以记言记事为职，而且也以随时进言为责。这种职责使史官们形成了一种听取并斟酌不同意见的思维习惯。史伯提出“以他平他”是出于要求君主善听不同意见的政治需要。史官老子也继承了春秋史官们的这种思维习惯，进而把差异性互补之“和”深化为对立统一之和：“万物负阴而抱阳，冲气以为和。”“和”就是阴阳对立双方的相反相成，就是两方的平衡，也就是中。所以老子也强调“守中”：“多言数穷，不如守中。”（《道德经》第五章）

应该指出的是，与老子同时代的晏婴也表述了很精彩的“和而不同”的思想。他着重分析了“和”与“同”的本质差异，指出“和”是肯定（可）与否定（否）之间的对立统一。“否以成其可”，与老子的“反者道之动”、“无为（否）而无不为（可）”都是从矛盾的否定方

老子写意

面求矛盾的统一，从而取得对万物的生成与发展的动力的认识。晏婴还得出了清浊、大小、短长、疾徐、衰乐、刚柔、迟速、高下、出入、周疏、济泄等矛盾概念，与老子所提出的矛盾概念基本一致，并以“相济”概括其间的统一关系，与老子的“相生”、“相成”比较，是关于对立面相反相成的同一思维水平的不同表述。晏婴主张“否以成其可”、“可以去其否”，达到可与否的平衡，目的是“政平而不干，民无争心”。（以上所引晏婴之语均见《左传·昭公二十年》）这个“民无争心”恰恰是老子政治伦理思想中的一个核心问题。晏婴认为自然中对立双方的平衡可以使物不争，社会生活中政治平衡可以使民不争。老子也主张以平衡（中、和）求不争，但他认为要达到平须必需守柔。知雄守雌，知刚守柔，实质是雄、刚，表现形式是雌、柔，这也是一种中和。晏婴的“济其不及，以泄其过”以达中和的平衡方法，被孔子发展为“去其过，补其不及”的中庸之道，其目的是天下均平，使民不争。看来，使民不争，实在是老、孔的共同的目标，而守柔中和与中庸之道也是大同小异的方法。究竟是老子吸取了晏婴的和而不同、相反相济的思想，还是晏婴受了老子的有无相生辩证思想的影响，我们已经无法断定。但是，可以这样看，矛盾双方相反相成的观念在春秋末期已成为具有丰富历史知识和先进科学知识的人士比较普遍的认识。如晋国郭偃说："君以为易，其难也将至矣；君以为难，其易也将至矣。"（《国语·晋语四》）著名的政治家叔向的母亲曾说："甚美必有甚恶。"（《左传·昭公二十八年》）郭偃的关于难与易转化的思想，后来老子表述为"多易必多难"以及"难易相成"。而叔向之母的美恶相依的思想也影响到老子的美恶观。

简要地说，老子汲取了史官之学中朴素的辩证法思想，受其启发或者直接继承了其中的某些观点，形成了自己的独特的道家学说。

一篇《道德》解人难

——《道德经》是写给侯王们的书

关于《道德经》的写作，《史记·老子韩非列传第三》中说："老子修道德，其学以自隐无名为务。居周久之，見周之衰，乃遂去。至关，关令尹喜曰：'子将隐矣，强为我著书。'于是老子乃著书上下篇，言道德之意五千余言而去，莫知其所终。"若以此说，《道德经》并不是老子有意为之之书，而是迫不得已的难为之作。由于这一说法出自《史记》，所以一般史学家们都认为这是老子写作《道德经》的真实记载。但是，按照一般的认知规律，我们认为，《道德经》是老子长期学习研究古代史官之学的产物，是其对古代史官之学的系统总结和创造性的发展。从哲学史的角度上来讲，《道德经》是我国第一部比较系统的哲学著作。《道德经》是老子为了阐述自己关于宇宙自然、社会人生、个体生存看法的一部自为之作。

那么，这本书是写给谁看的呢？

简洁地说，《道德经》是一部写给侯王们看的书，是一本教侯王们如何"君人南面之术"的政治教科书。我们知道，古代史官的一个重要职责是向君主进献典籍，为君主记录言行，总结经验教训，对其进行谏诫，以巩固其统治地位。《汉书·艺文志》说："古之王者世有史官，君举必书，所以慎言行，昭法式也。"《礼记·玉藻》说："动则左史书之，言则右史书之。"李学勤先生为《〈黄帝四经〉与黄老思想》一书作序时指出：西周金文提及的史官，"如史墙盘的史墙，在铭文里历数文武成康昭穆列王事迹以及本人父祖各代的德行"。《国语·周语上》记邵公对周厉王曰："天子听政，使公卿至于列士献诗，瞽献曲，史献书……瞽、史教诲，耆、艾修之，而后王斟酌焉，是以事行而不悖。"《国语·楚语下》则载楚国王孙圉对晋国赵简子曰："楚之所宝者……有左史倚相，能道训典，以叙百物，以朝夕献善败于寡君，使寡君无忘先王之业，又能上下说于鬼神，顺道其欲恶，使神无有怨痛于楚国。"由此可见，直到春秋时期，史官的谏诫作用仍然十分突出，而且史官兼带有"为王者师"的职责。正是基于这种史官文化传统，以老子为代表的道家学说就被视为"历记成败存亡祸福古今之道"的"君人南面之术"（《汉书·艺文志》），而《道德经》则是为侯王等统治者提供谋略的典籍。高亨先生曾指出："老子之言皆为侯王而发，其书言'圣人'者凡三十许处，皆有位之圣人，而非无位之圣人也。言'我'言'吾'者凡十许处，皆侯王之自称，而非平民之自称也。所谓'上善、上德、下德、上仁、上义、上礼、善为道者'等等，皆侯王之别称，而非平民之别称也。所谓'为天下溪，为天下谷，为天下贞'等等，皆侯王之口吻，而非平民之口吻也。故《道德经》书实侯王之宝典，《道德经》哲学实侯王之哲学也。"所以，我们说，《道德经》是教侯王们如何"君人南面之术"的政治教科书。

那么，老子向侯王们教导了些什么呢？套用现在的话说，就是老子为侯王们为君为政制订的理论基础和指导思想是什么呢？我们知道，老子哲学的核心，就是在以往史官天道观的基础上改造、抽绎出来的

"道"。所以，居于《道德经》一书的核心地位的道，就是老子为侯王等执政者们所制定的为君为政的理念基础和指导思想。老子认为，"道常无为，而无不为。侯王若能守之，万物将自化。化而欲作，吾将镇之以无名之朴。无名之朴夫亦将不欲。不欲以静，天下将自定"（《道德经》三十七章）。"立天子，置三公，虽有拱璧，以先驷马，不如坐进此道。"（《道德经》六十二章）老子在《道德经》中反复强调为政者要注意依道行事，做道的化身。

不过，老子向执政者进献的道论，并不是一个抽象的东西，而是有其深刻的社会政治内涵的，有其基本属性的。老子认为，道的功用，是服务于治人、治理社会政治，实现"道"的方法是"无为而治"。老子认为，"道常无为而无不为"（《道德经》三十七章），其基本属性是自然无为。人们对此应加以效法，顺应万物的自然本性，"以辅万物之自然而不敢为"（《道德经》六十四章），从而达到"无不为"的功效。他要求"圣人处无为之事，行不言之教"（《道德经》第二章），不要过多地用主观意志去控制和干涉老百姓的生活，要给其以更多的生存空间。这样，"我无为而民自化，我好静而民自正，我无事而民自富，我无欲而民自朴"（《道德经》五十七章）。如果违反了"道"呢？就会带来严重的社会问题，社会就会不稳定，"民之难治，以其上之有为，是以难治"（《道德经》七十五章）。他呼吁执政者"有余以奉天下"（《道德经》七十七章），减轻剥削，不要实行横征暴敛。老子认为，社会动乱，"盗贼多有"的根本原因是"法令滋彰"（《道德经》五十七章）。想要通过严酷的"法令"使民畏服，那是不可能的。"民不畏死，奈何以死惧之？若使民常畏死，而为奇者，吾得执而杀之，孰敢？"（《道德经》七十四章）这些"无为而治"的思想不仅对后世的政治家有所影响，对史学家也颇多沾溉。后世史家往往怀着极大的热情对由无为而治引起的社会经济发展大加称颂。

在《道德经》中，老子认为，君主要践行“道”，化身为“道”，要施行“无为而治”之政，就要提高自己的政治素养，调适自己的政治文化心态，抱朴守真，追求朴实真诚。他认为，朴、真是道的本性，抱朴守真就能令天下臣服。“道常无名，朴虽小，天下莫能臣也。侯王若能守之，万物将自宾。”（《道德经》三十二章）“道之为物……其精甚真。”（《道德经》二十一章）老子认为，执政者应该效法道的这一特征，以朴、真教化民众，使整个社会纯朴自然，“处其实，不居其华”（《道德经》三十八章），“见素抱朴”（《道德经》十九章）。老子痛感现实社会的种种弊端，所以他揭露虚伪浇薄、尔虞我诈的世风，抨击刻意追求仁义礼智等道德形式，反对传统道德对人性的束缚和扭曲，使天下“复归于朴”（《道德经》二十八章）。

当然，《道德经》“综罗百代，博大精微”，其中关于为君为政之道的论述绝不仅上述几点，为了表述的方便，我们在下面列专节予以介绍。

众妙之门非常道
——《道德经》的思想内涵

如前所述，老子的《道德经》是一部“历记成败存亡祸福古今之道”的“君人南面之术”的政治教科书，是为侯王等统治者提供治国治民谋略的典籍。当然，由于老子是中国古代巫史文化，特别是《易经》《尚书》等古代典籍思想的承继者，而且，老子自己又有着丰富的人生修炼的实践经验及理性思考，所以，《道德经》一书所反映的是老子在对自然、社会、历史进行观察思考和人体自身返观内照的基础上，所建立起来的以“道”为核心的，包括宇宙论、本体论、认识论、辩证法在内的哲学思想体系，它的内容涉及到政治、军事、伦理、美学、文学、养生等诸多方面。所以，无论后世学者如何评价老子、评述《道德经》，都认为老子的《道德经》是中国传统文化的重要源头，《道德经》所蕴涵的哲学思想博大精深，是中国思想史上的一座名垂千古的丰碑。但是，正如南怀谨所指出的那样，由于秦汉之后，儒道与诸子分家，儒家学术渐为中国政治社会主流文化，道家学术则是以隐伏的姿态潜隐于主流文化之下，所以历代学者只知道儒家学术有利于治国平天下，而不知道道家学术实在是拨乱反正的机枢。因而历代修纂历史学者，都是极力标榜儒家学术而摈弃或者贬抑道家学术，视道家学术为异端邪说，或漫存于经、史之外，尤其是清代以后的道学家们，大都高蹈远引，不预世务，或者孤陋寡闻，抱残守缺，自以鸣高。所以，迄今所见，关于《道德经》哲学思想的研究，除道教史及文化史研究者们多有精当见解之外，很少有普及性的阐释文字面世。下面，我们综合前人及当代学人关于《道德经》哲学思想的研究成果，对其思想内涵，作一较为系统的表述。

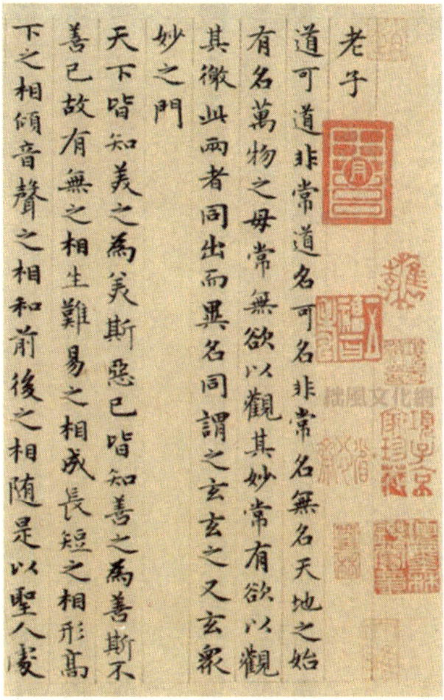

赵孟頫小楷《道德经》局部

老子在《道德经》里阐发的最重要的核心观点是，道生万物，道统万物，万事万物之所以生，之所以死，都是“道”在起作用。在《道德经》中，老子一开始就提出了关于“道”的哲学命题。“道可道，非常道；名可名，非常名。”道，是《道德经》的核心命题，一部《道德经》，洋洋五千言，以“道”开篇，以“道”立论，以“道”结论。前面说过，《道德经》讲的是“君人南面之术”，是老子给侯王们讲管理课的讲义，那么，老子为什么一开始就猛不丁地推出“道”这个概念，从宇宙万物的发生说起呢？

我们认为，老子所处的春秋时代，已经是一个“礼崩乐坏”，“礼乐征伐自诸侯出”的称王称霸的时代，人们对于君权神授、天命神权思想产生了深深的怀疑，先民后神、自然为本的思想已经成为以史官为代表的当时的知识分子的共识。例如，郑大夫子产就提出了“天道远，人道迩，非所及也”（《左传·昭公十八年》）的主张，认为天道与人事的吉凶无关，应该就人事论人事。此外，如前所述，春秋末期以来，许多侯王面对尖锐复杂的局势，大有茫然不知如何应对之感，经常向才智之士请教如何为政，求“使民之道”，有的询问财政、经济、军事、外交的具体问题，也有一些胸有大志的侯王，会询问诸如“天下恶乎定”这样的大问题。当时的智能之士都试图为解决当时的社会问题，就如何治民、治国、平天下等提出自己的政治主张。比如，孔子认为，天下大乱的主要原因，是“礼崩乐坏”，要收拾人心，首先就要“复礼”，维护亲亲、尊尊的宗法制度，恢复封建等级秩序。所以，他给自己定的人生目标就是“兴灭国，继绝世，克己复礼”，而且，他周游列国，给君主们开出的“医国治世”的药方是行“仁政”，以“德”服人，以“德”治国。而老子却认为，世道动乱，争战不已，是因为统治者不得“道”，他说：“天之道损有余而补不足；人之道则不然，损不足以奉有余。”人世间的纷争战乱，是不合天道、违背自然法则的，是统治者的世界观有问题，对宇宙间万事万物的变化规律没有清醒的认识。老子认为，只要认识了作为宇宙的本体和支配世界万物的根本规律的“道”，依道而行，那么天下就可以太平。正因为这样，他把天人关系中的“天”还原为自然之天，并对其进行高度概括，从中抽绎出带有普遍性法则的范畴——道。所以，老子就把“道”作为侯王们必须弄清楚和掌握的基本理论提了出来。

那么，什么是“道”呢？老子认为，“道”是天地万物的根源。冯友兰先生认为，老子的道，是“以为天地万物之生，必有其所以生之总原理，此原理名之曰道”（《中国哲学小史》）。老子认为，道高于天，他说：“有物混成，先天地生。寂兮寥兮，独立而不改，周行而不殆，可以为天下母。吾不知其名，字之曰道。强名之曰大，大曰逝，逝曰远，远曰反。”（《道德经》第二十五章）在老子看来，这个道是先于天地而独立存在的“混成”整体。它又是如何发生作用的呢？它并非有意志的，只是自然如此，所以，老子又说：“人法地，地法天，天法道，道法自然。”（《道德经》第二十五章）老子认为，它周流不息，运动不已，是天下万事万物的根源，道的运动形式是变化流逝而最终又返归本源的。

历代各国书法家的“道”字集字

可是，以这个神秘的“道”为本体的世界是怎样生成的呢？老子给予我们的生成模式是：“道生一、一生二、二生三、三生万物。”这里的“一”，就是阴阳未分之前的浑沌一体的宇宙本体，“二”指的是宇宙剖分为阴与阳，也可以理解为柔与刚、强与弱、生与死、盛与衰、福与祸等等，构成一个事物的两个方面。“三”即是阴阳运动产生的新的和谐统一体；“三生万物”，即通过阴阳运动生成新的统一体后生化出世界万物。而“道”以及由道所派生出来的阴阳这一对矛盾，则普遍地存在于万事万物之中，宇宙万物就是以“道”为最大共性和最初本源的统一整体，天地万物以及人类都是同源同构的。

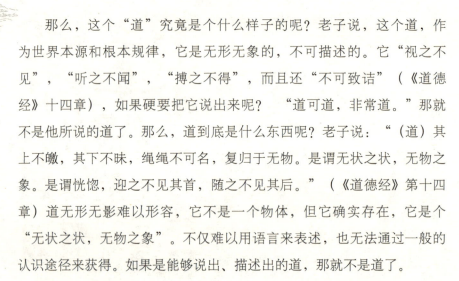

那么，这个“道”究竟是个什么样子的呢？老子说，这个道，作为世界本源和根本规律，它是无形无象的，不可描述的。它“视之不见”，“听之不闻”，“搏之不得”，而且还“不可致诘”（《道德经》十四章），如果硬要把它说出来呢？“道可道，非常道。”那就不是他所说的道了。那么，道到底是什么东西呢？老子说：“（道）其上不皦，其下不昧，绳绳不可名，复归于无物。是谓无状之状，无物之象。是谓恍惚，迎之不见其首，随之不见其后。”（《道德经》第十四章）道无形无影难以形容，它不是一个物体，但它确实存在，它是个“无状之状，无物之象”。不仅难以用语言来表述，也无法通过一般的认识途径来获得。如果是能够说出、描述出的道，那就不是道了。

然而，老子认为，道虽然是不“可道”、不可见的玄妙之物，但道却是可以掌握的，一旦掌握了它，就可以驾驭、支配天下万物。因为这种非物质的“道”，绝不是什么神秘的精神本体，而是一种客观存在的规律，是可以体认，可以认识的。为什么呢？因为人和天在本源上是同一的，都是“道”的产物。天地是一个大宇宙，人是一个小宇宙，人是宇宙的全息，天地人都受着“道”这一共同的普遍规律的支配，所以“道”，是可以通过天、地、人的运动来体认的。

那么，如何去认识道呢？老子给侯王们指出两个途径：

一是效法自然，通过“推天道以明人事”的思维模式来认识道。所谓“推天道以明人事”即通过观察或概括自然的现象或者规律，从而体悟大道，阐发大道，获得立身处世和治国平天下的“道”。例如，《道德经》要人们效法“善利万物而不争”的水，让人们通过对水的特性的认识去体悟道。在老子看来，万物的生息都是由道支配的，没有道，万物就不可能存在。道对于万物的恩泽可以说是很大的，然而道却从不与万物争夺什么，也不求报于万物，而水就具备类似的特性，从水的特性上，就可以体悟出“道”到底是什么性质的东西。其次，老子还要人们从自然现象、自然规律中去体悟“道”。他列举做事、磨刀、金玉、富贵等现象说：“持而盈之，不如其已；揣而锐之，不可常保。金玉满堂，莫之能守。富贵而骄，自遗其咎。”（《道德经》第九章）他分析说，办事要求圆满完美，不如停止不干，因为没有谁会把事情干得十全十美。把刀刃锤锻得尖锐锋利，其锋刃就不能长久。金玉满屋，没有人能保得住。富贵而傲慢，就是自取灾难。观察分析这些现象和规律，人们就会从中悟出“不自生”、“功遂身退”和“损有余而补不足”的“天之道”，才能避免衰落带来的痛苦。如果人们能够把从中悟出来的道，用来治身处世，治国安民，那么就一定会取得良好的效果。

老子教给人们的第二个方法，是“静观”、“玄览”的主客一体——致思。即主张每一个认识主体（人）“涤除玄览”，要保持内心虚静，排除一切思虑活动和杂念，反观内照，进行“玄览”、“玄鉴”，即通过“心”这面特殊的镜子，以达到主观和客观的沟通，来获得关于世界的本质和规律——“道”的认识，而通过认识主体对自身的反观内照而获得的“道”，又可作为指导天下之事的普遍原则。在这里，后一种方法是最为根本的，受到老子的特别推崇。他说：“致虚极守静笃。万物并作，吾以观复。夫物芸芸，各复归其根。归根曰静，静曰复命，复命曰常，知常曰明……没身不殆。”（《道德经》第十六章）这就是说，使内心虚寂、清静达到极点，才能反观体悟到万物生长、活动、循环往复的情形，才能避过复杂纷纭的现象，看到万物回到它们的根源——“静”，也即复归本性。复归本性就是自然的常道，懂得这种自然的常道，就可以称得上明智。那么，懂得这种常道的人，也就能通达事理，立于不败之地。

老子认为，只要人们按照这两个途径去体悟道，发现宇宙间万事万物发生发展变化的规律，也就是“常道”，就会“明”（“知常曰明”），就会“知常”，并且按照“常道”去做，久而久之，就会“袭

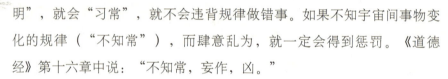

明”，就会“习常”，就不会违背规律做错事。如果不知宇宙间事物变化的规律（“不知常”），而肆意乱为，就一定会得到惩罚。《道德经》第十六章中说：“不知常，妄作，凶。”

老子在《道德经》中阐发的第二个核心观点是，任何事物的运动发展都存在着对立转化规律，都逃不出“返本复初”这个铁律，要防止“物极必反”，就必须“贵和有度”。老子认为，天地万物都处在运动变化之中，而“道”却是永恒不变的，变化的天地万物就是在不变的“道”的支配下，不停地进行着一种周而复始的循环运动。万物由生到弱，再由弱到强，发展到极盛，然后再走回头路，由强到弱，最后到死亡。他说：“归根曰静，是谓复命，复命曰常，知常曰明，不知常，妄作，凶。”什么意思呢？意思是万物回到出发点就是虚寂死亡，死亡后会重新获得生命。这种生命的获得过程是永远不变的，每当事物完成一轮循环，归于死亡之后，就会重新获得生命，开始第二轮循环，如此周而复始，以至无穷。懂得了这个道理就算得上明智，不懂得这个永远不变的道理，胡乱行动，就会遇到危险。

此外，老子还认为，“道”是有着自身的运动规律的。这个规律是什么呢？老子说，“反者道之动”。所谓“反”，就是对立转化，返本复初。在老子看来，一切事物都包括着两个相反相成的方面：“有无相生，难易相成，长短相形，高下相倾，音声相和，前后相随，恒也。”（《道德经》第二章）这就是说，有无、难易、高下、前后等对立的两个方面是相互依存的，各以对方为其存在的基础；事物对立的双方又是相生相渗，各向其相反的方面转化的，这是“道”的永久不变的运动规律。

那么，如何做才能避免“物极必反”，避免事物向着不利的一方发展呢？老子又提出了贵和持中的思想。“和”即和谐，“中”即适度不过分。《道德经》第五十五章中说：“知和曰常”。知常曰明即是说，懂得保持和谐这一道理，就懂得了天地万物运动变化的永恒法则（“常”）；懂得了这一永恒法则就可称之为清明。那么，如何做到“和”和“中”呢？老子为侯王们开出的药方是“去甚，去奢，去泰”（《道德经》第二十九章），即去除极端、奢侈和过分的行为，以保持事物内部的动态平衡，只有如此，才能避免事物发展变化为其反面。老子认为，“万物抱阴而负阳，冲气以为和”（《道德经》第四十二章），只有“和”，才能防患于未然。在《道德经》中，老子还用实际生活当中的例子，来论证他的这个观点。例如，老子说：“天下之道其犹张弓欤？高者抑之，下者举之。有余者损之，不足者补之。”（《道德经》第七十七章）他告诫人们自觉地从反面入手，就能促使事物向着有利的方向转化。这一充满着辩证智慧的思想，指导着中国人适中有度地处理人际关系、个人与社会的关系、人类与自然的关系，保持与社会和自然各个层次的和谐。

老子认为，“天之道”是和谐适中的，调控维持着事物的动态平衡，非常公平而无任何偏私，它均匀地将自己的雨露洒向人间：“天地相合，以降甘露，民莫之令而自均。”（《道德经》第三十二章）如果出现了不平均的现象，天道就将加以损益：“天之道，损有余而补不足。”（《道德经》第七十七章）老子主张，人类应该摒弃“损不足以奉有余”的“人之道”，效法损余补阙的“天之道’，才能实现各个层次的和谐。但只有那些“有道者”，才能效法天道，将有余的财产供给不足者。因此，有道的圣人不看重那些稀世的财货：“圣人欲不欲，不贵难得之货。”（《道德经》第六十四章）他们所欲求的只是众人所不欲追求的。正由于他们无私不积，慷慨地将自己所拥有的予以他人，乐于帮助他人，因而就能使自己在精神上愈充实富有，在道德上愈完善，正所谓“圣人不积，既以为人己愈有，既以与人己愈多”（《道德经》第八十一章）。

老子贡献给侯王们的实现道的方法是：顺应自然，无为而治。

老子由人天同源、身国同构、道统万物的基本认识出发，在对于自然现象和社会现象的观察中，特别是在自身修炼的实际体验中认识到自然无为是“道”所具有的本质特征，“无不为”则是推行“道”的必然结果。老子在《道德经》中不断地阐述天道自然的观点，他认为，自然就是自然而然，不是为了什么，也不受谁的支配。比如天降甘露，自然均匀，并不是服从了谁的命令。万物的生长变化，也不是听从了谁的命令，而是按照自己生长变化规律，自然而然地进行。天地对于万物无所谓仁慈，也没有偏爱。所以，一个君主想要国泰民安，那么他的行为就应该效法天地。而天地又效法道，道的原则是自然而然，所以为君为政，就应该效法自然，清静无为。老子认为，“道常无为而无不为。侯王若能守之，万物将自化。化而欲作，吾将镇之以无名之朴……无名之朴，夫亦将无欲，不欲以静，天下将自正。”（《道德经》第三十七章）即王侯们如果能够像道那样无为，却又能成就所有事情，那么，万物将自己化育发展，万物（包括人）如果没有欲望，清静无为，那么天下将自然会太平安定。老子劝告侯王们说，圣人治国，就应该遵循这个原则，让事物按照自己的自然本性去发展，而不横加干涉。老子希望君主们不要总想着按照自己的愿望去治理天下，对天下万物乱加干涉，因为乱加干涉、刻意而为，一定会失败。明白“道”的“上德”之上，一切都不干涉，事情就成功了，不去教导百姓，百姓都自然而然地非常听话。他似乎什么事都不做，却什么事都做

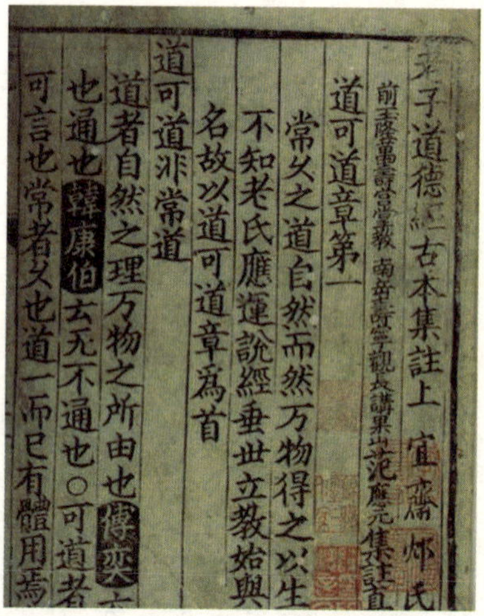
老子道德經古本集註上
道可道章第一
常久之道自然而然万物得之以生
不知老氏應運說經垂世立教始與
名故以道可道章為首
道可道非常道
道者自然之理万物之所由也[傅奕]
也通也[韓康伯]去无不通也○可道者
可言也常者久也道一而已有體用焉

古本老子《道德经》书影

得好。治国者如果能够做到自然无为，百姓们自然就会道德高尚、生活富足。正如他在《道德经》第五十七章中所说的那样：“我无为而民自化，我好静而民自正，我无事而民自富，我无欲而民自朴。”

在《道德经》一书中，老子还再三强调，侯王们要达到“清静无为”境界，就必须加强个人修养，“养德”抱朴守真，俭啬寡欲。在老子看来，治国与养生是同一个道理，同时，养德与养生亦不可分割。老子认为，治国者的政治心态中要有“不争”这个理念。他说：“圣人之道，为而不争。”（《道德经》第八十一章）“夫唯不争，故无尤。”（《道德经》第八章）为什么治国者要有不争的心态呢？老子认为，自己不和别人争，别人就不会和自己争：“以其不争，故天下莫能与之争。”（《道德经》第六十三章）老子认为，争，是灾殃的根源，人们为了追求幸福，用智、逞强、争斗，结果呢，招来的却是灾祸。“祸兮福所倚，福兮祸所伏。”要想不招祸灾，最好的办法是不争，始终处于柔弱、卑下的地位。但是，人是欲望的动物，无论是君主还是百姓，总被欲望牵制着、驱使着，去争，去斗，去惹火烧身。所以，要做到不争，就先要做到“无欲”，要把自己修炼到“婴儿”状态，具有“赤

《上善若水》隶书书法

子”之心。老子认为，无欲，是身心的最大健康，而且是国家立于不败之地的根本保障。他在《道德经》第五十五章中举例说：“含德之厚，比于赤子。蜂虿虺蛇不螫，猛兽不据，攫鸟不搏。骨弱筋柔而握固。未知牝牡之合而全作，精之至也。终日号而不嗄，和之至也。知和曰常，知常曰明，益生曰祥，心使气曰强。”老子的意思是说，正因为婴儿的不争，所以虽然柔弱无力然而被保护得却很安全。婴儿虽然一点生活常识和能力都没有却能活下来，是因为他非常精诚纯一、平和无欲。所以无欲，才能避免争，避免了争，就避免了祸，才能保存和生存得长久。为此，老子还提出了最高的人生境界，那就是“忘身”，“无身”，达到“无我”的境界。他说：“吾所以有大患者，为吾有身。及吾无身，吾有何患。”（《道德经》第十三章）

但是，要想那些成天想着称王称霸的侯王们去欲、无欲、无身，是一件很困难的事，无异于与虎谋皮。所以，老子就为侯王们量身定做了几条既不劳心费神，又与人与己有利的关于人生修炼的基本要求，他说：“治人事天，莫若啬，是谓早服。早服谓之重积德，重积德则无不克，无不克则莫知其极。莫知其极，可以有国。有国之母，可以长久。是谓深根固柢、长生久视之道。”（《道德经》第五十九章）什么意思呢？老子的意思是，无论是自我修炼，治理老百姓，还是对待自然，最好的办法就是清静节俭，积蓄力量。这样做了，就是很好地修养了自己的品德，修养好了自己的品德，就能无往而不胜，治理好自己的国家，而且能够永世长存。他认为，俭啬寡欲，超然物外，不为物累，以此实现人际关系的和谐，求得心灵的安和、肉体的健全，才能长生久视，体道、得道。在《道德经》一书中，老子始终把“俭啬”看做立身所必须持守的“三宝”之一，奉为治国和养德养生的根本法则：“治人事天莫若啬。”（《道德经》第五十九章）治人即统治众人，事天即奉养天赋之身心。而所谓“啬”，则是指俭约不奢、爱惜财物，节制过分的物质享受欲望。为什么要“啬”呢？因为：“五色令人目盲，五音令人耳聋，五味令人口爽，驰骋畋猎令人心发狂，难得之货令人行妨。是以圣人为腹不为目，故去彼取此。”（《道德经》第十二章）老子对物质和精神享受的观点，显然不仅是就养生而言的，而是将其推之于治家、推之于治国。在老子眼里，自然与人类有着更为密切的沟通和联系，自然法则和社会法则是相通一致的；养生和处世、治国有着同样的的原理，养生需要顺应自然、和谐有度，俭啬寡欲、抱朴守真、柔弱不争，同样，这些原则亦可推之于处世和治国。它们既是一种养生之道，又是一种治国之道和处世原则；不仅具有延年益寿、改善肌体的功能，而且具有治国安民、协调人际关系、升华精神境界的作用。所以，老子很自豪地说：“我有三宝，持而宝之：一曰慈，二曰俭，三曰不敢为天下先。”（《道德经》第六十七章）

当然，老子《道德经》的主要内容绝不止以上四个方面，比如他的“和光同尘”、“贵柔守雌”、“知足抱朴”等人生哲学，以及他的“小国寡民”政治观等等，都是很值得认真研究的问题。有人说，老子《道德经》中的每一句话，都是人类智慧的结晶，宝贵的文化财富，这个评价不错，只是这本小书的重点，不是谈老子的哲学思想，所以暂且略过。在后边的各节中，我们还会不时论及。

千仞终南万世经
——《道德经》的思想史价值

老子的《道德经》五千言，流传了两千五百多年，注疏释证著述多不胜数。近代以来，《道德经》被用17种语言文字，翻译介绍到西方世界，成为多国文字的世界文化名著，发行量仅次于《圣经》。老子及其思想在世界范围内产生巨大影响，直到今天，西方世界依然认为，《道

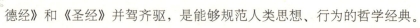

德经》和《圣经》并驾齐驱，是能够规范人类思想、行为的哲学经典。

德国哲学家尼采在阅读《道德经》之后说，老子思想“像一个不枯竭的井泉，满载宝藏，放下汲桶，唾手可得”。它之所以有这样历久弥新的翻译量、印刷量和阅读量，其根本在于它对人类精神世界的恒常思辨、警醒和“淬火”作用。

但是，由于老子被道教奉为偶像，道家思想被道教所依附，且在道教的形而上的理论中占有重要地位，所以，《道德经》在其流传过程中被神秘化为不可示人或者凡夫俗子智不能及的道教秘笈，极大地影响了其文化阅读和内容解读的普惠性。更重要的是，由于《道德经》是道家学派为统治者提供的“君人南面之术”，所以为历代封建统治者所青睐。《道德经》中的某些耍权术、搞阴谋的统御之术，比如：“将欲翕之，必固张之；将欲弱之，必固强之；将欲废之，必固兴之；将欲夺之，必固与之。”以及“知其雄，守其雌”、“知其白，守其黑”、“知其荣，守其辱”等欲擒故纵的阴谋之术，不但在统治者内部的争权夺利中被运用，而且被作为统治者统治广大人民的“统御”之术被运用着，成为封建政治文化最重要的组成部分之一。此外，《道德经》中的某些思想观点，深重地影响了中国人的文化心态，比如在生活理想上，中国人“知足长乐”、“不思进取”、“勿抗命”等，都可以在《道德经》里寻找到源头。再如，《道德经》里竭力提倡的“知足常乐，终身不辱”、“祸莫大于不知其足”、“知足之足常足矣”等，把自我的知足用来替代对各种精神物质方面的追求，形成和强化了中国人不求进取，甘于平庸的文化心态。其次，中国人那种“少交往”、“无是非”等思想，也可以在《道德经》中找到源头。例如，老子所推崇和向往的“小国寡民”的人生处世态度：“甘其食，美其服，安其居，乐其俗，邻国相望，鸡犬之声相闻，民老死不相往来。”《道德经》第八十章中国人守旧、排外心态，正是源自于此。正如鲁迅所指出的那样：中国人正是从“孔二先生的先生老聃的大著里”，以及“此后的本子里”，悟出了“怎样敷衍，偷生，献媚，弄权，自私，然而能够假借大义，窃取美名”（鲁迅《华盖集·十四年的读经》）。此外，在中国社会历史的进程中，不同的人根据自己的需要，利用老子哲学当中的某一方面，指导自己的实践，实现所追求的各个目标。比如，历史上的许多农民起义，都是借用老子的名义来号召群众，尤其是老子哲学中那些“民不畏死，奈何以死惧之”之类的话，对民众的反抗心理影响最大。此外，统治者则把老子的某些话当做专制语来读，常常用老子要求他们的“不争”、“处下”、“寡欲”来规范要求老百姓安分守己。军事家们把《道德经》当做兵书来读，把老子的话当做权谋语来读。搞气功的，又把老子的“负阴而抱阳”一类的话，当做气功理论的基石。正是基于这些原因，所以，近代以来，关于《道德经》及其道家思想的评述，都往往以负面的形象出现，老子的哲学往往为那些富于进取心的有为之士所不齿。改革开放以后，特别是进入新世纪以来，随着经济全球化浪潮的潮涨潮起，人们的思想观念和社会意识发生了很大的变化，对中国传统文化，特别是老子哲学的思想价值的体认也发生了很大的变化，有人非常服膺尼采的说法，认为老子思想“像一个不枯竭的井泉，深载宝藏”，甚至有许多西方人也在老子的智慧中，寻找改良经济社会畸形发展的出路。那么，老子的《道德经》所阐发的哲学思想，到底对当代中国社会的发展有着哪些值得重视的价值呢？

综合近年来我国关于老子研究的成果，我们以为，老子对于当下社会起码具有以下几个方面的重要认识价值。

一是如何处理好人与自然的关系问题

随着人类文明的高度发展和科技的不断进步，人与社会、人与自然之间的矛盾日益凸显。一浪高过一浪的强大“减排”、“低碳”舆论，与人类对自然的疯狂开发、攫取的程度相比，几乎是小巫见大巫。其症结在于人的享乐之心、占有之心、贪婪之心、狂悖之心的涌动不息。《道德经》说道："天地之间，其犹橐籥乎！虚而不屈，动而愈出。多言数穷，不如守中。"意思是说自然天地，如同一个大风箱，空虚时并没有穷竭，越是拉动不止，产生的风就越多越大。就像人说话越多，越容易招致耗损与失败一样，老子希望人们能保持静虚，别胡乱拉动自然这只"风箱"。这似乎越来越不可能，满世界为了全球化进程，为了人类的穷奢极欲，把"风箱"拉得震天响，还嫌"风箱杆"太短，"风箱肚子"太小，都在拼命用科技的手段，提升着"风箱"的潜能，谁又能抑制住这种着了魔似的人类集体的疯狂"拉动"呢？

老子讲："知常曰明。不知常，妄作凶。"这个"常"指的就是自然永恒不变的规律，老子始终希望人们清醒认识自然的伟力。许多人说老子的"返璞归真"、"无欲"、"不为"观念是一种倒退，我们能放弃小汽车、放弃电脑、放弃手机，回到"不知有汉，无论魏晋"的"桃花源"时代，甚至回到老子所倡导的"小国寡民"时代，我想，读《道德经》，在于认识"道"，也就是认识事物的本质，从而把握事物的运行规律，是远观一条长河的涌流，而不是近视一个浅滩、或一个深潭的短暂波动。一时的精彩，可能带来长久的黯淡，这就是老子讲给我们的辩证法。"见素抱朴，少私寡欲"，即使各种原因，让你不得不继续拉动欲望的"风箱"，读了老子，能保持一份清醒，一种省察，一点对自然的敬畏、后怕和歉疚，也总比老以为"风箱"拉得越欢越有理、有功、有划时代意义强吧。

二是如何处理好争与"不争"的关系问题

在《道德经》中，几乎通篇充满了"不争"的理念。"上善若水。水善利万物而不争……夫唯不争，故无尤。""夫唯不争，天下莫能与之争。""天之道，不争而善胜。""我有三宝，持而保之。一曰慈，二曰俭，三曰不敢为天下先。"等等。在今天这个提倡竞争的社会，似乎老子这些“语言碎片”又是极其过时落伍的言论，然而，恰恰由于我们失去了对人类哲学思想的常态把握，而导致了过度竞争中各种“潘多拉魔盒”的无序和倾覆。战争是这样，经济发展也是这样。以至于人的常态生活，也在无处不有的竞争中，变得不堪其累，甚至畸形变态。人类进行军备竞赛，导致核武器泛滥成灾；人类进行太空竞赛，很可能要导致太空垃圾的“乌云密布”；而人类的物质占有竞赛，已使地球不堪重负，人与人之间尔虞我诈、弱肉强食、贫富不均、冲突不断、硝烟四起……我们回过头来，再听听老子怎么说：“知足之足，常足矣。”“多藏必厚亡。故知足不辱，知止不殆，可以长久。”老子还说：“勇于敢则杀，勇于不敢则活。”“吾不敢为主，而为客，不敢进寸，而退尺。”在五千言结束的时候，他还侃侃而谈：“天之道，利而不害；人之道，为而不争。”这就是深受春秋霸主们争强好胜以致祸国殃民之苦的老子，对历史无奈的反复规劝。

社会如果没有竞争的动力，可能成为一潭死水，然而，过分提倡竞争，又没有行之有效的制度加以框范，必然搅动人性之恶，进入明枪暗箭、血肉相残、你死我活的无序境地。最典型的是：一切都舍去艰难困苦的奋斗过程，直取辉煌结果。长此以往，为政，必然贪大求洋，好大喜功，旁门左道，欺上瞒下；为人，必然夸夸其谈，文过饰非，草蛇吞象，不可一世。万事万物，一切都有个由少到多、由小到大的积累与量变过程，老子说：“合抱之木，生于毫末；九层之台，起于累土；千里之行，始于足下。”我们一夜之间就想直捣金字塔，竞争成天下首富、人间阔佬、文化大匠、政治巨星，学唱几首流行歌就想成声乐大师，盖几间小庙，争来几个莫名其妙的历史人物或传说人物，就想吸引世界眼球，成就文化产业霸主，凡此种种，不一而足，真是怪相林立，闹剧丛生，若老子再世，恐怕连“不争”这个“方子”，也都不屑于给这些人开。

三是如何认识“强”与“弱”的关系问题

强大，是人类社会苦苦追寻的一种生存目标，无论邦国、民族、团队、家庭、个体，概莫能外。老子却苦口婆心地要人“守雌”、“守弱”、“守柔”、“处下”。老子说：“江海之所以能为百谷王者，以其善下之，故能为百谷王。”老子要“大邦者下流”，不逞强好胜，处于“下流”，才能真正成为兼容并蓄的大国、强国。老子说：“曲则全，枉则直，洼则盈……”老子认为强大、强硬多有不利，他比喻说，人活着时柔弱，一死就坚挺了，草木活着时柔脆，一死也就僵硬了。“兵强则灭，木强则折。强大处下，柔弱处上。”国家、族群、团队是这样，个人又何尝不是这样呢？社会的浮躁冲动，个人主义盛行，短视与功利主义泛滥，都是一味要强惹的祸。老子一再讲“强梁者不得其死”，“大音希声，大象无形”，“直而不肆，光而不耀”，连古代帝王也要自称“孤”、“寡”，以示低贱。老子反复强调“柔弱胜刚强”，要“知其雄，守其雌。知其白，守其黑。知其荣，守其辱”。老子认为水是最柔弱的，处万物之下，然而却无坚不摧，无所不至。在这些哲学观点上，老子看似有些阴谋家的意味，但其骨子里仍是为了缓解社会纷争，平复生命激荡，让强者内省收敛，让弱者得以舒筋活络，缓释物质与精神的多重压力。

当今世界贫富悬殊，强者与弱者界限分明。无论国家、民族，还是团队、个体，这种分界都在进一步加大着。强者欲望的无限扩大化，必然挤对更多人的生存空间，导致人际之间、族群之间、国家与国家之间的仇恨、纷争。强者如何“去甚去奢去泰”，改变穷奢极欲、炫耀攀比、拼命享乐的骄奢淫逸生活，继而转向怜悯、同情、提携弱者，以“以德报怨”和“心善渊，与善仁，言善信，政善治，事善能”的襟怀来担当责任，当是一剂既不使用暴风骤雨的激烈手段又可解决部分问题的良药。构建和谐社会与和谐世界，必须把过度膨胀的各种欲望限制在一定范围内，尤其是要限制在公平正义的竞争范围内，否则，和谐就只能是人类一种遥遥无期的愿景。

老子毕竟离我们太遥远，他所经历的时代的社会问题，也远没有我们今天复杂多变。但他热爱生命，反对瞎折腾，反对争强好胜，反对物质奴役，反对动辄战争的思想，对于今天的我们，仍是非常适用的。他主张顺其自然，主张简单、朴素，主张谦卑、守弱，主张养生、长寿，我以为是抓住了人的生存本质，我们应当远离诸多依赖聚富敛财和劳民伤财而建功立业的思想，顺应自然，循序渐进，从而活出人的从容、淡定和美好诗意来。

叁

楼观祖师关尹子

文始真人开楼观
——尹喜的生平传说

上一章说老子和他的《道德经》，由于重点在于辨析道家老子和道教老子，以及《道德经》的哲学思想，所以我们绕过了历史上老子和《道德经》的产生，特别是和楼观道教有着直接关系的一个人。这个人就是关令尹喜。很多人认为，没有关令尹喜，老子的《道德经》就不可能产生，老子的哲学思想就不会传布于世，甚至也许不会有道教的产生。我觉得，这个说法

尹喜像

不无道理，毕竟是他把老子留下来，请他老人家把人生大智慧形诸文字的，但是，我们应该知道，这只是一种机缘而已，关令尹喜所起的，只不过是“催生”作用，老子关于宇宙自然、社会人生以及天人关系的思考，此时已经臻于圆熟，正如老熟之蚕，只不过机缘所至，把丝吐在关令尹喜这棵树枝上罢了。当然，关令尹喜也是一个有慧根，具慧眼，悟性极高的人。从他抛弃官职，追随老子，而且一生研习《道德经》，据说还写出《关尹子》九篇的经历来看，他对老子哲学的研习与传播的确是作出了很大贡献的。

不过，关于关令尹喜这个人的真名实姓，学术界至今还是众说纷纭。就目前的讨论情况来看，学术界对“关令尹喜”解释有三种。第一种说应解为“守关吏姓尹名喜”，照此解，此人自是有名有姓的，叫做尹喜；第二种说法认为应该解释为“守关之令尹名喜”，照此解，则此人有名而无姓，单字一个喜；第三种说那个“喜”字不是名词是动词，郭沫若在《十批判书》中说：“‘关令尹喜曰’（《史记》）本来是‘关令尹高兴而说道’的意思。”照此解，则此人连姓带名俱不可得而知。那么，哪种解释是对的呢？大部分的学者都倾向于历史上的关令尹喜是存在的，应该称之为尹喜。其依据是，不但司马迁在《史记·老子韩非子列传》提到此人，而且《吕氏春秋》里也提到了他，并且将其与诸子并列，说“老聃贵柔，孔子贵仁，墨翟贵廉，关尹贵清，子列子贵虚，陈骈贵齐，阳生贵己，孙膑贵势，王廖贵先，倪良贵后”。此外，《汉书·艺文志》在介绍道家学派时，还将其列入道家学派，按照历史年代依次排序为：伊尹，次太公，次辛甲，次鬻子，次管子，次老子，次文子，次虹鹖子，关尹子，位于庄子、列子前，并且注明：“《关尹子》九篇。名喜，为关吏，老子过关，喜去吏从之。”

然而，相较于尹喜的姓名真伪，尹喜的籍贯及其生平更为扑朔迷离。《甘肃新通志》《秦州直隶新志》《天水县志》等书记载：尹喜是甘肃天水人，字公度，曾经在周时担任过楚康王的大夫，“尹喜故里，在县城东三十里之伯阳渠北山上，有尹道寺”。据说，尹喜的母亲姓鲁，这位鲁姓女子有一天午睡时，梦见天掉下来在自己周围旋转，然后就怀孕了。尹喜出生时，他们家的周围一下开了许多莲花。所以，尹喜的长相就很不一般，从他眼睛里能看到太阳的精华，而且聪明异常，从小就喜欢读《三坟》《五典》《八索》之类的书，对《易经》的研究很有心得。因此，小小年纪，就“仰观俯察，莫不洞澈”，为人处世，不行俗礼，很是有些独立特行的味道。后来因为涉览山水，在终南山周至县闻仙里结草为楼，观星望气，精思至道。由于尹喜有着这些特异功能，所以，当老子驾着青牛薄板车自东向西姗姗而来时，远在函谷关当着关令的尹喜就能望见东方紫气滚滚西来，知道有圣人将至，早早就让人做好了迎接的准备。不久，老子果然驾青牛薄板车到了函谷关下，尹喜当然是礼仪备至，把老子迎入官舍，北面师事之。

关令尹喜迎接老子写意

据说，老子在尹喜的官舍里留居了一百多天，尹喜公务之余，常常向老子请教天地自然社会人生等问题，老子也愿意把自己的哲思真虑告诉尹喜。听得多了，尹喜认为老子的学问博大精深，玄妙至极，所以，当老子执意西行时，他便编造了身患疾病的理由，辞去官职，跟随老子一路西行，把老子迎接到他原来居住的楼观茅舍，并且请求老子把他的人生大智慧刻写下来，以惠后世。老子大概是却不过尹喜的情面，或者是本来就有着将自己关于天地自然和社会人生问题的思考写下来，为当时的君王们指明为政之道的意思，所以就接受了尹喜的请求，费了许多时日，写出了洋洋五千言的“道经”和“德经”，把它们交给尹喜之后，就离开楼观，继续西行，后来不知所终。

按照《历世真仙体道通鉴》的说法，老子走后，尹喜“乃于草楼清斋屏绝人事，三年之内修炼俱毕。心凝形释，无有饥渴，不畏寒暑。穷数达变之微，形一神万之旨，悉臻其妙。乃自著书九篇，号关尹子。”而据后世托名外向所撰的《列仙传》的说法，尹喜写成《关尹子》九篇后，便跟着老子，一块向西，向胡地传播道家的思想去了，而且和老子一样，他也是不知所终。

很显然，上面关于尹喜的记叙，某些情节具有很浓的神话色彩，不可完全当做信史来读。对此，学术界一直秉持怀疑态度，前人对老子与关令尹喜是否为同时代人，关令尹喜是否做过函谷关令等等，都做过很多考证工作。蒋伯潜《诸子通考》上编《道德经传考》按语：“函谷关不知置于何年。但孔子之时，二崤固尚属晋也。老子如与孔子同时，固尚无函谷关也。‘关尹’，守关之吏。‘令尹’，楚官。此非楚地，‘令’字衍。详本文语气，乃关尹见老子至关而喜。后人乃云关尹名喜，著有《关尹子》一书，谬矣。”从根本上否定了有“尹喜”其人。

接着，蒋伯潜又从函谷关的建关时间和老子、孔子的年龄来推断关尹喜见老子之有无可能。蒋伯潜分析说：“函谷关之置，最早约在献公十年。献公以周孝王五年嗣立。则献公十年，上距孔子之卒（周敬王

十批判书

四十一年）已五十二年。孔子寿七十三岁，假定以三十五岁时适周见老子，则下距献公十年已九十年矣。老子见孔子时，至少当已五十岁。则献公十年，老子已一百四十岁矣。老子，楚人。如辞去，当如《庄子》所云‘免而归居’，胡为以百四十岁之风烛残年，尚远游于秦耶？故西游过关之老子，决非孔子适周所见之守藏空史也。”这又否定了周守藏吏老聃西游过函谷关之说。既然无老聃西游之事，则何来“关尹”喜见老聃并强要老聃为著书之说？他又举《诸子通考》下编《关尹子考》说：“《汉志》又有《关尹子》九篇。自注曰：‘名喜，为关吏。老子过关，喜去吏而从之。’此据《史记·老子传》为说。但《史记》不言喜去吏而从之也。且按《史记》原文，‘喜，亦非人名，而老子过关事亦不足信。辨见上编。则所谓‘尹喜’者，直是亡是公、乌有先生之类耳。其书之伪，不言可知已。而《庄子·达生篇》《吕氏春秋·审己篇》均言列子问于关尹子，《庄子·达生篇》且以关尹与老聃并举。则战国时，关尹于已成传说的人物矣。”

此外，郭沫若、陈鼓应、顾颉刚等人也否定关尹子的存在。郭沫若在《十批判书》中说：“‘关令尹喜曰’（《史记》）本来是‘关令尹高兴而说道’的意思，到了《汉书·艺文志》竟有了‘《关尹子》九篇，名喜’的著录了。这九篇出于伪托，是毫无疑问的。”陈鼓应在《庄子今注今译》中说：“关尹：即关令尹，以官职作名称。关尹

楼观道派经典《文始经》

与老聃并列，见《天下篇》。旧说关尹名喜，其实‘喜’是高兴的意思（见《史记·老子传》），误为人名。”顾颉刚在《古史辨》第四册下编楼观道派经典《从（吕氏春秋）推测〈老子〉之成书年代》中说：“关尹的事实也不能详，说他是老聃的弟子，恐和说孔子为老聃弟子一样的不可靠。”

总的来说，学术界经过具体的历义考证，基本上均以为史无老子西游之实事，亦无“尹喜”其人。我们以为“关令尹喜”当有其人，其居于楼观也当属史实，他的“贵清”之说，其思想近于《道德经》。

由于本书旨在阐述楼观道教源流，不是一本考证校订楼观史实的著作，所以，我们对关令尹喜的生平事略不作详细的辨证。我们认为，尽管关令尹喜的生平事迹中存在着诸多错讹，甚至荒诞之处，但亦比较清晰地勾勒出了他与老子的关系，以及他的《关尹子》与《道德经》的学术源渊。《庄子·天下篇》概括其思想为：“以本为精，经物为粗，以有积为不足，澹然独与神明居。”《吕氏春秋》说：“老聃贵柔，关尹贵清。”东晋葛洪对《关尹子》推崇备至。认为：“方士不能到，先儒未尝言，可仰而不可攀，可玩而不可执，可鉴而不可思，可符而不可说。”《关尹子》在《百子全书》中列在《道德经》前，可见其书的分量了。

那么，关令尹喜和楼观到底有着什么关系呢？

我们认为，从魏晋时人梁谌所著《楼观本起内传》中就有历代时君世主相继在尹喜故宅楼观台建庙立观，招致幽人逸士度为道士的记载来看，关令尹喜与楼观的关系至为密切，他完全可以称得上是楼观的祖师，楼观派的创始人。虽然楼观派尊老子，但楼观派的创始人当为关令尹喜，没有他的结草为楼观，没有他让老子把自己的思想以文字的形式留下来，就没有《道德经》问世；没有他的研习和传播，《道德经》就不可能流传开来。天水市的尹道寺大殿有一副楹联，曰：“华章九篇入百子，经文五千诵道德。”可以说是对尹喜思想的恰当概括。意义非常，尹喜的功德是无量的。

华章九篇入《百子》
——《关尹子》到底写了些什么

现在我们再来谈谈据传为关令尹喜所著的《关尹子》。

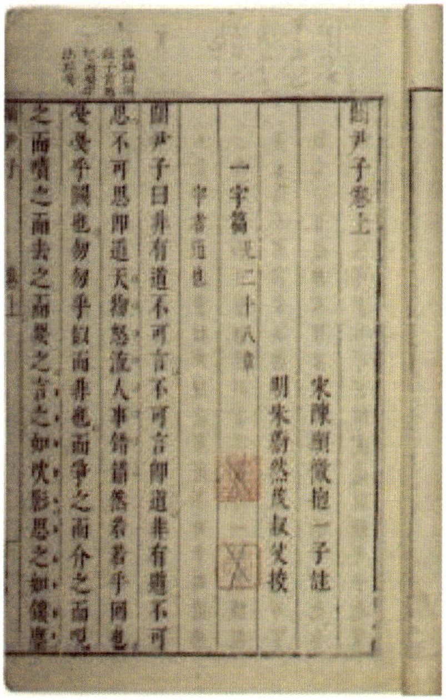
關尹子卷上
宋陳顯微抱一子註
明朱蔚然茂叔父校
一宇篇 凡三十八章
宇者道也
關尹子曰非有道不可言不可言即道非有道不可
思不可思即道天物怒流人事錯錯然若若乎回也
戛戛乎鬭也勿勿乎似而非也而爭之而介之而䁥
之而嘖之而去之而要之言之如吹影思之如鏤塵

古本《关尹子》书影

根据前面的讨论，我们可以基本肯定，历史上的确有关令尹喜这么个与道家关系很密切的人，他也称得上是道家学派最重要的代表人物之一，是与老子同时代的不失为伟大的一位哲学家。关于他的道学专著《关尹子》，虽然有人认为这是一部后人伪托其名所写的书，也有人认为这本书的内容不足道。但是，细读这部书，我们就会发现，总体上《关尹子》所阐释的“道”家思想，与老子的“道”家思想是大同而小异，一脉相承的。不过，《关尹子》毕竟是一部独撰的“悟”道之作，自然有其独到之处。这个独到之处，就是“关尹贵清”，“贵清”是《关尹子》的中心思想。“清”就是清静，与老子说的“尚静”一脉相承。因此，《关尹子》后来就被道教尊为经典，收入《道藏》之中，称《无上妙道文始真经》，简称《文始真经》。

现在，我们来看看《关尹子》的思想内容，也就是《关尹子》里到底写了些什么。

青羊宫

现在我们看到的《关尹子》共有九篇，依次列为：一宇、二柱、三极、四符、五鉴、六匕、七釜、八筹、九药。宋人陈抱一在《文始真经言外经旨》序中这样阐释道：“宇者，道也。宇既立，不可无柱，故以二柱次之。柱者，建天地也。天地定位，圣人居中，圣人者，道之体也，圣人建中立极，故以三极次之。三才既立，四象位焉，故以四符次之。符者，契神之物也，故为精神魂魄。五居数之中，心居人之中，故以五鉴居中，以明真心能照也。然无形则心无所寓，故以六匕次之。匕者，食也。食以养形，故形食一体。形久则化，故以七釜次之。釜者，变化万物之器也。釜中不可无物，故以八筹次之。筹者，物也。物物可为药，药可以杂治，故以九药终之。九者，究也，尽也，物至于为药，功用极矣！然药之功，复能活人，有复生之理，以明万物皆具是气是性，可以生物不逐形尽也，故以药终焉。今将九篇分为三卷，以见自一生三，三生九之义，至九则复变为一而无穷矣！”

陈抱一这段话可以看做是理解《关尹子》的钥匙，他不但分别解释了《关尹子》九篇的题旨，而且将之联系起来，并在总体上予以把握。从茫茫宇宙说到天地自然，说到人之精神魂魄，再说到人之心；而心须有所寓，故又说到形，有形则有化，化是物之化，而物可以为药。药篇之为终，然药又能救物，故终者，又始也。如此往复循环，则宇宙生生不已。当然这是陈抱一的理解，《关尹子》的作者在论述的时候并不是简单地谈论天、地、人，形、物、化及杂治等内容，它有一个核心思想——道，每篇内容都是围绕“道”展开的。要理解《关尹子》，应该处处紧扣一个“道”字。

关令尹喜画像

现在让我们对《关尹子》的每一篇略作解析，以便把握其思想内涵。

《关尹子》的首篇以“宇”定名。什么是“宇”呢？宇者，道也。所以，本篇二十八章，章章不离“道”字。作者认为宇宙间道无处不在，道先天地而存，道存在于天地万物之中，即一物中就可知天尽神，致命造玄。道看不见摸不着，“不可为，不可致，不可测，不可分，故曰天，曰命，曰神，曰玄，合曰道”。“圣致造迷，鬼神不识”（《关尹子》第一章），道不可言不可思，“若以言行学识求道，互相辗转，无有得时”（《关尹子》第十六章）。道不可得，“可得者名德不名道”；道不可行，“可行者名行不名道”（《关尹子》第十二章）。同样，道不可执，执之即事，不执之即道。道不以勤成，不以执得。道不分你我，没有进退，无有得失。作者列出如许多“不可”，旨在要说道是靠心悟。而悟道之人又是讲不出的，可见，作者所说的“道”就是如此玄妙，心不悟，凭言行学识去求道，不会有得时；悟了道，却也不可示于人。那么，如何悟道？在第二章里，作者指出“学之，徇异名，析同实，得之，契同实，忘异名”。也就是说，道之悟，往往是“得意忘言”之举。文中所谓的“圣人之道”，圣人也就是悟道之人。作者说“圣人不离本情而登大道”（《关尹子》第九章），圣人了悟妙道，即是回归到与道、与自然为一体的状态。圣人知“心一物一道一”（《关尹子》第七章），以“未萌”之心应对万物，则道不穷矣。道靠心悟，不可执异以为道。在第十章中，作者用江中鱼为喻，点化世人：“重云蔽天，江湖黯然，游鱼茫然。忽望波明食动，幸赐于天，即而就之，鱼钓毙焉。”学道之人，如果智波迷道，饵食障心，也就会像小鱼一样。悟道不分时间长短，不分谁先谁后，有一息得道者，有历久得道者。道可一息得悟，所以在第二十一章中说：“习射、习御、习琴、习奕，终无一事可以得息者。唯道无形无方，故可得之一息。”射、御、琴、奕乃有为之功，成之难，为之易；道乃无为之功，成之易，为之难。在最后一章中，作者又指出了“不望道……不恃道”“不借道……不贾道”（《关尹子》第二十八章）不断重申道是由自己悟的，并不是借来买来，而悟道之人也没什么可炫可恃的。悟道则知“笾不问豆，豆不答笾；瓦不问石，石不答瓦，道亦不失。问欤答欤，一气往来，道何在”（《关尹子》第二十七章）。

那么，道到底存在在哪里呢？作者紧接着在第二篇中指出，道寓于气。

《关尹子》的第二篇，以“柱”命名。什么是“柱”？“柱者，建天地也。”作者认为天地未判之前，宇宙原本是一团混沌之气，天地万物都存于其中，即在最后一章所提到的“寓”。“寓”者，寄也。天地

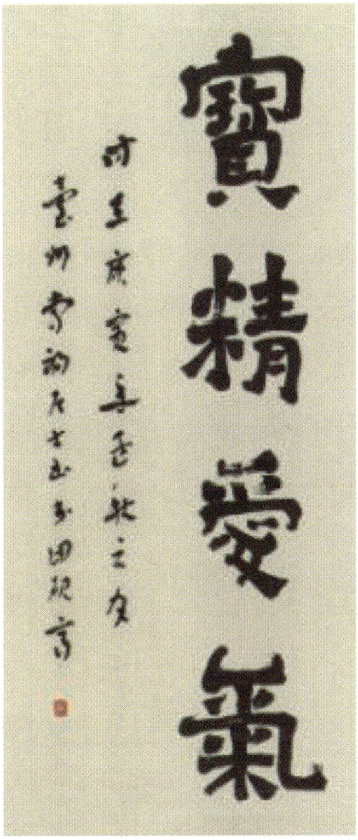

书法“宝精爱气”

寓于元气，万物寓于元气，就是道也寓于其中。“苟离于寓，道亦不立。”（《关尹子》第二十一章）然而，元气又分阴阳，阴阳二气的运行变化形成了天地。作者在第一章中说：“先想乎一元之气，具乎一物，执爱之，以合彼之形；冥观之，以合彼之理，则象存焉。一运之象，周乎太空，自中而升为天，自中而降为地。无有升而不降，无有降而不升。”天地分，则万物生。天地万物原都是一团气，故万物通天地，天地通万物，万物中“皆能建天地”，即便“若碗若盂，若瓶若壶，若瓮若盎”之类的器物亦不例外。在这里，作者还引入了金木水火土五行学说，作者认为：“升者为火，降者为水，欲升而不能升者为木，欲降而不能降者为金。”“金木者水火之交也。”故各具水火之性。“水为精为天，火为神为地，木为魂为人，金为魄为物。运而不已者为时，包而有在者为方。惟土始终之，有解之者，有始之者。”（《关尹子》第一章）五行运行不已，所以就有了春夏秋冬四时；天地包而有在，所以就有了东西南北四方。“四时既生，四方既立，则大中成焉。大中成，则土为尊矣。故始之终之，解而分之，示而显之，皆中土之功也。”作者认为“风雨雷电皆缘气而生，而气缘心生”，认为“休咎灾祥，一气之运耳”（《关尹子》第二十章）。突出宇宙间阴阳二气的运行变化对世间万物产生的影响。此篇有朴素的唯物思想因素，但也有一些牵强附会之处，言辞不易理解。

《关尹子》的第三篇，以“极”立名。“极者，尊圣人也。”本篇专论圣人与贤人、众人的差异，以推崇圣人为极致。那么，何者为圣人？作者认为是了悟妙道之人。众师贤，贤师圣，圣师万物。圣人同于众人，又不同于众人。圣人并不以自己为圣人，因为圣人“无我”。众人贤人以圣人为圣人，因为众人未能忘我，众人、贤人将圣人看做是他们追随的对象，夫唱妇随，牡驰牝逐，雄鸣雌应。圣人了悟妙道，道法自然，故而圣人以无为治天下。而众人只见圣人“制礼作乐，理财御侮，立法制器”（《关尹子》第一章），以为圣人乃以一己之力治天下，殊不知圣人“本之以谦，含之以虚，行之以易，变之以权”，“不我贤愚，不我是非，不以古今而先后其心，不以内外而轻重其事，而以天下治天下”（《关尹子》第一章）。圣人以有言、有为、有思同于众人，以未尝害、未尝为、未尝思异于众人。众人不知，而以“言、行、能、貌”学圣人，舍本逐末，缘木求鱼，终无可得。圣人大道无言，无言而无不言，圣人大智若愚，无知而无不知，师圣人不可以迹求，而贵在师心。心悟道，则所言所行所为所思莫不中道。圣人浑人我，同万物，故而“通乎上下”（《关尹子》第二十三章）“观天地万物皆吾道”（《关尹子》第八章），而“贤人趋上而不见下，众人趋下而不见上”（《关尹子》第二十三章），为一物之所拘，故以为离贤人、众人之外，别有圣人。圣人“无我”而妙用五常：“知我无我，故同之以仁；知事无我，故同之以义；知心无我，故成之以礼；知识无我，故照之以智；知言无我，故守之以信。”（《关尹子》第三章）众人不能无我，故：“利害心愈明，则亲不睦；贤愚心愈明，则友不交；是非心愈明，则事不成；好丑心愈明，则物不契。”（《关尹子》第二十章）圣人果异于众人吗？“鱼欲异群，鱼舍水跃岸即死；虎欲异群，虎舍山入室即擒”（《关尹子》第十章），所以圣人不异众人，圣人在众人之中，又在众人之外。而众人为物所拘，为心所驱，认为天下于众人之外别有圣人存在。此外，作者在文中用了很多比喻来形容圣人，说圣人“动若水，静若镜，应若响”（《关尹子》第十五章），说圣人为龙、为虎、为鱼，说圣人如“云之舒卷，禽之飞翔”（《关尹子》第二十七章）等等，总之，变化无穷，到了极致。

《关尹子》的第四篇，以“符”立名。“符者，精神魂魄也。”本篇主要讨论精神魂魄。作者认为精属于水，魄属于金，神属于火，魂属于木。精由魄藏着，神由魂藏着，水能将魂魄分开，火能将魂魄暗合。因精有魄，因魂有神，因神有意，因意有魄，因魄有精，五者循环反复不已。作者认为，魂是因魄而游动的，魂白天寄寓在眼睛里，能看见万物色相；魄夜晚居住在肺里，形成各样的梦境，最初它们不能分辨，后来染狎识性，才能加以区别。所以精神魂魄离开心就不能存在，而心产生意识。精无人，神无我，人能保持至精，就能忘却是非得失而独存；人能保持至神，就能时晦明时强弱，有益于天下。人应该吸气以养精，吸风以养神；漱水以养精，摩火以养神；假内外以养精神，以期延年益寿。作者又从“轻清者，魄从魂升；重浊者，魂从魄降”立论，将古代社会的仁义礼智信的五常观念与之结合起来，加以褒贬，解释阴阳人三界存在的原因。最后，作者针对历来众说纷纭的生死问题作了评论，认为人的生死不过是一气聚散而已，本无生无死，人一旦了悟真空之道，就能摆脱五行之气，超越生死，因此，他反对妄计生死。

古楼观台遗照

《关尹子》的第五篇，以“鉴”为名。“鉴者，心也。”作者以镜子来比心，是取两者皆能鉴照万物而其本身无变。作者认为，心同太虚之境，无我无物，无变无觉，无时无方，人只有明白这一点，才不会为外物所役，不为情识所拘，才可最终契道。然世间万物纷繁复杂，真正能保持心如明镜并非易事。心或为“吉凶”所蔽，或为“男女”所蔽，或为“幽忧”所蔽，或为“逐放”所蔽，或为“盟诅”所蔽，或为“药饵”所蔽，久之，则“或死木，或死金，或死绳，或死井”。而圣人“能神神而不神于神，役万神而执其机”（《关尹子》第一章），可会可散可御，同应万物，而其心却寂然不动。“心感物，不生心，生情；物交心，不生物，生识。物尚非真，何况于识；识尚非真，何况于情。”（《关尹子》第十九章）作者认为天下情识皆妄情妄识，我之心不受情识所驱。心无气无形，天地阴阳尚不能驱使，又怎能反受制于情识呢？众人不明此理，物我交融，则生利害是非、贤愚真伪之识，殊不知“皆识所成，虽真者，办伪之”（《关尹子》第十八章）。人之心原本像太空一样虚廓，清净纯洁，只是后来受到种种欲望的迷惑，才产生了种种私心杂念。要还原心的本性就得驱除种种欲望，就要做到“无物”、“无我”。“知心无物，则知物无物，知物无物，则知道无物。”（《关尹子》第五章）“苟知惟命，外不见我，内不见心。”（《关尹子》第二十一章）只有这样，才是了悟道之心。那么如何学道？作者又指出，要去妄情，要控制、摈弃私心杂念，静心去欲，还要忘我，做到这样，就“可以周事，可以行德，可以贯道”（《关尹子》第二十四章）。为了让读者理解这个道理，作者还在文中使用了一些类比、辩证的手法，比如：“善弓中，师弓不师羿；善舟者，师舟不师雱；善心者，师心不师圣。”（《关尹子》第九章）“夜之所梦，或长于夜，心无时。生于齐者，心之所见皆齐国也。既而之宋之楚之晋之梁．心之所存各异，心无方。”（《关尹子》第八章）比如“目视雕琢

者，明愈伤。耳闻交响者，聪欲伤。心思玄妙者，心愈伤”。（《关尹子》第二十三章）

《关尹子》的第六篇，以“匕”命名。“匕者，食也，食者，形也。”“匕”的本义是一种食具，《关尹子》的作者将其用来指代食物。食以养形，形食一体，所以，本篇旨在从道与自我的关系展开论述。在作者看来，世间万物都是虚无的，“我”也是虚无的、无形的，悟道与否即是从“有我”与“无我”，也即是从“有形”与“无形”来判别。作者从朴素唯物主义观点出发，认为世间万物都是由金、木、水、火、土五行之气变化而成的，“我”也是由五行之气造化的，由于物我同源，“是故吾之行气，天地万物”。“五物可以养形，五味可以养气。”（《关尹子》第六章）天地与我并生，万物与我为一。所以作者认为，不把自己独自看到的景象说成是梦，不把大家一块看到的说成是醒，不把一时所见作为梦，不把经常所见作为醒，因为二者“皆我精神”，“皆我阴阳”，均是一气所化。我与万物同一，所以“万物可为我”，“我可为万物”。既然万物同我，则世人应“无我”、“忘我”方可契于大道。“枯龟无我，能见大智。磁石无我，能见大力。钟鼓无我，能见大音。舟车无我，能见远行。故我一身，虽有知有力有行有音，未尝有我。”（《关尹子》第十三章）那么，要达到“无我”之境，是不是不需要知、力、言、行呢？作者在最后一章，担心后人执“无我”如木石，所以又指出虽终日言行施为，并不害其为无我矣，“虽有知有为，不害其为无我”（《关尹子》第十六章），有知有为与“无我”之境不相矛盾。

《关尹子》第七篇，以“釜”为名。“釜者，化也。”这一篇主要谈论的是变化之道。全篇从两个角度来论述变化，一方面论述道使万物变化。天地万物统一于气，故而天地万物的变化，也就是气的运行流动。而气又受乎道，所以变化的根本原因或准则在于道。道“役神御气，变化万物”（《关尹子》第三章），一切变化都在道之中，悟道之人只要“以道运事”，就可“周之百为”。“得道之尊，可以辅世：得道之独，可以立我。”（《关尹子》第一章）道无形无气，不分古今上下，不分虚实有无，不分人我、物我，故可以“召风雨”、“易鸟兽”、“制鬼神”、“入金石”；可以让星辰为侍，可以占卜预测；可以窥他人之肝肺，可以变成龙虎、少女、婴儿，可以炼丹养生，可以伏虎豹、入水火等等。作者在第一章指出悟道之人所能为的种种异事：“惟有道之士能为之，亦能能之而不为之。”除此之外，甚至可以“夺天地之造化”，如冬雷夏冰，“死尸能行，枯木能华。豆中摄鬼，杯中钓鱼，画门可开，土鬼可语”（《关尹子》第二章）。以上“皆纯气所为，故能化万物”（《关尹子》第二章）。作者极力说明变化之道，把不可能、不现实的事情也说成是道之所为，不免有夸大之嫌。另一方面，作者又指出道自身是不变的。作者直言“惟圣人不存不变”（《关尹子》第四章），“惟圣人知一不化”（《关尹子》第六章），“圣人任化，所以无化”。（《关尹子》第七章）世间万物之变纷繁复杂，众人只看见显著之变而不见细微之变，贤人看得见细微之变，却不能“任化”。惟有圣人，也就是了悟妙道之人，知“万物变迁，虽互隐见，气一而已”（《关尹子》第六章），“大化之中，性一而已”（《关尹子》第九章），而气之为物，有合有散，而我之行气，未尝合未尝散，所以也就无生无死，不变不化。圣人无化并非逆变而存，“圣人动止有戒”（《关尹子》第八章），出门同人，随人好恶，从人和竞，成人得失，少时，佩乎父兄之教，壮时达乎朋友之箴，老时警乎少壮之说，故而“万化虽移，不能厄我”（《关尹子》第十一章）。

《关尹子》第八篇，以“筹”为名。“筹者，物也。”该篇主要论述的是道与物的关系。作者认为，天地间之物不是静止不动，而是发展变化的，物的这一变化最终归结于道。道是万物发展变化的准则，万物的生成实际是通过天地阴阳之气的运行流动，所谓气化而为五行，五行相生相克化为万物。所以，作者在第二章中指出五行是构成万事万物的基础，五行生五精、五臭、五色、五声、五味，具体而言：“水潜，故蕴为五精。火飞，故达为五臭。木茂，故华为五色。金坚，故实为五声。土和，故滋为五味。其常五，其变不可计。其物五，其杂不可计。”（《关尹子》第二章）作者又说：“万物在天地间，不可执谓之万，不可执谓之无，不可执谓之一。不可执谓之非万，不可执谓之非五，不可执谓之非一。”（《关尹子》第二章）也就是说，五行相生相克化生万物，但却不可以万物、以五行、以一来称呼它们，因为天地本是一片混沌之气，万物也都统一于气中，它们或相和或相离而成另一物，如果以一定之形一定之数去分辨它们，则“徒自劳尔。物不知我，我不知物”（《关尹子》第二章）。我与万物一体，相互并不察觉。天地万物变化有它的准则、规律，即使是天地、圣人，都不能违背。在第四章中，作者以鸟兽的生长变化来说明这一点：“鸟兽俄呦呦，俄旬旬，俄逃逃。草木俄茁茁，俄停停，俄萧萧。天地不能留，圣人不能系。有运者存焉。”（《关尹子》第四章）运者，即是能运行五行阴阳之气的道。在最末一章中，作者又提到了物之真伪的问题：“知物之伪者，不必去物。”（《关尹子》第六章）也就是说，物之真伪皆产生于人之识，我们所要摈弃的不是“物”而是“识”。作者用一个生动的比喻来说明：“譬如土牛木马，虽情存牛马之名，而心忘牛马之实。”（《关尹子》第六章）

《关尹子》第九篇，以“药”为名。“药者，杂治也。”作者写这一篇的意图在于纠正世人学道之弊病。作者认为芸芸众生的种种迷妄情识，犹如形形色色的病症，作者把这些病症一一罗列，并加以指点评议。在作者看来，这形形色色的“病”都是不合于“道”的，因而谆谆告诫，所谓金玉之言实则为道之药石良方。文中所涉及的面很广，大至国家，小到个人，从做事读书到待人接物，从日常生活到思想修养，从事理到道理，都包含了作者丰富的见解，即便我们现在读来仍大有裨益。比如在第一章作者告诫世人勿轻“小”：“勿轻小事，小隙沉舟。勿轻小物，小虫毒身。勿轻小人，小人贼国。”（《关尹子》第一章）不轻视小事，船上的小孔如果不堵塞，也会使大船沉没；不轻视小东西，小虫有毒也能伤人；不轻视小人，历史上因为轻小人而败国亡家的不乏其例。反之：“能周小事，然后能成大事。能积小物，然后能成大物。能善小人，然后能契大人。”（《关尹子》第一章）作者从正反两方面论述“小”不可轻这一道理，告诫学道之人微善必积，小过必除。而做事当繁则繁，当简则简，不能做的就不做，需要勤奋的就得勤奋，不可以“当繁简可，当戒忍可，当勤惰可”（《关尹子》第一章）。学道不可轻“小”，还不可以执迷于一闻一见。圣人之道浑沦虚廓，无见而无不见，无闻而无不闻，世人不悟此理，见小而忘大，见近而不见远，被眼前见闻所迷惑，则终不能悟道。因为道不在言意，道之理在微言妙意之外。道无言，言无理，所以作者在二十八章中说“圣人言蒙蒙”、“圣人言冥冥”、“圣人占沉沉”，（《关尹子》第二十八章）而学道之人如“不知言无理，虽执至言，为梗为翳”（《关尹子》第二十六章）。就像硬物梗塞喉咙，白斑遮住了眼睛一样。道无言，事有言，道无利害，事有利害。一件事，甲言利，乙言害，丙言或利或害，丁言俱利俱害，而喻道者则不言。作者从论道的角度出发，还谈到了交友、待人处世等问题。比如在十二章中作者提到三种交友，“道交”、“德交”、“事交”。“道交”如父子，没有是非贤愚之分，天下合同，所以会长久；“德交”是以声气相合为基础，其中必会产生是非之争议，是则合，非则离；“事交”为小人之交，其间势利相争，利则合，害则分。作者在第十四章中还提出了如何接人待物：“不可非世是己，不可卑人尊己，不可以轻忽道己，不可以讪谤德己，不可以鄙猥才已。”作者认为，道浑同万物，我与万物一体，没有高低之分尊卑之别，所以世人也不要或是故自尊高或是妄自菲薄。针对种种弊病，作者在一些章节中也明确指出了一些药石良方，比如“不恃己之聪明，而兼大人之聪明”（《关尹子》第十章），“不先物”（《关尹子》第九章），不“舍亲就疏，舍本逐末，舍贤就愚，舍近就远”（《关尹子》第二十二章），不盲目崇信圣人等等。作者在本篇最后一章说：“圆而道，方而德，平而行，锐而事。”（《关尹子》第三十一章）一方面用“圆、方、平、锐”四个字形象地说明如何行道、行德、行事，另一方面也是说“道、德、行、事”四者要兼顾，不可志道而忘德，立德而遗行，积行而废事，所说尽善。

出老入庄兼阴阳

——《关尹子》一书的主要思想

在上一节中，我们主要解读了《关尹子》的思想内容。细心的读者一定会发现，《关尹子》和老子的《道德经》所阐发的哲学思想基本上是一致的。如果我们将《道德经》和《关尹子》这两本著作对照着加以阅读就会发现，《关尹子》所言，实在是对老子思想的再一次阐发和注释。当然，《关尹子》中某些哲学理念，与庄子、阴阳学家也有着千丝万缕的渊源。《关尹子》通过对老庄哲学及阴阳学家理论的吸纳和弘发，对“道”这一宏大命题，进行了理性解读和系统解说。

（一）理性阐释并弘扬了老子关于“道”的论述

毫无疑问，《关尹子》中的道论，继承了老子关于“道”的理论，并以之为立论之本，在理论上和老子是一脉相承的。老子认为道先天地而存，“有物混成，先天地生……吾不知其名，强字之曰道”（《道德经》第二十五章）。在老子看来，“道”不但是先天地而生，而且是宇宙万物的本原，是天地万物存在的根本，天地万物皆由道生。“道生一，一生二，二生三，三生万物。”（《道德经》第四十二章）《关尹子》也主张“道”生说，“一道能作万物，终无有一物能作道者，能害道者。”“天非自天，有为天者；地非自地，有为地者……知彼有待，知此无待。”道生天地万物，天地不能自生。生天地者，道也。天地待道而生，而道作为天地万物的根本，则无需有待。《道德经》讲“道”无为，“人法地，地法天，天法道，道法自然”。“道”效法自然，天、地、人直接或间接效法“道”，所以，天、地、人也都效法自然。“道无为而无不为”（《道德经》第三十七章），道是无为的，没有目的没有意志，它是种客观存在，这种客观存在却又无形无象，不同于一般的事物。《关尹子》中进一步提出：“惟其不可为，不可致，不可测，不可分，故曰天曰命曰神曰玄，合曰道。”《关尹子》第五十章中提到道包含天、命、神、玄四种含义，比《道德经》所说似乎更具体。《关尹子》中讲道“无言无行”、“无形无方”、“茫茫而无知”。道化生万物，道存在于万物之中，可我们看不到、摸不着。道“无人无我”，不能说甲是道乙非道，也不能说丙进道丁退道，道对任何人来说都是平等的、客观的。《道德经》中“道”不可言说，“道可道，非常道；名可名，非常名”，《关尹子》继承《道德经》道不可言的说法，又进一步提出了“道不可思”。他在第一章就指出“非有道不可言，不可言即道；非有道不可思，不可思即道”、“言之如吹影，思之如镂尘”、道不可言，不可思，才开口言、才动脑思则去道已远。以人之言、思来论道，就好比吹影镂尘一样，徒自劳心而不得。《道德经》中以水来喻道，“上善若水，水善利万物而不争，居众人之所恶，故几于道矣”（《道德经》第八章）。老子认为道生养万物而与物无争，道接纳万物的回归，处于最谦卑最低下的地方。水则与道一样滋润养育万物而不与万物争，水又总是处于低下的地方，能容纳一切，犹如大海一样。《关尹子》中就以海来喻道，道如海，“合众水而受之，不为有余；散众水而分之，不为不足”。此外，“道如处暗”、“道如剑”、“如电之逸，如沙之飞”等等，都颇为形象通俗。由此看来，陈显微《言外经旨》序中说：“（《关尹子》）首篇之言似发明五千言之旨，而为《道德经》作传也。”实不为过。

（二）《关尹子》继承和阐发了老庄哲学中关于“气”的学说

道与气是中国古代哲学中谈论较多的一对命题。老子、庄子认为道是根本，气从属于道。《道德经》说：“万物负阴而抱阳，冲气以为和。”在老子看来，宇宙万物产生的过程是，由道化生出混沌的气，混沌之气化生阴阳之气，阴阳之气化生天地人，进而化生万物。万物都内在地包含着阴阳二气，阴阳二气的交感流动，使万物和谐生长。老子的宇宙生成论是道—气—万物这样一种生成模式。其后，庄子在其基础上进一步作了阐发。庄子也认为道是根本，道“生天生地”、“道者，万物之所由也”。庄子不仅论道，他谈及“气”也比较多。“阴阳者，气之大者也”（《庄子·则阳》），“气”作为天地万物和人类生灵的共同基础，不是简单的“一”，而具有阴阳属性，阴阳是气最大的特征。“人之生，气之聚也，聚则为生，散则为死。”阴阳二气交感变化，聚而生，散而死。此处所说的“死”实是气又回归原来的状态。“气变而有形，形变而有生。今又变而之死，是相与为春秋冬夏四时行也。”（《庄子·至乐》）庄子认为道变而产生气，气变而产生形体，形体变而产生生命，才有了人。人死了，生命停止，形体分解，复归于气，又随着自然的春夏秋冬运行变化。所以，在《庄子·知北游》一篇提出了“通天下一气”的命题：“若死生为徒，吾又何患？故万物一也……故曰：通天下一气耳。”《关尹子》中论道、论气都秉承道家，也认为道是根本，气从属于道。《关尹子·二柱篇》讲天地之生，也是由气而成：“先想乎一元之气，具乎一物，执爱之，以合彼之形；冥观之，以合彼之理，则象存焉。一运之象，周乎太空，自中而升为天，自中而降为地，无有升而不降，无有降而不升。”也就是说，宇宙原本是一团气的状态，要造成一物，先是执爱而合形，再是冥观以合理，形理备则物象成。物象原就是气所构成，气分阴阳，阴阳二气交互流动，轻清者上天，重浊者入地，则宇宙分而天地形。在这里，《关尹子》也提到“形”与“理”，形、理备，物才成。“天地万物成理，一物包焉，物物皆包之，各不相借。”意即天地万物的形成总有它一定的道理、规律，这一规律是统一的，统一存在于天地万物。《关尹子》中还以气来论生死，认为生死乃一气之聚散，同于《庄子》所说，在“生死观”一节将会提到。由此可见，《关尹子》论道、论气都是与道家一脉相承。而对两者的关系，同样主张道为根本，气是构成宇宙万物的质料，是天地万物统一的基础。道生万物，是道先分化出气，气又分化出阴阳之气，五行之气，阴阳五行合和运动而生万物。气是道化生万物的一个中间环节，气是从属于道的。粗略地打个比方，就好比建房子，建设之前所设计的图纸就可看作是道，而建筑所需的砖、瓦等材料则是气，人们以道为准则，以气做材料，造出的房子就是天地万物。

（三）《关尹子》主张用心“悟道”，反对以言行求识去“学道”

《关尹子》第七章中说：“道茫茫而无知乎，心倘倘而无羁乎，物迭迭而无非乎……圣人知心一物一道一，三者又合为一。”心、物、道三者各为一而又合为一。在《关尹子》看来，人之心原本也是一片虚空，心中无物，不为外物所染，而在了悟妙道之后则心与道为一，见心便见道，无心道不见。只有“虚空”之心，“未萌”之心才可悟道。若心起杂念、私识，则去道远矣。道家以“无为”处事，所以即使圣人日应万物，其心却是寂然不为所动。圣人浑同人我，浑同物我，整个宇宙都统一于一体，则何以动心为物所役哉？后世论道与心有主张以心言道，道就在人心中，不必向外去索求；也有将心与道合二为一，完全取消两者之差别等等，《关尹子》与之多少有所不同。

（四）《关尹子》中引入了五行这一概念

五行是古代哲学中很重要的一个范畴，最初是指水火木金土五种自然物质，后来五行逐渐发展，与四时、四方等相对应，建立起以“之”为框架的宇宙系统论雏形。在汉董仲舒之后，思想家多认为五行是构成万物的五种元素，但不是最基本的元素，五行是从属于天地阴阳的。天地阴阳之气分化而有了五行之气。《关尹子》中多次使用五行这一概念，并将五行与四时、四方及五情（爱、观、逐、言、思）、五星（水星、火星、木星、金星、土星）、五常（仁、义、礼、智、信）、五官（耳、目、口、鼻、心）、五气（风、暑、湿、燥、寒）、五脏（肝、心、脾、肺、肾）等一一对应起来。《关尹子》引入五行，用来说明万物化生过程，化生的万物皆具五行之气。《关尹子》第八篇“筹”中说：“水潜，故蕴为五精；火飞，故达为五臭；木茂，故华为五色；金坚，故实为五声；土和，故滋为五味。其常五，其变不可计：其物五，其杂不可计。”五行这五种物质是不变的，但它所化生的力、物却是不可计算。五行之间还相互为用，也就是我们常说的相生相克，如此则所化之物不可胜数。反之，人与万物又各具五行之气。天地万物统一于气，自然每个事物又都包含阴阳二气、五行之气。《关尹子·四符篇》中将五行对应于人之精神魂魄意。如此作者构建起一个以五行为框架的宇宙系统，天有四时（加一“季夏”与五相对），地有四方（加一“中央”与五相对），人有五脏、五意、五声、五色等皆与之相配。五行相生相克，循环不已，用五行来解释宇宙一切自然现象、生理现象乃至社会现象，是我国古代认知世界的一种方式，《关尹子》亦无例外。比如，《关尹子》就是以道和气来论生死。《关尹子》有几处谈到生死：“人生在世，有生一日死者，有生十年死者，有生百年死者。一日死者，如一息得道；十年百年死者，如历久得道。彼未死者，虽动作昭著，止名为生，不名为死。彼未契道者，虽然动作昭著，止名为事，不名为道。”“是生死者，一气聚散尔。不生不死，而人横计目生死。有死立者，有死坐者，有死卧者，有死病者，等死无甲乙之殊。礁若知道之士，不见生，故不见死。”“人之厌生死超生死者，皆是大患也……殊不知我之生死，如马之手，如牛之翼，本无有，复无无。譬如水火，虽犯水火，不能烧之，不能溺之。”《关尹子》认为，生死乃一气之聚散，人的出生，就是气的聚合；人的死亡，就是气的弥散。聚散都是气，生死也都是气的变化，本质都是气，对于死又有什么可怕呢？学道之人如有厌生死心、超生死心，则会去道愈远。生死就好比马的手，牛的翅膀，本来就没有，也不会再有；又比如水与火，虽然相犯却既不能彼此燃烧，又不能彼此淹没。无所谓生死也就不妄计生死，愈说则愈变得妄识情迷，纷乱不已。《关尹子》的这种生死观可以让我们平静看待人的生死，对死亡不要过分担心与害怕，这是积极的一面。但反之，作者过分强调生死同一，则抹杀了人之生的喜悦。同样，《庄子》中也有相似的观点。《庄子·大宗师》中提到“死生存亡一体”、强调“古之真人，不知悦生，不知恶死”，同等看待生与死，不必悦生而恶死，否认了生的价值，陷于偏谬。

（五）《关尹子》主张冥情去识，达乎此方可契道

关于“情”和“识”《关尹子》认为是以心感物的结果，他说：

“心感物，不生心生情，物交心，不生物生识。”情、识是心物相交而产生的。情为妄情，识乃伪识，《关尹子》说：“物尚非真，何况于识？识尚非真，何况于情？”道生万物，万物皆有它自然的本性，或者说万物均为一气，无所谓真伪善恶、利害是非。而人之心原本也是清澈明净，没有外物杂染。心感物、物交心则情识萌动，情识赋予物真伪，情识染著心善恶。圣人不为物役，不为情驱，不为识染，则能通大道。众人为情所迷，为识所驱，汲汲于物之利害是非，则去道远矣，所以《关尹子》认为学道须冥情去识。冥情不等于无情，“一情冥，为圣人；一情善，为贤人；一情恶，为小人”，情有善恶，圣人之情无善恶区分。古有“圣人无情”说，此“无情”并不是说圣人没有感情，也是“冥情”之义。前面所引庄子死了妻子，却还“鼓盆而歌”，实际上庄子不哭，并不是说他对妻子无情意，而是他通彻大道，对人之情的一种超越。圣人悟道，所以对世间万物的变化都能以静心来应对，不为情所扰，从而能享有所谓“灵魂的和平”。“能制一情者可以成德，能忘一情者可以契道。”《关尹子》所说圣人冥情即是此意。《关尹子》主张去识，万事万物的真伪是非皆缘于识，“彼虽有贤愚，彼虽有真伪，而谓之贤愚真伪者，系我之识。”“尔所谓利害是非者果得利害是非之乎？圣人方且不识不知，而况于尔？”所以区别贤愚真伪者，皆识使然，故而“知物之伪者，不必去物”、去识；“知夫皆识所成，故虽真者亦伪之”。利害是非皆妄识所计，圣人遇物，真者亦伪之，去识也。真者且伪之，则举天下之物皆伪也，故“无恃尔所谓利害是非”。在作者看来，如果没有“识”，则世间万物就无所谓真与假，无所谓是与非。事物有真假是非之辨，皆是人之“识”在起作用。作者主张去识，也就是还原万物的自然本性，不让其染著任何人为的因素。

（六）《关尹子》非常关注并且肯定了事物变化的绝对性

《关尹子》不仅讲到人的细微变化："人之一呼一吸，日行四十万里，化可渭速矣！"也讲到了人的显著变化："二幼相好及其壮也相遇则不相识；二壮相好极其老也相遇则不相识，如雀蛤鹰鸠之化，无昔无今。"不仅人在化，天下之理也在化，"天下之理，是或化为非，非或化为是，恩或化为仇，仇或化为恩"。不仅化且化还分难易："天下之理，轻者易化，重者难化，譬如风云须臾变灭，金玉之性，历久不渝。"《关尹子》从不同侧面不同角度论述变化之道，以发展变化的眼光来看待世间万物，这是合理的、积极的。《关尹子》还肯定了变化的连续性，"青鸾子千岁而千岁化，桃子五仕而心五化""爪之生，发之长，荣卫之行，无顷刻止"。万事万物无时无刻不在变化，没有时间上的间断，也没有空间上的阻隔。万物在发展变化，但万物之外的"道"则是无变无化的。"道"是《关尹子》中的最高哲学范畴，道是运化者，其自身不变。圣人与道合为一体，所以"圣人不存不变"、"圣人知一而不化"，知"万物变迁，虽互隐见，气一而已"。了悟变化之道，生活中我们就不可违背它，《关尹子》言"人之少也，当佩乎父兄之教；人之壮也，当达乎朋友之箴，人之老也，当警乎少壮之说"。如此，则"万化虽移，不能厄我"。作者从变化说到人之处世，看似无甚相关，实则作者是从天地之理说到了为人之理。为事不为天之理，则要任天地之化；为人不逆为人之理，则少要听父兄之言。壮要达朋友之箴，老则要警少壮之说。明析此理，"万化不能厄我，人又岂能厄我乎哉？"

出處 \ 序列	《道德经·四十二章》	《太一生水》	《周易·繫辭上》	帛書《周易·繫辭上》	《荀子·禮論》	《鶡冠子》	《呂氏春秋·大樂》	《禮記·禮運》	《淮南子·淑真》	《淮南子·天文》	《文子·九守》	《十大經·觀》	《易緯乾鑿度·卷上》
道體	道	太一	太極	太恒	大一	泰一	太一	太一	無有	道	一	一囷	太極
一	一	水				元氣			氣	氣			
二	二	天地 神明 陰陽 冷热 濕燥	兩儀	兩儀	天地 日月	陰陽 天地 神明	兩儀 陰陽	天地 陰陽	天地 陰陽	天地 陰陽	天地 陰陽 刚柔	陰陽 刚柔	天地
三	三												
四		四時	四象	四象	四時	四時	四時	四時	四時	四時	四時	四時	四時
其餘	萬物	歲 萬物	八卦 吉凶 大業	八卦 吉凶 大業	萬物	萬物	音樂 萬物	鬼神	萬物	萬物	萬物	萬物	八卦

先秦时期诸家关于道论的表述

伏羲八卦（先天八卦）

《关尹子》中的天人观思想一方面强调自然规律的客观性，一方面也突出了人之力量。如《九药篇》第十六章说："天不能冬莲春菊，是以圣人不违时；地不能洛橘汶貉，是以圣人不违俗。圣人不能使手步足握，是以圣人不违我所长；圣人不能使鱼飞禽驰，是以圣人不违人所长。"天地万物的自然生长规律不是人可以随意改动的，天有天时，地有地俗，即便圣人也无力更改，这与荀子“天行有常，不为尧存，不为桀亡”之天论俨然契合。第十九章紧接着又说：“谋之于事，断之以理，作之于人，成之于天。”事做不做在人，成不成在天，人可以谋事做事，但能否成功，当要看是否遵循了天之规律和道理。同样，《八筹篇》也有所论及，第四章：“鸟兽俄呦呦，俄旬旬，俄逃逃：草木俄茁茁，俄停停，俄萧萧；天地不能留，圣人不能系，有运者存焉尔。”草木、鸟兽的生长变化不为天地所拘，不为圣人所拘，自有其自身的生长发展规律。《关尹子》中突出人的力量，在《七釜篇》第二章有这样一段：“人之力有可以夺天地造化者，如冬起雷夏造冰，死尸能行，枯木能华，豆中摄鬼，杯中钓鱼，昼门可开，土鬼可语，皆纯气所为，故能化万物。”人类不可违背自然，但可以利用自然为我们服务，现在高科技的发展，冬起雷夏造冰或许已有可能，而死尸能行，枯木能华，豆中摄鬼，杯中钓鱼，昼门可开，土鬼可语，则很明显不是人类所能做到的，其说不可信。书中此类思想应区别对待。

（七）《关尹子》认为圣人与道同体，只要悟道人人皆可成圣

有学者统计，《道德经》区区五千言，就有“圣人”三十多处，还有“圣”字也多处单独出现。《关尹子》中有“圣人”九十多处，由此可见作者对圣人十分推崇。《关尹子》的圣人观承老子而来，是道家的圣人观。圣人无为而无不为，这是道家圣人观的主导思想。老子早已讲到“为者败之，执者失之。是以圣人无为故无败，无执故无失”。《关尹子》中讲圣人亦推行“无为”之治，自然之道，“不甚一己治天下，而崽天下治天下；天下归功于圣人，圣人任功于天下”，“天无为而万化成，圣人无为而天下治”。《关尹子》还讲了圣人与众人的区

别，圣人在众人之中，又在众人之外。只要了悟大道，贤人、众人均可为圣人。圣人悟道却不能示道，道靠心悟，心悟了自然荣登圣人之位。从这可看出道家圣人观并不显得有多崇高，它是含蓄的、内在的，同时也是平民化的。《关尹子》推崇圣人，实则也是推崇道，只有圣人通乎大道，通乎道者必定为圣人，圣人与道合为一体。圣人是我国古代民族文化中最高的理想人格，先秦儒道都有其各自的圣人标准，其中有共同性也有差异性，《关尹子》中多处言圣人，总体上属于道家一派的圣人观，于此我们对道家圣人观的内涵可有更深的把握。

《关尹子》中论述的内容很多，其中还包含了物理、生物等方面的科技知识，如大气压实验、热学知识、仿生学思想等等。由于我们的侧重点是对《关尹子》道家思想的阐释，所以对其中物理、生物方面的内容略去不讲。

《郭店楚木竹简》书影

附带提及，关于《关尹子》的真伪，前人多有论证，论证的角度不外乎两方面，书的思想内容及语体风格。前人有的从《关尹子》的传承系统，有的从其中涉及的文字语言，有的从其中的儒家、释家常言等方面论证《关尹子》当出于唐宋人之手。笔者认为，《关尹子》无疑是杂糅了道、儒、释、仙技之说而成的一部道家典籍，但它融合了儒道释三家内容，则反映出自魏晋南北朝以来儒道释三家从激烈的论争到逐步走向融合的趋势。如果我们撇开它的伪书状态，单以一本文献资料去看待它，其中也不无可取之处。《关尹子》非关令尹喜所作，了解关令尹喜思想还应多从先秦书籍中去查找，

《庄子》《列子》及《吕氏春秋》中多少都有所论及，从中可以一窥其貌。1993年郭店楚墓出土的竹简《太一生水》，有学者就推测它是关尹本人或关尹一派的作品。关尹更多的文献资料还有待于更多地下史料的发掘。而对《关尹子》这本书，我们从中了解到的是它本身所体现的思想内容，反映出的社会历史环境，反映出的一定文化趋向，与关尹的纠葛无多。

肆

静虚全性源共生

吾将曳尾于涂中

——庄子的生平及其所处的时代

按照许地山先生《道教史》的说法，自从老子的《道德经》问世以后，道家思想开始流传开来，并且在春秋战国时期的知识分子当中产生了深远的影响。杨朱、列御寇、魏牟各立一说，于是道家渐次分为两派，一是关尹、列子的静虚派，二是杨朱、魏牟的全性派。静虚派的主张是人当舍弃自己的欲望，断绝知虑，顺着天赋的真性来生活。全性派认为情欲乃人类的本性，应该舍弃人间的功名，放纵本能的情欲。前一派是消极的道家，后一派是积极的道家，庄周的学说就是由这一派的发展而来。

庄子虽然在初期道家的形成过程中，产生过很大的影响，但是，《史记》中关于庄子的传略却很简单，我们现在可以看到许多关于庄周的故事，大多为后人所加，所以许地山先生说，史籍里关于庄子的记述，不可全信。不光庄子的生平事迹不可全信，就连其籍贯也存在着很多疑问。据史籍记载，庄子约生于公元前

369年，死于公元前286年，名周，字子休（一说子沐），蒙人。但这个“蒙”，到底是战国时代宋国的蒙，还是楚国历史上的蒙，曾有过两种截然不同的说法，而且都证据凿凿。不过，根据史学界所公认的既成的定论，庄子应该是宋国的蒙人，也就是今天的河南省商丘市人，而且出身贵族。但是，到庄子这一代，这个贵族之家已经衰落得不成样子了。据说庄子曾经做了漆园吏，是一个比今天的乡长还要低一级的小官，当然，薪俸不高，待遇比较低，往往是吃了上顿愁下顿，于是庄子就在“八小时之外”，编织草鞋，跟人家换粮食吃。经常穿补丁衣服，有人讽刺他，叫他“槁项黄馘”，就是脖子很细长，象干枯的树枝一样，脸则是苍黄的。肯定是营养不良形成的。有一次，庄子家里揭不开锅，他向河监侯借粮。河监侯说：“等我收完了租，借给你好多好多。”庄子说：“我在来的路上，看到车辙里有条鱼，要我给他一瓢水。我说，你等着吧，我要请示龙王，给你挖条河。那鱼说，等你河挖成的时候，我早就进了干鱼店了。”从这个小故事可以看出，庄子是一个很有趣的人，明明借粮无望，苦不堪言，可还是忍不住要幽默一把。

不过，庄子对于这天天为了生计而奔波的生活很是失望，觉得很没有意思，对人生感到很迷茫。他对他的弟子说，人生一旦接受精气，成就形体，不知不觉中精力就耗尽了。天天与外物争斗摩擦，精神耗尽像马飞奔一样，而自己却不能制止，不是太可悲了？终身忙碌而不见成功，颓然疲役而不知归宿，可不哀邪！虽说身体不死，有何益处？心神也随身体消亡，可不谓大哀乎！人之生时，本来就这样茫然吗？亦或只是我独自一个觉得迷茫而别人都不迷茫吗？如果我们仔细咀嚼这段话里的意味，就会知道，外表豁达幽默风趣的庄子，实际是一个悲观主义者。

应该指出，庄子并不是一个天生的悲观主义者。庄子的悲观情绪，是由当时的时代环境所造成的。庄子生于老子之后二百余年，老子那个时候，周德初衰，礼崩乐坏，但是那时还有一百多个诸侯国，虽然你攻我伐，争斗不休，但基本上还是攻城掠地，大的兼并战争还不多。到了庄子生活的时代，情况完全不同了，经过多年的兼并战争，诸侯国只剩下十来个，势力强大的只有七个，而且这七个大国还不断地打来打去，一场大战下来，少则死伤几万人，多则数十万人。统治者把人民当做枯草败叶，像割草一样一批一批地杀掉，死尸成山，遍地流血。庄子看到人民就像倒悬在梁上一样难挨，偷一把镰刀的人被处以死刑，而篡夺了一个国家的人却称王称侯。人民迫于生计，铤而走险，就连诸侯们也没有办法。

庄子的悲观情绪还来自对当时知识界的失望。庄子所处的战国时代，是一个对士（知识分子）特别尊重的时代。战国七雄中没有一个国家的君主不尊重知识分子。为什么诸侯国的国君们都特别重视知识分子呢？因为当时天下大乱，政治分裂，制度瓦解，各个国家都想通过武力统一天下，成为通吃的赢家。而要统一天下，就少不了士的出谋划策，谁能得士，特别是“高士”的辅助，谁就能得天下。齐国在都城临淄（今淄博）建立了一个大学院叫稷下学宫，齐威王、齐宣王把天下的士都招来，供吃供喝，让天下的士人们在里面不治而辩论，孟子、淳于髡、公孙龙等人就曾经在稷下学宫里呆过相当长一段时间，高谈阔论。稷下学宫里的士人们自然也不是吃干饭的，他们提出各种各样的主张，并且为之争论得面红耳赤，唇焦舌燥。不过，这些宏论高策，在庄子看来，就像大风一起，万窍发声；又像要出壳的小鸡的鸣叫，不是没有意义，就是无济于事。不但无用，而且学者们的智慧，弄不好反而会做了窃国大盗的工具，他们的治国才能，反而成了为窃国大盗准备好的礼物。正如有人怕小偷，就把箱子锁好，甚至再用绳子捆扎紧，但是大偷却连箱子一起搬走，还唯恐你锁得不牢，捆得不紧。比如齐国的国君，原来是姜子牙的后代，他们按照圣人的法令制度把齐国治理得相当好，可是不防有一天，却被他们救过的田成子杀了国君，把整个齐国，连同圣人的法令制度都偷了去。圣人的法令制度和智慧，只不过是为他准备了一份丰厚的礼物。他的子孙现在统治着齐国，可有谁能把他怎么样呢？所以，庄子觉得这些人谈什么仁义呀等等，都是没有什么用的，因为你制造斗、尺、称，为的是维持公道，他却连制造斗、尺、称的权利一块偷了去；你提倡仁义，为的是消除仇恨，他却连仁义一起偷了去。谁有权有势，就会有人吹捧他的所作所为条例、仁义。庄子由此得出一个结论，那就是“圣人生而大盗起”，“圣人之利天下少，而害天下也多”（《庄子·胠箧》）。怎么办呢？庄子认为，圣人们干脆就不要把这些智慧才能表现出来，免得让心怀不轨的人学了去。最好是什么智慧都没有，什么话都不要说，全当自己是个傻瓜。

庄子的悲观情绪，还来自于对政治伦理和社会道德的失望。庄子认为，马本来是自由自在地顺着天性生活的，可是人们却给它带上笼头，逼着它驮人、拉车，这就损害了马的天性。人在远古之时，生活得非常简单，吃饱喝足之后，什么也不干，拍着肚皮四处游荡，无亲无故，无忧无虑，根本不知道什么君子小人，什么仁义礼智。后来，圣人们提倡什么仁义礼智，于是就有了是非好坏、君子小人。大家都要出人头地，于是就发展智慧，互相攻讦，互相欺骗，互相争夺，造成了这个混乱不堪的局面，这实在是圣人的过错。所以，圣人不死，大盗就不会停止；砸了斗、尺、称，人们才不会争竞；砍掉了能工巧匠的手，人们才能保有自己的智慧。之后，人民才能恢复淳朴的本性，也就不会有战争，天下才会太平。所以，庄子说，人最好的生存状态，就是无知无识、无欲无求、无是无非、无美无丑、无善无恶的原始本真状态。

正因为庄子对现实世界彻底绝望，所以，即便是他生活十分困难，都不曾想过去做官。他认为，世界是一个靶场，处在这样的世界上，不被射中就是侥幸，能躲开就是幸福，所以当有人来请他做官时，他就十分巧妙地予以推辞。据说，有一次，楚王派了两个大夫来请他担任楚国的令尹，当时庄子正在濮水上钓鱼，大夫很客气，说我们受大王的委托来请你，帮助我们管理楚国。没想到庄子连头都没有回，他说，我听说楚国有一个神龟，死了已经三千年了，楚王用丝巾把龟壳包起来，用盒子装起来，摆在庙堂之上，准备有国家大事的时候来用它来占卜。你想想，老乌龟是愿意死了以后让人家把骨头这样地供起来呢，还是愿意活着的时候没有人理睬在泥里爬来爬去呢？那两个大夫说，我们想老乌龟一定还是愿意活着，在泥里面爬来爬去吧。庄子说，那你们还是回去吧！我还是在泥里面爬来爬去吧。（据《庄子·秋水》）

除了宁愿“曳尾涂中”也不愿意成为君王们神坛上的祭品之外，庄子认为，要想真正保全性命，最好的办法就是不要有用。庄子对于无用的人与物，是非常欣赏的。有一个叫做支离疏的畸形人，下巴挨着肚脐，肩膀高于脑袋，脊背朝天，大腿成了两胁。他以给人缝洗衣服为生，靠着给人占卜算卦，养活了一家大小十来口人。国家征兵打仗，他敢在征兵处游游荡荡，因为畸形，征兵不会征到他头上；要出徭役，因为身体残废，活儿派不到他头上。但是，每次发救济物资，都少不了他。正因无用，所以活够了自己的天年。

庄子有个好朋友叫惠施，对庄子的这一套话很不以为然。他说，我有一棵大树，弯曲挛卷得不成样子，所以大家都不理它，你的那些话，就像这棵树一样。庄子说，你只知道有用的好处，不知道无用的好处。山狸子本领高强，左右跳梁，不顾高低，一旦中了猎人的机关，就要死于非命。那棵无用的树，你应把它种在一无所有的国度，或者广漠无垠的大荒野中，你可以在他身边徘徊，在它下面乘凉，它也不会遭受斧砍刀削之苦。所以，无用之用，才是大用啊！

庄子对当时的社会是如此得失望，对人生是如此得消极，所以，他认为安危、祸福的轮换、交替是无休无止，难以捉摸的。那么，人们就不必把人世间的荣辱毁誉放在心上，和无限大的大自然相比，任何有限的个体都是相等，或者是没有意义的，在这到处都是障碍，甚至是盘根错节的危及生命的现实中生存，人们最应该关心的，是如何在这些障碍的缝隙中保全自己。过去，人们大多批判庄子的这种人生态度，认为他是一个消极遁世的隐士，教人不问世事，混世过日子，其实，庄子的所谓“逍遥”，乃是身处乱世不得“逍遥”的无奈之说。

无为无治说逍遥
——庄子的哲学思想

庄子的哲学思想，和老子、列子有很强的相似性，崇尚自然，外生死，并天地，主张清静无为，逍遥出世，大有不食人间烟火的意致，所以，庄子的许多思想就被道教所吸纳，后来竟被尊为道教的仙真。唐玄宗天宝元年（742年）追号为“南华真人”，后来又被宋徽宗追封为“微妙元通真君”。庄子所著的《庄子》一书也被道教尊为《南华真经》。

从哲学流派上讲，庄子和老子同属于道家，和老子一样，庄子自己有一套完整的社会思想，充满道家色彩的治理观。庄子虽然也推崇老子的“无为而治”，但其观点要比老子更彻底，他把“无为”推向了极端，几乎成了“无为无治”。

（一）庄子的哲学思想基础

和老子一样，庄子认为宇宙的本源是“道”。他是这样描述的：

夫道，有情有信，无为无形；可传而不可受，可得而不可见；自本自根，未有天地，自古以固存；神鬼神帝，生天生地；在太极之上而不为高，在六极之下而不为深，先天地生而不为久，长于上古而不为老。（《庄子·大宗师》）

这个先天地而生，只有信息没有形质的“道”，无时不在、无处不在、无所不在，甚至“在蝼蚁”、“在瓦甓”、“在屎溺”之中。它逐渐从无到有，化生了万物，其过程是这样的：

泰初有无，无有无名；一之所起，有一而未形。物得以生，谓之“德”。（《庄子·天地》）

这时所得的“一”，仍然没有形状，但已有了质，便是“气”，天地原本是一气，这是庄子的一大创见：通天下一气耳，圣人故贵一。（《庄子·知北游》）在这里，庄子还把“一”视为“德”，万物得了“一”，才有生。然后，一气分化为阴阳。“至阴肃肃，至阳赫赫。肃肃出乎天，赫赫发乎地，两者交通成和，而物生焉。”（《庄子·田子方》）就是说，有了阴、阳，二者交合，便化生了万物。这与老子“道生一，一生二，二生三，三生万物；万物负阴而抱阳，冲气以为和”（《道德经·第四十二章》）的论述，精神完全一样。并且他也如老子一样，认为天道循环不息：

道无终始，物有死生，不恃其成；一虚一盈，不为乎其性。年不可举，时不可止；消息虚盈，终则有始。（《庄子·秋水》）

综上看来，庄子所说的“道”，与老子所给的概念完全一致。

除上述“道”的基本观点以外，庄子对老子的思想又有了如下三项突破性的阐释和发展：

第一，大知逍遥。

《庄子》开篇，便向人们展示了一幅壮丽的画卷：

北冥有鱼，其名为鲲。鲲之大，不知其几千里也。化而为鸟，其名为鹏。鹏之背，不知其几千里也；怒而飞，其翼若垂天之云。是鸟也，海运则将徙于南冥。南冥者，天池也……鹏之徙于南冥也，水击三千里，抟扶摇而上者九万里。野马也，尘埃也，生物之以息相吹也……其远而无所至极耶？其视下也，亦若是则已矣。（《庄子·逍遥游》）

气势多么宏大，眼界多么开阔！下界小泽里的麻雀、斑鸠、知了们却嘲笑道："彼且奚适也？我腾跃而上，不过数仞而下，翱翔蓬蒿之间，此亦飞之至也！"麻雀们不理解大鹏的世界，不明白大鹏究要飞往何处，反而多加指责。由此，庄子提出了一个重要的哲学命题——小知不及大知。

小知不及大知，小年不及大年。奚以知其然也？朝菌不知晦朔，蟪蛄（蝉）不知春秋，此小年也。楚之南有冥灵（龟）者，以五百岁为春，五百岁为秋；上古有大椿者，以八千岁为春，八千岁为秋，此大年也。而彭祖乃今以久特闻，众人匹之，不亦悲乎！（《庄子·逍遥游》）

庄子以生动的比喻来说明深刻的道理：早上的蘑菇菌类中午就枯萎了，夏蝉只见过一个季节，甚至被人羡慕的寿星彭祖活了八百岁，比起"冥灵"、"大椿"来，也算不得什么长寿。人对世界的认识，同样如此，由于人和人的阅历广狭久暂不同，也就有大知和小知的区别。庄子指出：有些人才智可以担任一官的职守，行为可以顺着一乡的俗情，德性可以投和一君的心意而取得一国的信任；他们自鸣得意也就好象小麻雀一样，认为世界之大，不过如此；这种人当然不会对人生有深刻的见解，当然不会逍遥于自由王国。庄子认为，拘泥于一时一事的成败、是非，是造成"小知"的一个重要原因。他批评孔子：水上行走莫过于用船，陆上行走莫过于用车，二者如果互相掉换，都将不成。古和今的不同不就像水和陆的不同吗？周和鲁的不同不就象船和车吗？孔子企求将周朝的制度实行到鲁国，这就像把船推到陆地上行走一样，徒劳无功，还会殃及自身。

庄子试图说明这样一个道理：万物的量是没有穷尽的，时间是没有止期的，得失是没有一定的，世界总是在不断变化的。所以大智大慧的人，对得到并不欣然自喜，对失去并不忧愁烦恼，对生存不觉得喜悦，对死亡不以为祸害；整个世界都夸赞他，他不会沾沾自喜，整个世界都非议他，他不会感到羞惭沮丧。并且他还懂得，人所能知道的，总比不上他所不知道的，因为人有生命的时间，总比不上他没有生命的时间。庄子认为，有了这样的大知，人才能逍遥于物外，才有可能从最高的角度，观察世界、观察人生、观察过去未来，才有可能解决众生苦苦思索着的国家和天下的治理问题。

第二，万物一齐。

“万物一齐”的思想几乎可见于《庄子》的每篇文章，特别在《内篇·齐物论》中更是作了集中的阐发：

物无非彼，物无非是。自彼则不见，自是则知之。故曰：彼出于是，是亦因彼。彼是，方生之说也。虽然，方生方死，方死方生；方可方不可，方不可方可；因是因非，因非因是。是以圣人不由而照之于天。

其意思是：世上万物，无不既是彼方又是己方，从物那方面看不清楚的，从自己这方面来观察就能明了。所以说，彼出于此，此也出于彼。彼和此是同生共存的。再说，天地匆匆，新生的要灭亡，灭亡的要新生；刚刚是可以的随即就不可以，刚刚是不可以的随即就可以；有认为这是对的，也有认为这是不对的；有认为这是不对的，也有认为这是对的。所以圣人就不走这条细分是非、彼此的路子，而观照于自然：“是亦彼也，彼亦是也；彼亦一是非，此亦一是非。”

庄子举了大量的例子，来说明事物的“通为一”性，即万物之间没有什么大小、彼此、是非的区别。如：凡人都有偏见，假如两人辩论，甲占了上风，甲就果然对吗？乙占了上风，乙就果然对吗？是否一定有一个人对、一个人错呢？还是两人都对或者两人都错呢？由谁来评判呢？以何为标准呢？人睡在潮湿的地方，就会患腰痛或半身不遂，泥鳅也会这样吗？人爬上高树就会害怕，猿猴也会这样吗？毛嫱和西施是世人认为最美的，但鸟儿见了就吓得飞走。当年庄子梦见自己是一只翩翩而飞的蝴蝶，醒来后弄不清是自己梦见了蝴蝶呢，还是蝴蝶梦见了自己？大家都恋生怕死，可谁知道恋生会不会是迷惑呢？会不会象自幼流落在外而不知返回家乡那样呢？所以，世上万物，“自其异者视之，肝胆楚越也；自其同者视之，万物皆一也”。

总之，“万物一齐，孰短孰长？道无终始，终则有始”（《庄子·秋水》）。不要拘束你的心志，妄言谁短谁长，以至和大道相违背。有了这种思想境界，才能游刃有余地评判“治道”的是非得失。

第三，返朴归真。

庄子力主万物保持天性。他认为“道”从无到有，化生了千门百类、林林总总的大千世界。其生、其死、其荣、其衰，都是非常自然的；顺其道则昌，背其道则不祥。他举了伯乐相马的例子：

马，蹄可以践霜雪，毛可以御风寒，龁草饮水，翘足而陆，此马之真性也。虽有义台路寝，无所用之。及至伯乐，曰：“我善治马。”烧之，剔之，刻之，烙之，连之以羁絷，编之以皂栈，马之死者十（之）二、三矣；饥之，渴之，驰之，骤之，整之，齐之，前有橛饰之患，而后有鞭策之威，而马之死者已半矣。（《庄子·马蹄》）

庄子不但不赞扬伯乐，反而批评他反自然，扭曲了天性。何止是马，山林里的野鸡走十步才啄到一口食，走百步才饮到一口水，可是它还是不愿意被养在笼里。百年的树木，破开做成牺樽（酒器），用青黄彩色来修饰，其他枝干废料则被丢弃在泥沟里。牺樽和废木比起来，是有美丑差别的，然而从丧失本性来看，却是一样的。夏桀、盗跖与大讲仁义的曾参、史鱼相比，性行截然不同，但在丧失本性这一点上，也是一样的。庄子认为，自尧、舜、禹三代以后，天下没有不用外物来错乱本性的。小人牺牲自己来求利；士人牺牲自己来求名；大夫牺牲自己来为国家；圣人则牺牲自己来为天下。这几种人事业不同，名号各异，但是伤害本性，牺牲自己却是一样的。

庄子说，改变本性去从属仁义，改变本性去精调五味，改变本性去追求五声，改变本性去放情五色，都是谬误。正确的态度应当是返朴归真，任率天性。在《秋水》篇中，庄子形象地定义了“天”、“人”的概念：

河伯曰：“何谓天，何谓人？”北海若曰：“牛马四足，是谓天；落（络）马首，穿牛鼻，是谓人。故曰，无（不要）以人灭天，无以故灭命，无以得殉名。谨守而勿失，是谓反其真。”

“谨守勿失”、“返其真”，就是要做到“虚静恬淡寂漠无为”：

夫虚静恬淡寂漠无为者，万物之本也。明此以南向，尧之为君也；明此以北面，舜之为臣也。以此处上，帝王天子之德也；以此处下，玄圣素王之道也。以此退居而闲游，则江海山林之士服；以此进为而抚世，则功大名显而天下一也。静而圣，动而王，无为也而尊，朴素而天下莫能与之争美。（《庄子·天道》）

达到这样的境界，就是达到了“天德”；有了“天德”，就能成为“至人”、“圣人”。只有这种“虚静恬淡寂漠无为”的人，才可以成为最理想的世俗圣主。他将以“无为”、“朴素”而达成天下大治。

但是，庄子的“鲲鹏”之志又殊不在此。他的哲学思想的最后归宿，是“弃世”而非治世；治理天下，勉为其难而已：

夫欲免为形（累）者，莫如弃世。弃世则形不劳，遗生则精不亏。夫形全精复，与天为一。（《庄子·达生》）

这就是庄子思想的必然结局。庄子本人则坚守自己的信仰，决不入世。楚威王厚币迎他为相，他一笑回绝。

（二）庄子的治理主张

建立于上述思想基础上的“治理之道”，就是庄子的“无为而治”，甚至是“无为无治”。这一“治道”具体内容如下：

一为治理目标。庄子心目中的理想社会模式与老子的几乎毫无二致，这就是被他称为“至德之世”的上古先民社会，具体就是他所列举的容成氏、大庭氏、伯皇氏、中央氏、栗陆氏、骊畜氏、轩辕氏、赫胥氏、尊卢氏、祝融氏、伏牺氏、神农氏的时代。在这个至德之世里，“不尚贤，不使能；上如标枝，民如野鹿，端正而不知以为义，相爱而不知以为仁，实而不知以为忠，当而不知以为信，蠢动而相使，不以为赐。是故行而无迹，事而无传（《庄子·天地》）”。“当是时也，民结绳而用之，甘其食，美其服，乐其俗，安其居，邻国相望，鸡狗之音相闻，民至老死不相往来。”（《庄子·胠箧》）

庄子把“至德之世”的领袖们称为“明王”，“明王”们的业绩则是“圣治”：“明王之治，功盖天下而似不自己，化贷万物而民弗恃；有莫举名，使物自喜：立乎不测，而游于无有者也。”（《庄子·应帝王》）“圣治乎？行言自为而天下化，手挠顾指，四方之民莫不俱至，此之谓圣治。”（《庄子·天地》）

庄子的治世目标，堪称道家的标准模式。

二为治理举措。庄子“无为而治”的思想可谓十分彻底，他甚至不承认“治天下”。他说：“闻在宥天下，未闻治天下也。在之也者，恐天下之淫其性也；宥之也者，恐天下之迁其德也。天下不淫其性，不迁其德，有治天下者哉。”（《庄子·在宥》）这段话的意思是：只听说使天下安然自在，没有听说要管制天下的。强调“在”（自在），是怕外物扰乱了人的本性；强调“宥”（自由宽松），是怕外物改变了人的常德。如能做到不扰乱本性，不改变常德，这就是天下大治了。他认为，君子修道，主要目的不在治理，而在于修身；修身之余，才是为国家；最后，“君子不得已而莅临天下”：“道之真，以治身；其余绪，以为国家；其土苴（糟粕），以治天下。”（《庄子·让王》）所以，庄子的治理思想，简直就是“无为无治”。

但是，我们却不能就认为庄子不要治国平天下，他只是企图通过人人修身返朴，使天下归于原始的秩序状态；反对以外力（无论暴力的、仁义的）来管制天下。在《天地》一文中，他归纳了如下治理纲领：

天地虽大，其化均也；万物虽多，其治一也；人卒虽众，其主君也。君原于德而成于天，故曰，玄古之君天下，无为也，天德而已矣。....古之畜天下者，无欲而天下足，无为而万物化，渊静而百姓定。《记》曰："通于一而万事毕；无心得而鬼神服。"

（三）庄子对传统治理观念的批判

在国家治理问题上，庄子坚持己见，力主重建上古时代无为而治甚或是无为无治的原始秩序；对破坏和反对这一秩序的人、物因素，对三皇五帝以来的传统治理观念，进行了令人大开眼界的批评和批判：

一是批圣人，认为圣人是天下大乱的源头。他在《天运》篇中批判说："三皇五帝之治天下，名曰治之，而乱莫甚焉。三皇之知，上悖日月之明，下睽山川之精，中坠四时之施......而犹自以为圣人，不亦可耻乎？其无耻也！"不仅如此，庄子在《缮性》篇中还分析历代圣人是如何使天下变乱的。他说：上古之人淡漠无为，阴阳和静，万物不伤，与自然一体，过着平安喜乐的日子。及至燧人、伏羲开始治天下，纯一的境地被打破了；到了神农、黄帝的时代，只能安定天下而不能顺遂民心；到了唐尧、虞舜的时代，离开了醇厚、质朴，舍弃了本性而放任机心，只靠人心互通已经不足以安定天下，必须附加着文饰和各种见识才行。文饰破坏了质朴，见识耽迷了心灵，人心沉沦一发不可收拾，以至"子有杀父，臣有杀君，正昼为盗，日中穴墙"，终于乱了天下。庄子慨叹道："世丧道矣！道丧世矣！世与道交相丧也。"进而断言：圣人不死，大盗不止！他举例证明这一点：从前的齐国，邻里相望，鸡犬之声相闻；它建立宗庙社稷，推行各种治理措施，何尝不是效法圣人的呢？但是大夫田成子却杀了齐君而盗取了齐国。田成子虽然有盗贼之名，可他却像尧舜一般安稳。小国不敢非议他，大国不敢诛讨他。这不是小偷小盗被杀头，窃国大盗反成诸侯了吗？“由是观之，善人不得圣人之道不立，（盗）跖不得圣人之道不行；天下之善人少而不善人多，则圣人之利天下也少，而害天下也多。”故曰：绝圣弃智，大盗乃止。

二是斥仁义，认为仁义本身就是多余的，甚至是错误的，是用来扰乱天下的。他说：“且夫待钩绳规矩而正者，是削其性者也；待墨索胶漆而固者，是侵其德也；屈折礼乐，吁俞仁义，以慰天下之心者，此失其常然也……夫小惑易方，大惑易性。何以知其然邪？有虞氏招仁义以挠天下也，天下莫不奔命于仁义，是非以仁义易其性与？……小人则以身殉利，士则以身殉名，大夫则以身殉家，圣人则以身殉天下其殉一也。”（《庄子·骈拇》）

三是绝贤能，认为能人治国是恃权虐民的行为。他在《应帝王》一文中说：“君人者以己出经式义度，人孰敢不听而化诸？”“是欺德也。其于治天下也，犹涉海凿河，而使蚊负山也。夫圣人之治也，治外乎？正而后行，确乎能其事者而已矣。且鸟高飞以避弓弋之害，鼷鼠深穴乎神丘之下，以避熏凿之患，而曾二虫之无如！”

庄子认为，那些所谓能人，实在是为技能所累，劳苦体魄而纷乱心神。虎豹就是因为皮有花纹才招致捕猎的，猿猴就是因为擅长蹿跳才被拴住作戏的。明王岂能是这样子？他藉老聃之口以宣示“明王之治”：“明王之治，功盖天下而似不自己，化贷万物而民弗恃；有莫举名，使物自喜，立乎不测，而游于无有者也。”（《庄子·应帝王》）就是说，真正的“明王”功盖天下却好像与自己并不相干，惠及万民而人民并不会介介于怀，有功德无名响，令万物自喜自足；而自己却立于不可测识的地位，行若无事一般。

庄子不仅对“能人”、“贤人”、“治绩”、“功德”等持反对态度，他甚至对“三代”以后出现的为求生所发明的一切生产、生活用品等，也一概排斥。他断言：弓箭、鸟网、机关多，天上的鸟就要被搅乱了；钩饵、鱼网、竹篓多，水底的鱼就要被搅乱了；木栅、兽笼、兔网多，山林里的野兽就要被搅乱了；狡辩、曲辞、诡论多，人们便会被迷惑了。所以，天下趋于大乱，罪过便在于喜好智巧。

如果我们把庄子的治理思想与老子的思想联系起来比较，就可以得出这样的印象：老子积极用世，首倡无为而治，但却为消极出世思想开了口子；庄子将无为而治思想弘而扬之，刻意追求出世弃世，又为仙道迷信思想开了口子。从这里或能看出：谬误激出真理，真理滑向谬误，诚所谓“反者，道之动也”。

天下无人不知君

——庄子哲学思想对楼观道派形成的影响

作为中国本土的宗教，道教的历史渊源悠久庞杂。从秦汉社会的“宗天”、“谶纬”、“五行”、“方仙道”等等可以一直上溯到秦汉以前的“巫”、“史”、“祝”，以及更远的原始巫术、原始神话、祖灵崇拜、鬼神观念等等。然而，不管道教形成于什么时代，作为一种成形宗教的道教，从道家学说里吸取了铸魂塑形的理论精髓，这一点是无容置疑的。这意味着，不但道家对道教有着在先者对在后者自然的影响，而且作为道教之核心的神仙信仰，更是深受道家尤其是原始道家的巨大影响。

具体到楼观道，原始道家对楼观道教的影响无疑是最早也最大的，从理论渊源上看，自然应首推被尊为道教群经之首的老子的《道德经》。尽管《道德经》一书事实上并没有直接涉及神仙信仰的只言片语，但《道德经》中的一些弹性极大似乎可以无限伸张的思路，为道教神仙信仰的开启，留下了足够深广的境域性空间。如著名的“死而不亡者寿”（第三十三章），“盖闻善摄生者，陆行不遇兕虎，入军不被甲兵，兕无所投其角，虎无所用其爪，兵无所容其刃。夫何故？以其无死地”（第五十章），“深根固柢，长生久视之道”（第五十九章）；以及极其丰富的逆世俗生存方式而行的“摄生”之道，如寡欲、知足：“不尚贤，使民不争；不贵难得之货，使民不为盗；不见可欲，使民心不乱”（第三章），“故知足不辱，知止不殆，可以长久”（第四十四章），“罪莫大于可欲，祸莫大于不知足，咎莫大于欲得。故知足之足，常足矣”（第四十六章）；无为、无吾身：“是以圣人处无为之事，行不言之教；万物作而弗始，生而弗有，为而弗恃，功成而弗居。夫唯弗居，是以不去”（第二章），“为无为，则无不治矣”（第三章），“天长地久。天地之所以长且久，以其不自生也，故能长生。是以圣人，退其身而身先，外其身而身存”（第七章），“吾所以有大患者，为吾有身，及吾无身，吾有何患”（第十三章）；贵柔守弱：“上善若水。水善利万物而不争，处众人之所恶，故几于道……夫唯不争，故无尤”（第八章），“载营魄抱一，能无离乎？抟气致柔，能如婴儿乎？涤除玄监，能无疵乎……生之畜之，生而弗有，其根。归根曰静，静曰复命，复命曰常，知常曰明。不知常妄，妄作凶。知常容，容乃公，公乃全，全乃天，天乃道，道乃久，没身不殆”（第十六章），“物壮则老，是谓不道，不道早已”（第三十章），“反者道之动，弱者道之用”（第四十章），“为学者日益，为道者日损，损之又损，以至于无为，无为则无不为”（第四十八章），“见小曰明，守柔曰强”（第五十二章），等等。

《道德经》中的这些奠基性的道家理念，对于道教的神仙信仰来说，虽然始终处于“引而不发”的含蓄状态，但诸如“死而不亡”、“摄生”、“为道”、“反者道之动”等等理念的推出，不仅为“长生成仙”、“顺则成人，逆则成仙”的各种道教养生术以及内外丹术提供了根本的理念性构形，而且也为整个道教神仙信仰的开启奠定了深厚而又绵绵不绝的思想境域。

道家对道教神仙信仰影响最直接最具体的，无疑是被奉为《南华真经》的《庄子》。从历史的角度上讲，尽管《庄子》在先秦便已经流传，然而在魏晋以前，《庄子》一书并不十分流行。到了魏晋时期，玄学思潮盛行，《庄子》作为“三玄”之首，经历了“道家思想史上的一次壮丽的日出”，开始受到重视。但即使经过了魏晋时期的“日出”，在唐以前，《庄子》仍不是《南华真经》，而只是《庄子》。从道教的一些早期经典来看，如《太平经》《西升经》《阴符经》等等，《庄子》对它们并没有形成实质性的影响。自唐代开始，《庄子》对道教尤其是对其神仙信仰的影响才不可遏止地释放了出来。这种影响不仅表现在诸如皇帝直接出面诏封庄周为《南华真人》、《庄子》被道教奉为“南华真经”以及道士注解《庄子》成风这些外在的层面上，更为本质的是，《庄子》中的那些“御风而行”、“肌肤若冰雪，淖约若处子，不食五谷，吸风饮露，乘云气，御飞龙，而游乎四海之外”（《庄子·逍遥游》）的神人；那些“登高不僳，入水不濡，入火不热”，“其寝不梦，其觉无忧，其食不甘，其息深深”，“不知说生，不知恶死，其出不欣，其入不距，翛然而往，翛然而来而已矣”（《庄子·大宗师》）的真人；那些“大泽焚而不能热，河汉冱而不能寒，疾雷破山飘风振海而不能惊……死生无变于己”（《庄子·齐物论》），“忘其肝胆，遗其耳目，芒然彷徨乎尘垢之外，逍遥乎无事之业”（《庄子·达生》），“上窥青天，下潜黄泉，挥斥八级，神气不变”（《庄子·田方子》）的至人；那些“鸟行而无彰，天下有道，则与物皆昌；天下无道，则修德就闲；千岁厌世，去而上仙，乘彼白云，至于帝乡”（《庄子·天地》）的圣人；以及《逍遥游》中的“无何有之乡”，

《庄子·齐物论》中南郭子綦的“形如槁木”、“心如死灰”，《庄子·养生主》中的“缘督以为经”，《庄子·人间世》中的“心斋”，《庄子·大宗师》中的“真人之息以踵”、“见独”、“坐忘”，《庄子·在宥》中广成子的“至道之精，窈窈冥冥；至道之极，昏昏默默，无视无听，抱神以静”，“必静必清，无劳女形，无摇女精，乃可以长生；目无所见，耳无所闻，心无所知，女形将守形，形乃长生”，等等，构成了一个从道家通达道教的沛沛然不断涌临的意向性深渊。

《庄子》一书“汪洋辟阖，仪态万方”（鲁迅：《汉文学史纲要》），其文情、其思绪、其意蕴、其态势更是匪夷所思，似幻似真。正因为如此，与《道德经》相比，《庄子》对道教神仙信仰的影响，包括对它的内容、形式、结构、方法乃至气质、情绪质态等等的影响，不仅更加具体深入，更为本质的是，“神人”、“真人”、“至人”等和“无何有之乡”构成了道教的“神仙”和“仙境”活泼的意向性源泉；而“逍遥”、“心斋”、“坐忘”以及“吹响呼吸，吐故纳新，熊经鸟伸”（《庄子·刻意》）等等，更是直接渗入和丰富着道教成仙方术的各个层面，从而为道教生存方式的具体构造，为道教神仙信仰的全面深入的开启，奠定了“绵绵若存，用之不勤”的意向性空间。

更为重要的是，《道德经》和《庄子》中的“道”和“真人”等神仙思想，无疑对道教的神话和仙话，以及神仙体系的产生，提供了丰富的理论源泉。特别是庄子关于真人、至人、神人、圣人的神异描写，例如《大宗师》里的真人：“古之真人……登高不栗，入水不濡，入火不热，……其寝不梦，其觉无忧，其食不甘，其息深深……不知说生，不知恶死。其出不欣，其入不距……不忘其所始，不求其所终。受而喜之，忘而复之。”《齐物论》里的至人：“……大泽焚而不能热，河汉冱而不能寒，疾雷破山、飘风振海而不能惊。若然者，乘云气，骑日月，而游乎四海之外，死生无变于己。”《田子方》篇中的至人："上窥青天，下潜黄泉，挥斥八极，神气不变。"《逍遥游》里的神人："不食五谷，吸风饮露，乘云气，御飞龙，而游乎四海之外。"《天地》篇里的圣人："千岁厌世，去而上仙，乘彼白云，至于帝乡。三患莫至，身常无殃。"使得原来飘渺虚无的真人、至人、神人、圣人有了生动具体的形象，为后世道教提供了神仙的标本，并为道教所吸收，道教的神仙也就是那些超越生死、能够永远在天地之间逍遥遨游的人。庄子为追求精神的绝对自由所提出的某些修养方法，也为道教所吸收。《庄子·达生》篇写道："子列子问关尹子曰：'至人潜行不窒，蹈火不热，行乎万物之上而不栗。请问何以至于此？'关尹曰：'是纯气之守也，非知巧果敢之列……壹其性，养其气，合其德，以通乎物之所造。夫若是者，其天守全，其神无却，物奚自入焉。'"这种"守气"、"守全"的修养理论，正是道教修炼思想的重要来源。又如《庄子·在宥》篇记载，黄帝向广成子询问长生之道，广成子回答说："至道之精，窈窈冥冥；至道之极，昏昏默默。无视无听，抱神以静，形将自正。必静必清，无劳女形，无摇女精，乃可以长生。目无所见，耳无所闻，心无所知，女神将守形，形乃长生。慎女内，闭女外，多知为败。我为女遂于大明之上矣，至彼至阳之原也；为女入于窈冥之门矣，至彼至阴之原也。天地有官，阴阳有藏。慎守女身，物将自壮。我守其一，以处其和。故我修身千二百岁矣，吾形未常衰。"广成子这样的神仙人物"守一"的修道之法，为道教所吸收，并成为最基本的习道之法。《庄子·寓言》篇中描述颜成子游进道的过程："一年而野，二年而从，三年而通，四年而物，五年而来，六年而鬼入，七年而天成，八年而不知死、不知生，九年而大妙。"后来也成为了道教人士学道的九个步骤。战国时代流行的《行气玉佩铭》《却谷食气篇》《导引图》（后二者见马王堆出土帛书）等等，都显示了道家学派修炼长生的丹法，与庄子的神仙学说有着密切的源渊关系。

从楼观道传习的修炼方术看，它最原始的修炼理念，也是源于《庄子》，体现了杂采兼收的特征，即符箓与丹鼎皆习。在实际修炼方法上，特别是楼观道派在汇集了南北方众多道书后，对其修炼方法肯定会有影响的。从史料上看，据《历世真仙体道通鉴》记载，楼观道最早的道士梁谌修炼“炼气隐形之法”、“水石还丹术”、“服日月黄化法”和“食气吞服”。梁谌弟子王嘉“不食五谷”，“清虚服气”，能“御六气，受三一”。这些方法是与《庄子》是有着一定的关联的。

在北朝时期，尹通好服黄精、雄黄、天门冬等药物。牛文侯擅长符箓之法。陈宝炽为李顺兴立坛授以五千文及《黄庭经》；李顺兴常诵《大洞经》，炼丹脱胎之法。王延在华山师从焦旷真人，受《三洞秘诀真经》，在通道观中又校雠三洞经法、科仪、戒律、飞符，凡八十余卷；又撰《三洞珠囊》七卷。于章“饵黄精、茯苓、山地黄，又服气吞符飞章，设醮如此，历年无辍”。韦节在华山期间，“饵服黄精、白术、丹药，修三一、雌一、八道九真，又行《黄庭内景》《智慧消魔》经法”。从现有的资料来看，所有有记载的楼观道道士，都没有采用铅汞烧炼、合练金丹玉液、男女合气、阴阳双修等方法。楼观道派的道士是以“守三一”服气、药物、符箓等方法为修炼主要方法的。可以说，楼观道道士这种以清修为主的修炼方法，受老子和庄子的“道”、“气”说的影响是很明显的。

伍

始皇清庙祈长生

泛神淫祀不崇礼

——秦人神权崇拜的主体是自然鬼神

秦始皇像

据《混元圣迹》记载，秦始皇二十八年（前219年）壬午，封禅泰山之后，在楼观之南建立了一座名为清庙的庙宇，专门飨祀老子。对于这段记载，有人表示怀疑，认为秦始皇以法为政，凌虐天下，怎么会为老子建庙，尊崇道家呢？其实，只要对春秋战国之际秦国的神权崇拜有所了解，就会理解秦始皇为什么会崇法尊儒不弃道了。

我国古代鬼神崇祀系统大致分为三类：上帝天神、祖先鬼神、山川鬼神。从古文献和古文字资料来看，周人神权崇拜的特点是祖先鬼神崇拜，这种崇拜的特点是与政治统治的方式相配套，祭祀祖先神的权力是按不同的等级阶层分配到上至王公下至士手中。《礼记·祭法》对周代庙制的记述最为详细：

天下有王，分地建国，置都立邑设庙祧坛墠而祭之，乃为亲疏多少之数。是故王立七庙，一坛一墠，曰考庙，曰王考庙，曰皇考庙，曰显考庙，曰祖考庙，皆月祭之。远庙为祧，有二祧，享尝乃止。去祧为坛，去坛为墠。坛墠，有祷焉祭之，无祷乃止。去墠曰鬼。诸侯立五庙，一坛一墠，曰考庙，曰王考庙，曰皇考庙，皆月祭之。显考庙，祖考庙，享尝乃止。去祖为坛，去坛为墠。坛墠，有祷焉祭之，无祷乃止。去墠为鬼。大夫立三庙二坛，曰考庙，曰王考庙，曰皇考庙。享尝乃止。显考祖，考无庙，有祷焉。为坛祭之，去坛为鬼。适士二庙一坛，曰考庙，曰王考庙。享尝乃止，显考无庙，有祷焉。为坛祭之，去坛为鬼。官师一庙，曰考庙。王考无庙，而祭之，去王考为鬼。庶士庶人无庙，死曰鬼。

王为群姓立社，曰大社。王自为立社，曰王社。诸侯为百姓立社，曰国社。诸侯自为立社，曰侯社。大夫以下成群立社，曰置社。

王为群姓立七祀：曰司命，曰中溜，曰国门，曰国行，曰泰厉，曰户，曰灶。王自为立七祀。诸侯为国立五祀：曰司命，曰中溜，曰国门，曰国行，曰公厉。诸侯自为立五祀。大夫立三祀：曰族厉，曰门，曰行。适士立二祀：曰门，曰行。庶士、庶人立一祀。或立户，或立灶。

王下祭殇五：适子，适孙，适曾孙，适玄孙，适来孙。诸侯下祭三，大夫下祭二，适士及庶人祭子而止。

由此可见，周人的祭祀权力是按阶层不同各有等差区别，祭祀的品类、祭祀的时间、祭祀的数量多少有明显的区别和严格的规定，反映了“古之丧礼，贵贱有仪，上下有等”（《庄子·天下》）的特点。这说明周人的神权崇拜是等级分层式，其目的是为了“上下有序，民则不慢”（《国语·楚语下》），也是为了有利于巩固周人的等级秩序和政治统治。同时，《礼记·祭法》中还规定，享受祭祀的人，一定是“有功烈于民者也”，日月星辰、山林川谷丘陵等，是“民所取财用也”，不在祀典之列。其记云：

夫圣王之制祭祀也，法施于民则祀之，以死勤事则祀之，以劳定国则祀之，能御大菑则祀之，能捍大患则祀之。是故厉山氏之有天下也，其子曰农，能殖百谷。夏之衰也，周弃继之，故祀以为稷。共工氏之霸九州也，其子曰后土，能平九州，故祀以为社。帝喾能序星辰以着众，尧能赏均刑法以义终，舜勤众事而野死，鲧鄣鸿水而殛死，禹能修鲧之功，黄帝正名百物，以明民共财，颛顼能修之，契为司徒而民成，冥勤其官而水死，汤以宽治民而除其虐，文王以文治，武王以武功，去民之菑，此皆有功烈于民者也。及夫日月星辰，民所瞻仰也。山林川谷丘陵，民所取财用也。非此族也，不在祀典。

和周礼极为不同的是，秦人神权崇拜中所祭祀的鬼神主要不是祖先神，而是山水、动植物等自然鬼神。

从文献资料看，秦人的图腾是玄鸟（燕子），秦人最早祭祀的是秦文公（或谓秦穆公）时立的“陈宝”（“宝鸡”）崇拜。《史记·封禅书》曰：“鄜畤后必九年，文公获若石云，于陈仓北阪城祠之。其神或岁不至，或岁数来，常以夜，光辉若流里，从东南来集于祠城，则若雄鸡，其声殷云，野鸡夜雊。以一牢命曰陈宝。”这一陈宝祠，又称“宝人祠”，又称“宝鸡神祠”。其形象不过是陈仓山中的一只“石鸡”，或称是“玉鸡”，与山鸡没有什么区别。《史记·封禅书》正义引《三秦记》云：“太白山西有陈仓山，山有石鸡，与山鸡不别。赵高烧山，山鸡飞去，而石鸡不去，晨鸣山头，声闻三里。或言是玉鸡。”不过，从文献所记的传说来看，关于这一“宝鸡神祠”的传说时代至少有三种：一是秦文公时代，如上引《史记·封禅书》及《水经注》卷三十一等所说，《秦本纪》则明确地说是秦文公十九年；一是秦二世时代，如上《封禅书》正义所引《括地志》所说；另一种说是秦穆公时代，此可见《史记·封禅书》索隐所引《列异传》，而在晋干宝所著的《搜神记》中则言之更详。《搜神记》卷八谓秦穆公时，“陈仓人掘地，得物，若羊非羊，若猪非猪，牵以献穆公”。在路上碰上两个童子，这是一种“食死人脑”的怪物，名叫媪，媪告秦穆公说，“彼二童子命为陈宝，得雄者王，得雌者伯”。后秦穆公便派人追逐两个童子，“童子化为雉，飞入平林。陈仓人告穆公。穆公发徒大猎，果得其雌。又化为石。置之汧、渭之间。至文公时，为立祠陈宝。其雄飞至南阳，今南阳雉县是也”。依《搜神记》所言，则秦文公与秦穆公时均有雌雉之祥。但矛盾是把秦文公安排在秦穆公之后就完全错了——据《秦本纪》，秦文公是穆公六世祖。尽管这些传说有错讹，但秦人雉鸡崇拜的现象是可以肯定的了，而且可能从秦文公时代一直延续到秦二世时期。秦德公时立时令“伏祠”。《史记·封禅书》谓秦德公时“作伏祠。磔狗邑四门，以御蛊灾”。《秦本纪》则明确地说秦人“初伏，以狗蛊”是在秦德公二年。依《秦本纪》与《封禅书》索隐、正义及集解所引服虔、《汉旧仪》和《历忌释》所言，秦人所立伏祠大概是木、火、金、水四行相代说下的产物。古代以木、火、金、水四行与四时季节相配合，火与夏相配，金与秋相配。夏秋之交，金代火之际，金易被火所克、所化，便用巫术——“以狗御蛊”，来防止这一现象。可见秦人“伏祠”的出现与阴阳家的时令崇拜有关。应该指出的是，这与战国邹衍五德始终说是不同的。一年季节有四，相配的也只有木、火、金、水四行，其中缺“土”，与《礼记·月令》中把“土”置于夏六月的情况不同。《秦本纪》中所记秦德公时作“伏祠”应是早期的形态。

秦文公时的大梓树崇拜。《史记·秦本纪》谓，秦文公二十七年，“伐南山大梓，丰大特”。依集解与正义所说，这是秦文公时大梓树显灵，于是秦文公把大梓树纳入鬼神祭祀系统。秦人水神崇拜。秦《诅楚文》于宋代出土，但原物已失。传世有三种刻辞，文字基本相同，只是所祭之神不同。一是大神巫咸，一是大沈厥湫，一是大神亚驼。这三种神除巫咸之外，大沈厥湫、大神亚驼均是水神。只是亚驼的真伪有不同之说，所以在此姑且不论。从《大沈厥湫诅楚文》来看，其时代有楚顷襄王或楚怀王，亦即秦惠文王或秦昭襄王等说法，但均在战国晚期。郭沫若先生曾指出："大沈犹言大浸。《封禅书》所序'秦祠官所常奉天地名山大川鬼神'中有湫渊祠朝那。《集解》引苏林曰：'湫渊在安定朝那县，方四十里，停不流，冬夏不增减，不生草木。'又《正义》引《括地志》云：'朝那湫祠在原州平高县东南二十里。'案今在甘肃平凉县境。《告厥湫文》出朝那湫旁，地望正合。"依此可见《告厥湫文》时代虽在战国晚期，但所祀的"朝那湫祠"在今甘肃平凉县境内，这正是秦人早期所居住的之地，因此战国晚期秦人崇祀大沈厥湫应是早期居住之地神灵的继承。

在西周春秋时期，有关秦人的史料较少，但从以上也足以看出秦人喜好自然神崇拜之习。而从出土的湖北云梦睡虎地秦简以及秦始皇建立秦朝以来的有关史料则更可见秦人自然神崇拜之习。

从云梦秦简《日书》中可见秦人与周人相反，对祖先神并不重视，却盛行自然神崇拜。一是鬼怪神灵。《日书》中鬼神以自然界的各种鬼怪神灵最多，就《日书·诘》篇中就有"暴鬼"、"刺鬼"、"凶鬼"、"阳鬼"、"饿鬼"、"上帝子下游"之鬼、"神狗伪为鬼"而"执丈夫，戏女子"之鬼、"丘鬼"、"哀鬼"、"孕鬼"、"棘鬼""幼殇不葬之鬼"等等二十多种。二是室户五祀神。《日书》乙种简中有"祠室中日"、"祠户日"、"祠行日"、"祠囗〔灶〕日"等。可见秦代有室、户、门、行、灶等与人们日常生活有关的五祀。三是上帝天神系统。《日书》中有"帝"、"上皇"、"天"等天神中的主神。

另外还有大量的星辰风雨等神，如《日书》中有“帝”、“上皇”、“天”等天神中的主神。另外还有大量的星辰风雨等神，如《日书》甲种《玄戈》与《星》两篇中有心、危、营室、毕、此〔觜〕张、翼、斗、娄、虚、房、胃、柳、七星、须女、牵牛、亢、奎、东井、舆鬼、氐、参、尾、箕、东壁、昴、轸、玄戈、招摇等星宿神灵。另外在《日书·诘》篇中有天火、雷、云气、票〔飘〕风、恙气等自然界中的天神系统的神灵。除此之外还有土地山川、动植物鬼神。所有这些都属于自然神崇拜的神灵，显而易见，这与周人神权崇拜的特点是截然不同的。

周人上帝崇拜原型是帝喾。《国语·周语上》与《礼记·祭法》中均说“周人，禘喾；祭祀之日用辛日”，这是因与商通婚而引起的共祖现象。周代天神崇拜的天就是山岳崇拜，他们以为天神就居住在山岳之上，故称之为“天室”山。周代天神是周族的部族神，认为他们的祖先神死后都到天上，实即天室山上。周人称嵩山（崇山）为“天室”，“崇山”就是指死去的祖先神所聚集的宗堂、宗室。所以，天室山岳崇拜的性质实际上就是祖先神崇拜。

秦人的上帝崇拜实际上与祖先神关系不大，多为泛神泛示。秦民族在立国之前，过着游牧的生活，信奉原始的多神教，立国岐周故地后又继承了周人敬事鬼神的传统。据《史记·秦本记》，秦襄公时，即立西畤，祠白帝。此后，立祠祭祀的神怪有蛇神、牛神、雉神、青龙神、黄帝、炎帝等等。而《封禅书》所记秦统一后建立的诸神体系就更为复杂，有祭于山东的八主，祭于雍的日、月、参、辰等百余神，全国的名山大川诸神，还有社神、最小鬼之神等基层小神，如满天星辰般占据了秦人信仰的天堂，而且都怠慢不得，必须“岁时奉祠”。祭祀都要用不同等级、数量的牺牲和玉器，所谓“牲牛犊牢具圭币各异”。从秦人祭祀的六畤及其所有神灵来看，大多与秦人祖先神无关。

此外，秦人“尚大唯多”，在祭祀中用牲的数量大大超过周礼的规定，越礼、越制。在周礼之中，从天子到士大夫的祭祀用牲之数都是有明确规定的。《周礼·秋官·掌客》说周王“合诸侯而飨礼，则具十有二牢”；《大行人》说：“上公之礼九牢，诸侯诸伯之礼七牢，诸子诸男之礼五牢”。《左传·哀公七年》记述当时为诸侯霸主的吴王派人到鲁国“征百牢”，鲁国最初拒绝了，其理由是“周之王也，制礼上物，不过十二，以为天之大数也。今弃周礼，而曰必百牢，亦惟执事”。这说明周初在“制礼”之时规定祭祀用大牲最多是十二，是“天之大数”；超过此数，便是“弃周礼”。观射父曾告诉楚昭王周代的祭祀用牲的一般情况是：“天子举以大牢，祀以会；诸侯举以特牛，祀以大牢；卿举以少牢，祀以特牛；大夫举以特牲，祀以少牢；士食鱼炙，祀以特牲；庶人食菜，祀以鱼。”（《国语·楚语下》）依上可知周代牲品的排列次序是：鱼→特牲→少牢→特牛→大牢→会。可见，观射父所说的“会”不会超过祭祀时的“天之大数”：十二。周礼祭品甚薄甚少：“郊，禘不过茧栗，尝不过把握。”（《国语·楚语下》）这是因为周人的祭祀原则是“夫神以精明临民者也，故求备物，不求丰大……”（《楚语下》）。韦昭注“备物”是“体具而精洁者”，这就是说祭祀的牲品要求形体完整无损且为洁净的精品。从《春秋》郊祭上帝之礼来看，若牲品受损，则宁愿取消郊祀上帝的机会，也不愿把次品送上祀神的灵台之前。周礼祭祀所用牲品“不求丰大”，只求体全而精洁，因此对祭祀用大牲的数量有十分严格的规定，用牲之数量多不超过十二。但是，秦人就不是这样，对于祭品，不求精细，而求丰多。《史记·秦本纪》记载，秦德公元年“初居雍城，大郑宫。以牺三百牢祠，鄜”，一次祭祀，就要用牲三百头，可见秦人对于鬼神祭祀的重视。

正是基于这些文化习俗传统，秦始皇在楼观设立清庙，祭祀老子也就不足为怪了。

秦皇尊奉方仙道
——秦始皇为什么会信奉神仙

秦人神权崇拜的主体是自然鬼神，秦始皇受文化习俗浸淫，所以对自然鬼神一类就不免会产生浓厚兴趣，尤其是统一天下之后，秦始皇的注意力由对对外征战胜负的关注，转向了对江山永固，个体长生的关注。此外，这一时期也正是阴阳学和五行学说最为流行的时期，秦始皇为了巩固皇权的需要，把五行说作为他“受命”的理论根据。很自然地，他对于阴阳学、五行说，以及神仙说之类就很感兴趣，并且愈信愈笃，愈陷愈深，最后成为妄想永驻长生的痴迷者。

顾颉刚在《秦汉的方士与儒生》一书中分析说，阴阳五行学说的出现，是古人用演绎法对宇宙间的事物进行分类的结果。即古人先定出一种公式而支配一切的个别的事物，其结果就是以阴阳之说统辖天地、昼夜、男女等等自然的现象，以及尊卑、动静、刚柔等抽象观念；五行之说，以木、火、土、金、水五种物质与其作用统辖时令、方向、神灵、音律、服色、食物、臭味、道德，以至于帝王的系统和国家的制度等等。古人的这种世界本源观念，比较充分地反映在《周易》和《洪范》中，其中的五行说影响中国社会政治最为深远，成为中国历代帝王“奉天承运”的理论基石。

按照五行学说，做天子的人，一定是受了上天上帝的“命”的，是天之子，受上天之命而来到人间管理四方的，掌握着礼乐征伐的大权。到了战国之时，群雄崛起，周天子“德衰”，无力驾驭天下诸侯，礼乐征伐自诸侯出，况且，战国七雄势均力敌，谁都想当天下共主，所以争王争霸，图谋代周天子而立。但是战国七雄中谁最终能做天子，还暂时无法确定，于是五行说就应运而兴，似乎是谁应了五行中的某一命，谁就是新天子。有一个叫做邹衍的齐国人，对此很是精通，他作了一篇名为《主运》的文章，其中写道，做天子的人一定要得到五行中的一德，有了德，上天就会用一种“符”表示出来，而且，某一个德衰了，另一个德就会起来取代它，历史上的改朝换代，就是如此周而复始的，这叫做“五德终始说”。邹衍的“五德始终说”在《吕氏春秋》中的《应同》篇中保留得最为完整。其说云：

凡帝王之将兴也，天必先见祥乎下民。黄帝之时，天先见大演大蝼。黄帝曰：“土气胜。”土气胜，故尚黄，其事则土。及禹之时，天先见草木，秋冬不杀。禹曰：“木气胜。”木气胜，故其色尚青，其事则木。及汤之时，天先见金，刃生于水。汤曰：“金气胜。”金气胜，故其色尚白，其事则金。及文王之时，赤乌衔丹书，集于周社。文王曰：“火气胜。”火气胜，故其色尚赤，其事则火。代火者必将水，天且见水气胜。故其色尚黑，其事则水。水气至而不知，数备，将徒于土。

从上面的引文来看，人类社会历史就是在五行相克相生的模式中循环运转的，是上天早已安排好的。其实，这是邹衍的创造，他把上代帝王安排在他想象设定的次序里，形成了一个看起来很规律很规范的历史。在今人看来，这显然是不符合历史唯物主义的，是荒诞的，但在战国时期乃至秦汉以后，由于阴阳五行学说为最高统治者提供了“受命于天”的理念依据，让民众服膺天命，有利于统治者统御万民，所以大受统治者的赏识。最初接受邹衍“五德终始说”的是秦始皇。秦国是后起的异姓诸侯国，受封于周，最初国小兵弱，为山东诸侯国看不起，秦始皇统一天下之后，为了彰示自已“顺天承运”的神圣性，就“推终始五德之传”。秦始皇及其御用文人认为周朝是火德，而秦是灭二周并诸侯而得天下的，按阴阳家“相克相生”的模式，克火者应为水，所以就认定秦王朝应该为水德。但是，按照五行说，如果做天子的人有德，就应该有“符”出现，而秦始皇此时又没有相应的“符”出现，很是难堪。这时，就有善于逢迎的人为其寻找现实依据，说秦应水德的符应在五百年前就出现了，具体事实是，早在五百年前，秦文公出猎时就获得过一条黑龙，可见秦应的是水德。秦始皇一听，自然十分高兴，就让人按照邹衍的“五德终始说”编排秦的法令制度。又因为在后天八卦中，坎卦居在正北方，五行颜色为“玄”，也就是黑，所以秦始皇就按照“五德终始说”，在水德开始之年，更改每年的起始月，群臣朝见拜贺都要在十月初一这一天开始；衣服、符节和旗帜都崇尚黑色；以数字“六”为终极，符节和御史所戴的法冠都规定为六寸；车舆的宽度为六尺，六尺为一步，每辆车拉车的马定为六匹。不仅如此，据《史记·秦始皇本纪》记载，秦始皇二十六年（前221）还下令“更名民曰‘黔首’”。黔，黑色。由此，按照秦王朝的更物定名制度，秦人的器用服饰的颜色都以黑为正色。如果留意一下张艺谋执导的电影《英雄》里的秦王政及秦军将士的衣着颜色，秦国宫殿的屋顶及秦军的旗帜等，我们就会强烈地感受到这一特点。

应该特别指出的是，秦始皇接受邹衍的“五德始终说”，除了有意彰示自己“应天承运”的神圣性的政治目的之外，另一个重要的文化因素就是向天下的臣民们传递出秦王朝政治制度的正统性，同时，它也表明了秦始皇对于阴阳五行等中原文化的文化认同。正是在这种文化背景和文化心态的支配下，秦始皇才有了封禅泰山的举措，才有了与神仙方士们的接触，才有了一系列的求仙之举。

根据司马迁《史记·封禅书》的记载，古代的王者都非常崇信神权，他们称自己封国内的大山大川为“望”，每年都会去祭拜，以求得神灵的保佑。春秋战国时期，齐鲁境内的泰山被视为天下最高的山，在尊古崇古的儒生们的想象中，上古时期的帝王们都曾经在泰山上祭祀过天上的最高神——天帝，他们给这个祭祀起了一名字，叫做封禅，封指的是在泰山的祭天之礼，禅是在泰山下的小山上举行的祭礼。为了让人们相信封禅是帝王们必须进行的祭祀之礼，他们还捏造出一条证据，说是自古以来，有七十二代之君，他们取得天下之后，都曾经到泰山举行过封禅之礼。而且，这个封禅之礼，也不是谁想封禅就能封禅的，一是要够得上天子级别，二是要有德，即要有“符”应。没有这两条，那是封不成的。《史记·封禅书》中就记载了齐桓公被迫取消封禅之礼的事情。为什么呢？因为齐国的宰相管仲极力反对此举，管仲认为，从前封泰山禅梁父的七十二代帝王都是受命之后才行封禅之礼的，而且，他们那时都是有嘉谷生、凤凰来、东海得到比目鱼、西海得到比翼鸟等十五种不召自来的祥瑞，然后才行封禅之礼的，如今齐国并没有出现这种祥瑞，说明齐桓公还没有与之称得上的“德”，齐桓公也比较谦虚，认为自己达不到这两个条件，于是就打消了封禅泰山的念头。正因为封禅里包含着如此神圣的内涵，所以秦始皇一统天下之后，便急急忙忙筹备着去封禅。有人认为秦始皇好大喜功，喜欢炫耀，我认为除此之外，秦始皇也有向天下臣民，特别是刚刚被征服的六国臣民宣示，自己是“受命于天”，有大功德于民的天之子，秦王朝的建立是天命使然。

公元前219年，也就是做了皇帝的第三年，秦始皇开始了他的第二次大巡行。这次巡行的目的除了巡视郡县，检查山东六国旧地落实郡县制政权建设的情况外，最重要的就是祭天告成，歌功颂德，树立皇帝权威。这次巡行队伍声势浩大，随行的重要官员很多，车驾浩浩荡荡由咸阳出发，沿渭水南岸的所谓“华阴平舒道”，出函谷关，经雒阳县直至荥阳。然后由荥阳附近北行，直达邹峄山（山东邹县南）。到峄山后立石，秦丞相李斯等人大肆歌功颂德，称颂秦始皇统一六国，使得“兵不复起”，“黔首康定”，天下大治。公正地说，这篇刻辞对于秦始皇的称颂，还是比较符合实际的。

峄山刻石之后，秦始皇一行准备登上泰山，行“封禅”大礼。但是，到了泰山脚下，随行的70多个儒生却没有一个人能准确地说出这个盛典的举行办法。有的博士竟然建议秦始皇用蒲草将车轮子包起来，以免损伤山上的一草一木，然后扫地而祭，这种舍根逐末，不着边际的建议使得原本对儒生抱有很大希望的秦始皇大为生气，一气之下，秦始皇将随从的儒生博士完全斥退，根据秦国的礼仪，自己跑到泰山顶上行封礼，又到梁父山（新泰县西）行禅礼。

封禅以后，秦始皇心中非常得意，就在梁父山刻石颂德。不过，据说秦始皇封禅结束，在下泰山中途遭遇到了大暴雨，一时无法躲避，惶急中避于路旁的一棵大松树下。那些因为迂腐而不得参加封禅的儒生们见到秦始皇一行如此狼狈，就暗暗地讥笑他，并且认为这是他不按祭礼行事，天神对他的惩罚。

封禅之后，秦始皇一行由泰山继续东行，经黄（山东黄县东南）、腄（山东福山县东南）、穷成山（山东成山角），登芝罘（山东芝罘半岛），又于芝罘立石“颂秦德”，然后至琅邪。在琅邪，秦始皇留连达三月之久，又迁“黔首三万户琅邪台下，复十二岁”。

正是在琅邪逗留期间，秦始皇与鼓吹神仙说的方士们搭上了关系，在方士们的怂恿下，走上了求神拜仙、追求长生的迷途，也把大秦帝国送上了不归路。为什么这样讲呢？因为秦始皇在方士们的撺掇下，做了几件十分荒唐的事情，导致了后来一系列恶性事件的发生。

那么，秦始皇为什么会相信方士们的鬼话呢？

据《史记·秦始皇本纪》和《史记·封禅书》记载，秦始皇最初受到的是燕齐两地的方士的影响。这些方士们向秦始皇鼓吹说，渤海外有蓬莱、方丈、瀛州三座神山，山上有黄金和白银砌成的宫殿和纯白色的禽兽，羡门、高誓、安期生等众多神仙就居住在那里。他们服用长生不老之药，所以永远年轻，逍遥自在。普通人是很难见到仙人的，但方士可以通过神奇的方术见到神仙，并且可以从神仙那里求得长生不老之药。方士们还自我吹嘘说，他们收藏着一些秘方，用这些秘方可以炼成仙丹，普通人吃了仙丹，就可以成为仙人，长生不死。按说，方士们说的这些话，秦始皇是不会相信的，因为谁也没有见过长生不死的仙人，世上也根本没有长生不死的人。仙人，是由灵魂不灭观念引发，逐渐具体化而产生出来的想象中的人物，现实生活中根本就不会存在。但是，成仙之后可以长生不死，永享人间快乐的诱惑实在是太大了，尤其是对那些饱尝人间荣华富贵之乐的王侯们来说，能够求得仙药，长生不死，该是多么美好的事情啊！所以，秦始皇很快就拜倒在神仙学说之下，按照方士们的谎言行事，做出了许多令人不可思议的事情。

一是在第二次巡行留驻琅邪时，轻信了齐人徐福关于“海中有三山，名曰蓬莱、方丈、瀛州，仙之居之”的鬼话，派遣徐福率领童男童女入海寻找仙人，求取不死之药。为了等徐福寻仙的消息，秦始皇在琅邪竟然消磨了三个多月的时光，这才不无失望地返回咸阳。在返回咸阳的路上，南下至长江中游的衡山和南郡时，从南郡到湘山祠（湖南岳阳县西）这一段路，是利用长江的水道浮江而行。在湘山附近遭遇大风，影响秦始皇一行渡江，于是秦始皇大怒，听说湘山上的神是尧的女儿、舜的妻子，就下令组织刑徒犯人三千多人去把山上的树统统砍光，即便这样，秦始皇还嫌不解气，又令人放火烧了湘山祠。秦始皇与“神”搏斗的愚蠢行为，足以表现其志得意满、不可一世、骄横跋扈的狂妄心理。 对着秃山发够雷霆之后，秦始皇就同他率领的一行人，取道汉水流域，经南阳郡至武关而回咸阳了。

二是第三次巡行时，在阳武的博浪沙（河南中牟县北）时，遭到了张良与力士的狙击，差一点送了性命。但是，为了求仙，秦始皇依然前行，再次抵达芝罘和琅邪。到达海滨后，秦始皇再次登上芝罘，一方面刻石记功，一方面寻访仙人。不过，寻仙的结果和上次一样，劳心费神，无功而返。返回咸阳的第三年，秦始皇听说有一个名为茅濛的人，在华山求仙得道，乘云驾龙，白日升天。心里很是羡慕，越发坚定了求仙的想法。当时，流传的歌谣里有这么几句话："神仙得者茅初成，驾龙上升入秦清，时下玄州戏赤城，继世而往在我盈，帝若学之腊嘉平。"秦始皇听了，为了表示自己的虔诚和热切向往，就毫不犹豫地下令将腊月改为"嘉平"，并且赐给百姓每里六石米，两只羊。由此可见，秦始皇已经被方士们忽悠得晕头转向了。

三是第四次巡行，东临碣石，寻访仙人，求取不死之药。在此期间，秦始皇听信了燕人卢生的鬼话，给他重金、随从，让他去寻找名叫羡门、高誓的两位仙人。稍后，又派遣韩终、侯公、石生等人寻求不死之药。很自然，这次求仙又是无功而返。根据后面因术士寻求不死之药而生出的诸多恶性事件来看，秦始皇这几次的求仙之举，给大秦帝国的覆亡埋下了一引即爆的种子。也可以这么说，正是秦始皇非常倚重的江湖术士，诱发了秦始皇的种种恶行。比如上面提到的那位江湖术士卢生，就是一个怪迂苟合之徒。秦始皇回到咸阳不久，卢生也返回咸阳。这位无德无行的江湖骗子，为了应付秦始皇，就编造了一套鬼话糊弄他，说是他费了很大劲，四处求访神仙，仙人不愿意随他来见秦始皇，于是交给了他一部记叙着各种预言的"图书"。这部书中有一条谶语，说是"亡秦者胡也"。这时候的秦始皇满脑子神仙鬼怪，智商极低，竟然被这句鬼话所打动，认为将来推翻他的统治的是北边的胡人，所以，不顾李斯等人的反对和苦谏，命令蒙恬率军三十万北上，攻击匈奴。而且迫不及待地修筑长城，大肆征发徭役，四处移民，弄得天下人积怨成仇。

此外，这个卢生又忽悠秦始皇说，他之所以求仙不成，是因为有恶鬼作祟，作为皇帝，要"微行"以避恶鬼，我们之所以多次寻不到仙人，是因为有些鬼物在作怪，要除掉恶鬼，作为皇帝的您一定要深居简出，不能让鬼看见您，鬼物一类近不了您的身，真人就会来了。您居住的地方和行踪，一定不要让您的臣下们知道，如果臣下们知道了您的行踪，那么神仙就不会来。您远离臣民，四周清静，那么真人就会到您的跟前来了。真人是什么样的呢？所谓真人，进入水中却不能沉弱，进入火中不能烧毁，吸风饮露，寿命和天地一样长久。您如果不事政务，恬淡人生，所居所行都不让别人知道，那么您就可以得到长生不老之药了。秦始皇这时已经失去理智，痴迷方士于方士的谎言，说："我真的很向往真人，现在我就称真人，不称朕了！"他不但这么说，而且立即行动起来，下令把咸阳之旁二百里内的二百七十多座宫观用复道甬道连接起来，用帷帐遮蔽起来，里面布置好钟鼓笙箫一类乐器，让美人们随时侍候，把政务交给有关官吏去办，自己一心一意做"真人"。为了保密，不让别人知道自己的行踪，还制定了很严酷的法令，随便透露他行踪的人，一律处死。但是，日子一天天过去，真人却不见降临。这时的卢生自知求仙无果，难逃严惩，便大放厥词，逃离京城，把自己引起的灾祸，转嫁到无辜的儒生们身上。就修筑长城和坑儒两件祸国殃民的大事件而言，都与卢生这个始作俑者干系甚大。比如，卢生和侯生私下讥讽秦始皇，说秦始皇"上不闻过而日骄，下慑伏谩欺以取容"，说完，自己就悄悄地逃跑了。秦始皇知道后，非常生气："我给了卢生他们那么多的赏赐，他还这样诽谤我。诸生在咸阳的，都要审问，问有没有同党。"审问下来，有463个读书人伏罪，秦始皇把他们都坑杀了。从此，这件事就成了秦始皇残暴统治的罪证，受读书人千古辱骂。

说起秦始皇的第五次东巡，有时真让人不知如何下笔。据张分田先生《秦始皇传》解读，秦始皇之所以要第五次出巡，是基于以下四个缘由。一是公元前211年，出现了"荧惑守心"天象，荧惑，即火星，火星在古人的宇宙观念中属于"罚星"，主忧患过恶死丧；心，即是心宿，是天王的布政之所，相当于人间帝王的朝堂。"荧惑守心"，就意味着秦始皇将要有"天子失位"级别的灾祸，这当然让秦始皇胆颤心惊，寝食难安。二是陨石落地，“有坠星下东郡，至地为石”（《史记·秦始皇本纪》），这在占星者看来，也是兵祸天灾即起的征兆。更让秦始皇惶惶不安的是，有人在这块陨石上发现了“始皇帝死而地分”这样的话。三是负责观星占卜的官吏发现“东南有天子气”，这就意味着东南方向将有王者出，取秦始皇而代之。这当然令秦始皇郁闷不已。第四件事更让秦始皇坐不安席，夜不能寐。原来，有一位从关东返回京城的使者夜过华阴平舒道时，有个神秘的人送给他一块玉璧，又说“今年祖龙死”。使者把玉璧送给秦始皇，并转述了“今年祖龙死”这句话。据说，秦始皇听完使者的汇报，默然良久。

这一连串的凶兆，让秦始皇恐惧不已。对此种种，迷信神仙的秦始皇立刻“卜之，卦得游徙吉”（《史记·秦始皇本纪》）。于是，公元前210年，秦始皇开始了他人生的最后一次巡行。

这次巡游，随行的人员除了左丞相李斯、近侍赵高等人之外，还有深得秦始皇宠爱的小儿子胡亥。这年十月，秦始皇一行从咸阳出发，沿丹水、汉水流域至云梦，再沿长江东下，经丹阳，通过运河至钱塘江，临浙江。然后由狭中渡水，上会稽山。在会稽山上，秦始皇举行祭祀大禹的庆典，并且照例刻石留念。

离开会稽后，秦始皇一行又从江乘渡江，到达琅邪。秦始皇多次至琅邪，求仙问药，这次也不例外。到琅邪之后，他照例把那些方士召来，询问求仙的进展。那些蒙骗秦始皇多年求药不得的方士们，诸如徐福者流，担心遭到查处，于是就又编造谎言欺骗秦始皇说：“蓬莱山上神药是有的，只因海中有大鱼阻挡通路，请派人先把这些大鱼除掉。”秦始皇求药心切，又加上自己也做过与凶恶的大海神交战的恶梦，所以竟然愚蠢地又一次上当，对这些鬼话深信不疑，派人入海射鱼。自己也不顾病体，颠簸海上，拿起连弩等候大鱼“出射之”。结果，从琅邪北至荣成山，也没见到一条大鱼。一直等到芝罘，这才好不容易地射杀了一条巨鱼。秦始皇射杀大鱼之后，舍舟登陆，沿海岸西行，取道临淄，踏上归途。

然而，连续八九个月的车马劳顿，数千里路程的奔波，使得这位幻想长生的皇帝心力交瘁，车驾行至平原津（山东平原县南）时，秦始皇就一病不起。秦始皇一贯怕死，更忌讳说到死，所以，在他初病之时，群臣“莫敢言死事”。但事实无情，秦始皇的病愈拖愈重，他自己也感到死亡就在眼前。于是，在赵国的沙丘（赵国的一所离宫），秦始皇命令中车府令赵高赐公子扶苏书信，令其速来咸阳参与葬礼。然而，这封书信尚未送走，七月丙寅，这位功亦千秋、罪亦千秋的大秦帝国的第一位皇帝，只活了五十岁，就结束了他的一生。伴随着他而去的，还有与他同生共死的大秦帝国……

术士挖坑儒士跳

——秦始皇为什么要坑杀术士

在关于秦始皇的历史评价中，最为后人所诟病的是“焚书坑儒”事件。也正是因为这个“焚书坑儒”事件，秦始皇被后人称之为暴君，秦政治被称之为暴政。然而，关于这个事件的起因，却很少有人细究，即便如史目如炬的顾颉刚，也认为“坑儒”的原因是秦始皇个人的“发脾气”，好像秦始皇真是一个性情乖戾、反复无常的怪物。

不过，仔细琢磨有关秦始皇求仙的史料，我们就会发现，坑儒之事似可商榷。一是“坑儒”之事，是方士闯下的祸。秦始皇所坑杀的，不仅是儒生，更多的是方术之士，而且主要是方术之士。其二，和焚书相比，方士们为秦始皇挖的这个“坑”实在是太深了！因为，从表面看，似乎是秦始皇在“坑”儒，但实际上，方士们不但自己给自己挖了个“坑”，坑了自己，而且还“坑”了天下的读书人，“坑”了秦始皇！

不但那些被坑的儒生们冤，就连秦始皇都有点冤。

为什么这么说呢？大史学家顾颉刚先生说：“当时儒生和方士本是同等待遇，这件事又是方士闯下的祸，连累了儒生；后人往往把这件事与‘焚书’作一例看，实在错误。“焚书”是初统一时的政治使命，“坑儒”则不过是始皇个人的发脾气而已。”那以，秦始皇为什么要发脾气？而且非要坑儒才解气？

“坑儒”这事件，发生在焚书后的第二年（前212年），但是要说起事件远因近由来，那可不是一句两话能说完的。我们还是先从秦始皇统一中国后对儒生的态度说起吧！事实上，前面说过，秦王朝虽然不是特别尊崇儒学，但是也并没有非法家者去，是儒家者不用，反而一直征用、礼遇儒者，对儒生与经学也一度非常重视，而且还设立了博士之官。秦始皇曾经征聘七十余名学者担任博士，又召集两千人为“诸生”，他还以“悉召”、“甚众”自诩，把读书人养起来，以备不时之用。如前所述，秦始皇无论是议立帝位，还是咨神问梦，都与儒生们商议。巡游的时候，都把儒生和方士们带在身边，特别是其晚年，更是把方士们的话当成金科玉律，应该说，方士们在某个阶段，某些事上的话语权，要比王公贵族，功勋大臣们强势得多。即便是所谓的“焚书坑儒”事件发生之后，仍然有儒家学派的学者被征召为博士，比如精通《尚书》的伏生，被称之为汉家儒宗的叔孙通等，都被秦以“文学征、待诏博士”。秦二世时，叔孙通仍被“拜为博士”，他甚至还拥有“儒生子弟百余人”。可是，这些受宠无比的儒生和方士们到底有何德何能，他们又是怎样回报秦始皇的呢？让我们按照事件的时间顺序，展现如下：

秦始皇二十八年（前219），也就是秦始皇称帝的第三年，秦始皇到达齐鲁之地，瞻仰孔子的故居，加封孔子后裔，“征从齐鲁之儒生博士七十人，至乎泰山下”，共同商议封禅之礼。这些来自“礼仪之邦”的

"饱学之士"们给秦始皇出的什么主意呢？他们引经据典、高谈阔论，固执己见，莫衷一是，而又争执不休。甚至有的人还提出迂腐不堪、繁琐难行的意见，比如登山祭天的车轮要用蒲草包裹，以免损伤泰山的一草一木！秦始皇本来对这些儒生寄予了很高的期望，但听着这些迂腐不堪的议论，失望至极，于是干脆把这些腐儒们扔到一边，按照自己的意愿确定和进行了典礼仪式。

继封禅之后，盛行于海岱地区的方仙道、神仙学一类的奇异见闻传说，经过方士的鼓吹进入了秦始皇的耳中，而且他也很快的沉迷其中。秦始皇在渤海之滨被齐人徐福等江湖术士包围，他们上书给秦始皇说，东海之中有三座仙山，一座叫做蓬莱，一座叫做方丈，一座叫做瀛洲，上有仙人，食不死之药，生活得极为快乐。秦始皇信以为真，接受徐福的建议，派他率领童男女数千人，入海求仙人。

秦始皇二十九年，秦始皇再次到达东海，追问徐福派人求仙之事。徐福等人编造谎言说，他们在海上遇见了大风，但还是的的确确看见了仙山。既然如此，秦始皇也不好怪罪，只得令他们继续寻找。

秦始皇三十一年，术士茅盈声称他的曾祖父茅濛在华山修仙得道，乘云驾龙，白日升天。秦始皇听说之后，派人打听真实情况，茅盈等术士趁机劝秦始皇求长生不老之术。秦始皇为了表达对仙道的虔诚，不但赐黔首里六石米、两只羊，而且还下令把每年十二月里举行的腊祭改为"嘉平"。

秦始皇三十二年，秦始皇第三次东巡，但是徐福他们仍然是两手空空，为了保全性命，也为了骗取更多的财物，徐福编造了一个弥天大谎，说是自己在海中遇见了海中的大神，跟着大神到达了仙山，但是大神怪罪秦始皇的礼物太轻，所以只能远远地观看，而不能取得仙药，要求得仙药，就得送更多的礼物来。秦始皇不辩真假，竟然相信了徐福的谎言，拨给他大量的人力和物力，让他继续寻找不死之药。同年，秦始皇东临碣石，术士卢生仿效徐福等人，骗取秦始皇信任，秦始皇令卢生负责寻找仙人羡门、高誓，又让卢生的同党韩终、侯公、石生等人寻找不死之药。

世间哪里有不死之药？卢生等人自然找不到。为了搪塞秦始皇，就献上了据说是寻仙过程中得到图书，其中有“亡秦者胡也”的讖语。这时候的秦始皇满脑子神仙鬼怪，智商极低，竟然被这句鬼话所打动，更加坚定了北御匈奴的决心，派三十万人北上击胡，迫不及待地修筑长城，大肆征发徭役，四处移民，弄得天下人积怨成仇。卢生为了个人富贵，不惜编造谎言扰乱朝政，此类术士之恶行昭然若揭。

公元前三十五年，也就是“坑儒”这年，卢生又向秦始皇献上了一个所谓的寻找仙药的秘方，即劝秦始皇“微行”以避恶鬼。恶鬼避，则真人至，让秦始皇深藏宫中，不露真相，不见群臣，要以“真人”自居。秦始皇求药心切，果然中招，弄得自己性格孤僻，行为乖舛，自称“真人”，隐形匿迹，不勤政事，没有人知道秦始皇的行踪。秦始皇自我封闭于深宫之中，断绝了许多了解国家局势的渠道，不能及时排解社会矛盾，埋下了帝国崩溃的隐患。

然而，方士卢生和侯生也知道秦始皇不是好糊弄的，如果让秦始皇揭穿谎言，那他们肯定是活不成的。所以他们两人相与谋划，准备逃亡。在把秦始皇狠狠地“控诉”一番之后，两人便悄悄地溜走了，把祸殃留给了那些与这些事并无半点瓜葛的儒生。我们知道，秦始皇对这些方士和儒生们是很大方的，言听计从，要什么给什么，从不吝惜官位和财物。但是，这批方寸士们却如此“坑”他，秦始皇知道以后，其怒可想而知。再加上这时东海那边，也传来了徐福带着大批童男童女和财物一去不返的消息，这就更使他恼怒万分。秦始皇说：“我召集这批儒生、方士，是想用他们来使国家太平，给我求长生之术。但是徐福给我求不死药，费了很多钱也没有得到。我待卢生这伙人也不错，他们还在底下说我的坏话。我派人考察儒生方士，发现他们妖言惑众，扰乱人心。”于是，他就派御史去追查、审问这些儒生和方士，在追查审讯过程中，在咸阳的各种方士奇技者和部分与卢生侯生等人有牵连的言论文学之士，也被牵连进了这起特大的“仙药诈骗案”。按照秦法，将所查出的“犯禁”者共460多人，全部坑之于咸阳。

现在，我们回过头来再看这起“坑”儒事件，我觉得，首先要特别注意这件事的前因后果，从法、情、理三个方面来综合评说。从秦国以至秦王朝时期，秦始皇最初，或者说一直并没有灭儒的初衷，如前所述，秦始皇之所以后来大开杀戒，都是徐福、卢生一伙术士惹得祸。无论是按照中国古代的法律规定和道德规范，还是儒家提倡的伦理、法理，这伙术士们的所言所行及其对秦始皇思想行为的恶劣影响，都在十恶不赦的严惩之列。今人张分田先生在《秦始皇传》里，认为秦始皇依律定罪，惩罚这些术士的行为“合理合法”。所谓合理，是说依据当时的道德规范，侯生等人的犯罪事实清楚，且属于重罪。即使按照儒家的“君臣大义”来判断，侯生等人也属于“小人”、“奸佞”、“欺君罔上”、“大逆不道”。甚至按照汉儒“以经义决狱”的思路量刑，对他们也应该“杀无赦”。因此，秦始皇诛杀“欺君罔上”的术士，是清除不能“忠于所事”的奸佞之徒，这完全符合当时通行的道德准则。其次，再说合法。类似的法律和案件历朝历代都有。《唐律疏议·名例》篇为了论证对“亏损名教，毁裂冠冕”的十恶不赦之罪必须严惩，引据儒家经典写道：“案《公羊传》云：‘君亲无将，将而必诛。’谓将有逆心，而害于君父者，则必诛之。”只要心里有了戕害君父之心，就必须杀之。依据秦汉隋唐宋元明清等历代法典、律条，这一类行为都触犯了“杀无赦”的重罪，更何况秦法本来就比较严酷。早就有系统的惩处各种官员失职、不忠行为的律条，还有“告奸”、“连坐”之条，后来又增加了“有敢偶语《诗》《书》者弃市。以古非今者族。吏见知不举者与同罪”。因此，秦始皇“坑术士”有法可依，并不违背他所信奉的“法治”的原则。

那么，我们到底应该怎么看这个“坑术士”的事件呢？我认为，一是要弄清事件的来龙去脉，都是术士惹的祸；二是要明白儒生之所以被“坑”，完全是受到了术士劣行的影响，术士不冤儒士冤；三是这是一件专横暴虐的君主政治下的正常的统治行为，有其合理性。说其暴虐专横，这是毋庸赘言的，说其是正常的统治行为，是因为它是既有法可依，有理有据，而且是朝堂之上司空见惯的事情。四是这个事件的后果很严重，如果秦始皇不是用“坑”，而是公开处理诸如卢生、侯生一类首恶分子，那么对秦王朝的统治应该更有利，也不至于千百年后，留下洗不清的骂名。所以，笔者节录白居易诫求仙的《海漫漫》于下，以示读者诸君：

君看骊山顶上茂陵头，
毕竟秋风吹蔓草。
何况玄元圣祖五千言，
不言药，不言仙，
不言白日升青天。

陆

武帝尊儒不弃道

无为而治天下治
——孝文窦太后为何坚守黄老刑名学

追溯道教的产生，尤其是楼观道的历史渊源，不能不提到汉武帝。在道家转变为道教、古代原始氏族宗教转变为国家宗教的过程中，汉武帝是一位承前启后的人物。作为大汉帝国的皇帝，他对于道教的认同与尊奉，从正负两个方面刺激了道教的形成。就楼观道的形成而言，正是在汉武帝尊儒崇道统治思想的催生下，加速了其发展进程。在有关楼观台的历史记载中，传说继秦始皇之后，汉武帝也曾经在说经台北面为老子造了一座祠堂，供奉老子、崇圣敬道。当然了，这座祠的旧址早已湮没不存，也正如此，人们对于曾经以“罢黜百家，独尊儒术”而闻名天下的汉武帝，能专门建造供奉老子的祠庙表示不解。其实，结合汉初及汉武帝即位之时的政治经济形势以及文化背景，我们就不难理解汉武帝为什么会崇儒不弃道，也会理解英武神明的汉武帝为什么会在老年时期变成一个既虔诚又迷乱的道家“弟子”。

说起汉武帝尊儒崇道，我们就不得不讲汉武帝与他的老祖母孝文窦皇后之间的儒道之争。因为在有关汉武帝的评述中，对于汉武帝的祖母孝文窦皇后的述说，都是以因循守旧、保守偏执、专权蛮横的形象出现的。

孝文窦皇后是汉景帝的母亲，汉武帝的祖母。在史籍记载中，孝文窦皇后最为史学家们诟病的有三件事。一是她不但极“好黄帝、老子言”，而且，迫使汉文帝“及太子诸窦不得不读《黄帝》《道德经》，尊其术”；二是汉景帝之时，《诗》博士辕固生因为说了《道德经》这部书是“家人言耳”这样的话，不符合窦太后的心意，窦太后便逼他到兽圈里去和野猪搏斗，差点丢了性命；三是汉武帝即位初年，窦太后把提倡儒学治国的太尉窦婴、 丞相田蚡就地免职，迫令赵绾、 王臧等儒生自杀。

如果单从这几件事情来看，这个孝文窦太后很显然是个好黄老刑名之学，而又专权蛮横，生性残忍的女人。那么，作为一个皇后、母后、祖母、一个女人，窦太后究竟为什么如此钟情黄老刑名之学呢?

汉文帝窦皇后画像

如果结合西汉初期的社会经济状况、汉初的学术思想以及窦氏集团根本利益需要等诸多历史因素，深入考察孝文窦皇后所做所为的内在动机，我们就会解开她偏爱推崇黄老刑名之谜，对她的历史功过给予恰当公正的评价。

我们先看什么是黄老之学。顾颉刚在《秦汉的方士与儒生》一书中说，黄帝是阴阳家、道家、神仙家、医家、历家为保护自己的学说而创造出来的一个当时被认为最古而且最有力的人。儒家为了“争夺学术领导权”，造出孔子与老子的师生关系，把老子儒家化，把自己本学派里的货色尽量向黄帝身上装，把黄帝装得像老子。后来道家把老子尊为“太祖高皇帝”，黄帝为“肇祖原皇帝”，再加上《汉书·艺文志》又把不知是何人所作的《黄帝四经》《黄帝铭》等篇列入道家著作，而且在这两部书后的注中把黄帝与老子拉在一起，说《黄帝四经》《黄帝铭》“起六国时，与《道德经》相似也”。从此，黄老一名，就成了道家哲学思想的代名词。按照顾颉刚的观点，黄帝是一个虚拟的人物，黄帝的故事和黄帝之言，也是神仙家和道家虚构的，那么，所谓黄老之言，实际上也就是老子的一家之言。

那么，为什么汉初的统治者们特别青睐黄老之言呢?

首先，我们看经过四年多楚汉战争之后，由汉高祖刘邦所建立的西汉王朝所面临的是什么样的政治和经济局面。据《史记》《汉书》等史籍记载，经过八年战争的残酷破坏，战国时期的万户大邑到汉初时存留的人口不过二三千户，人口剧减而且经济已到崩溃边缘，就连贵为天子的汉高祖，自己的马车也配不齐四匹颜色一样的马匹。与此同时，雄霸一方称王的韩信、英布等人，企图割据一方，成为封建统一的障碍，刘邦为消灭异性割据势力而疲于奔命，征讨不息。老子的哲学思想，主张君主应当清静无为，不要瞎折腾；对于人民，让他们吃饱喝足，绝圣弃智，就不会生出野心。这和汉初统治者极切恢复封建统治秩序、发展封建经济、维持和巩固新生政权的政治愿望极其合拍，而且《道德经》的文字简短有韵，容易记忆，所以刘邦就把黄老“无为而治”哲学思想，作为封建统治的政治指导思想，实施“与民休息”的开明政策。与此同时，汉高祖刘邦一方面让萧何、张苍等人制定法令、历法及度量衡制式，让叔孙通制定礼仪；另一方面积极采取招募官僚、压抑商贾、和亲匈奴等措施，极力安抚社会各阶层，维护社会稳定。尤其是在对待农民问题上，刘邦制定税率为“十五税一”，减轻农民负担，恢复农业经济生产。汉高祖刘邦在位七年，他实行的与民休息的政治方针，给汉朝的兴盛奠定了坚实的政治基础。继汉高祖之后，实际操纵政权的吕后，任用黄老刑名大师盖公的弟子、建国功臣曹参为丞相。曹参更是坚定不移地执行与民休息的基本国策，他劝欲有所为的汉惠帝“垂裳而治”，以无为而有为，为西汉初年的政治稳定，经济繁荣作出了应有的贡献。在这种 “无为而治”的政治思想已成为朝野上下相对统一共识的政治氛围里，作为长期浸淫其间的帝王后妃，孝文窦皇后不可能不受其影响，也不能不看到黄老刑名之学对恢复西汉初期经济所产生的积极影响。因此，当她被立为皇后之后，为了政治上的安全和对汉文帝皇权巩固的考虑，她可能是有意识地遵从祖法，推崇黄老刑名之学，将其作为汉文帝的政治思想和窦氏家族的崇信对象。

汉文帝画像

其次，就汉初的学术发展状况来看，黄老刑名之学此时已高居于儒、墨、法、阴阳五行等诸说之上，它的尊崇地位是历史的必然选择。范文澜先生曾一针见血地指出，儒学在这一时期的落败，最根本的原因是儒学“思想上还拘泥于残余的领主制度，不能完全符合新的地主统治的需要”。此外“儒家还是各种学派中的一派，不能吸收各种学派，使统一到儒家学派中来”。从汉武帝即位初年，儒家学派赵绾、王臧等人“欲设明堂，令诸侯就国”等急近功利、是古而非今的行政举措来看，儒家在朝中的代表人物们显然没有看到儒学中与汉初统治者需要相违悖的地方，因而“不达时宜”，招来被黜迫杀的灾祸。而法家此时已因其在秦之时施行“严刑峻法”导致秦朝短命而亡，而为士人们所抛弃，阴阳五行家也因其虚渺诡异而声名狼藉，墨家已失传人。和汉初诸家学派相比，黄老刑名之学“清静无为”的哲学思想和“刑以战之”“德以守之”以刑德为核心的思想体系，更能适应汉初社会各阶级的政治需要。著名历史学家顾颉刚就曾经说过，西汉初年的统治者们把 “黄老之言”作为经国治世的政治指导思想，是 “很适合于当时的社会条件的”。从这个角度上说，黄老刑名之学在西汉初期高居庙堂之上，而作用于万里家国，是“正当其时”的历史厚爱和明智的选择。孝文窦皇后不逆历史潮流，顺应时势，身历文、景、武三代帝王而始终如一地将黄老刑名之学作为治国施政的指导思想，这说明她并不是一个权力欲极强而又不学无术、昏聩残暴的恶妇，而是一位有着清醒政治头脑，稳操政治航舵的女政治家。

再次，我们还应从孝文窦皇后的出身经历和窦氏政治集团的内部关系去考察她尊崇黄老刑名之说的原因。据《史记 · 外戚列传》载，孝文窦皇后最初以“良家子”入宫侍奉吕后，后因吕后遣散宫人而得以侍奉薄太后之子，时为代王的汉文帝刘恒。窦氏以子刘启立为太子而贵为皇后。窦皇后少时家贫，他的弟弟窦广国曾被坏人掠卖为佣。她的父母很早就去世了，直到她尊为皇后，才被薄太后诏封为武安侯和安成夫人。也正因她贵为皇后，窦氏家族中才有三人被封为侯。此外，由于汉文帝能够以代王（藩王）身份被立为帝，主要是趁了当时有资格立为皇帝的皇子废黜殆尽的空缺而侥幸继位大宝。继位时，汉文帝犹战战兢兢，几次辞让，以探虚实祸福，然后才上登帝王之位。 窦氏家族既非显赫功勋世家，又非豪绅巨族；文帝久为藩王，朝内尚无亲近股肱之臣，且以藩王登帝位，难免朝中先帝功臣有怠慢之心。所以，仅就窦氏家族来讲，要保持已有荣华和既得利益，就必须依仗汉文帝的皇权的牢固，而要保持汉文帝的皇权，就要在政治思想与先皇，尤其是汉高祖制定的政治路线保持一致，对统治阶级内部实行宽松的安抚平衡之策，以求得最广泛的支持，同时也可显示出汉文帝尊先帝的政治风范，借以驾驭群臣，安定社稷，从而确保窦氏家族利益的最大化实现与政治上的稳固。读《史记·外戚列传》，我们就会看到，窦太后显然是吸取了吕太后临朝执政，欲以吕氏代刘氏的惨败教训，虽然她也有这种野心，或者这种权力欲望（事实上她也是或隐或显地施加政治影响，干预朝政），但她更巧妙地坚持汉高祖以来 “清静无为” 政治思想，来达到她最根本的政治目的。因此，无论是谁要对黄老刑名之说显出些许不敬，她便毫不留情地予以严惩。

综合上述分析，我们就不难理解孝文窦皇后为何钟情于黄老刑名之说，也就不难理解她为何如此冷酷地对待她的侄儿等人了。事实上，《诗》博士辕固生与窦太后关于儒家与道家孰优孰劣的争论，严格说来，并不只是一种纯粹的学术之争，也许辕固生作如是观，但作为政治家的窦太后绝不会是这样看的。因为辕固生的话，除过语气不恭外，更重要的是他触动了孝文窦太后最敏感的政治神经要——从政治思想上彻底推翻她，她岂能饶你！ 所以窦太后便让辕固生去和野猪搏斗。到底是汉惠帝开明些，给了他一把好刀，才使她侥幸拣回了一条性命。至于罢免窦婴、田蚡，表面看是窦、田二人提倡儒学才惹得窦太后生气，实际上是窦、田二人支持的，由赵绾、王臧奏请实施的 “立明堂，令诸侯就国” 等举措，侵害了相当大一部分既得利益者的“权益”，将会造成新的政治风波，扩大矛盾，窦太后才采取果断措施，予以 “釜底抽薪” 式的制止。由此可以看出，谁要是从根本上违反或触动她所坚持的 “无为而治” 的思想路线，都被概莫能外地予以坚持打击。哪怕你是皇亲国戚，或贵为天子，同样严惩不贷。

那么，孝文窦太后尊奉黄老刑名之说，究竟有何功绩可言呢？ 我们认为，她强令汉文帝及太子诸窦读《黄帝》《道德经》之书，从思想上给予强力灌输，这就为黄老刑名之学能够长期占领上层建筑领域，为统治阶级的政治路线提供了坚实的思想保证。从汉文帝、汉景帝施政实效以后，这种强力灌输和独尊黄老的做法，的确是起到了正本清源、固其根本的积极作用。据史料记载，窦太后作为汉文帝的皇后，汉景帝的母后，汉武帝的祖母，在位44年间，一直以各种方式影响并始终坚持尊崇黄老刑名之学，为西汉初期社会经济繁荣，政局稳定作出了巨大贡献。汉景帝末年，朝廷官仓和钱库里堆满了粮食铜钱，由于堆积过多而粮腐钱朽的事实，有力地说明孝文帝窦皇后是一个有着清醒政治头脑和战略目光的女政治家。当然，窦太后所坚持推行的黄老之学的“无为而治”的大政方针，也满足了新兴的封建地主阶级的政治和经济欲望，尤其是窦氏外戚集团更是获得巨大利益，仅窦氏一门，就有三人封侯。窦家子弟仗势作恶，横行无法成为国家祸患。但历史地看孝文窦皇后的所做所为，她坚持黄老清静无为政治思想，显然是功大于过的。

不过，我们还应该看到，虽然黄老刑名之学成为汉初统治者的基本思想是由多种原因综合作用的结果，但也与秦汉之际黄老思想在继续坚持其理论本源的“道”的基础上，逐渐抛离了某些虚幻缥缈的理论元素，开始与现实政治结合，迈向了世俗化的进程有关。黄老思想着重发展了原始道家中救世治弊的思想理论，在注重总结历史经验的基础上，从自然无为的天道中推演出治国救世之道。1973年长沙马王堆三号汉墓出土了黄老学派的代表

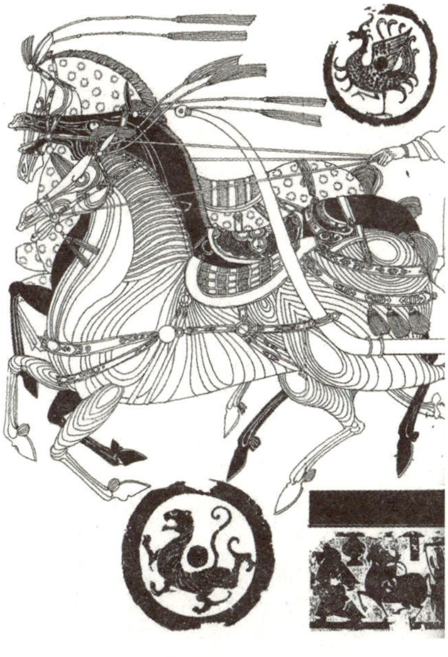

汉代战马与瓦当

作《黄老帛书》，这一著作中突出了“道生法”的思想，成功地将自然无为之道与治世之道通过“法”结合起来。此后《吕氏春秋》《新语》等著作在吸收了儒、阴阳、墨、名、法诸家思想的长处后，进一步把黄老思想进行了世俗化的发展与丰富，最终到《淮南子》将黄老思想集大成。应该说，通过原始的道家思想发展与演进而来的黄老思想是其能够成为适应西汉初期社会现实政治的重要因素。金春峰先生在其《汉代思想史》中这样描述道：“历史的经验表明，法家思想仍然是这段时期适合社会需要的政治指导思想。儒家式的崇尚仁恩，宗法情谊，妇人心肠，不仅不适合于战争时期的形势，也不适合战后建立社会秩序，奠定统治基础，削平反抗的尖锐复杂的政治、军事斗争的需要。因此汉代统治者采用外具宽容、清净而内行严厉法治的黄老思想作为指导思想，是很自然的。”

然而，当“休养生息”、恢复社会经济的政治目的逐步达到，以黄老思想为指导的一系列政策措施所带来的负面作用也日益显现，这些负面作用对汉王朝继续保持王权巩固、经济发展和社会稳定产生了极大的威胁，已经成为社会文明进步的阻力，不及时调整汉王朝的统治哲学指导思想，就不能实现国家的长治久安，这就是为什么孝文窦太后后来与汉武帝发生激烈思想交锋的原因。

武帝尊儒亦崇道
——汉武帝为什么对道家先抑后扬

如前所述，西汉从汉高祖到武帝初年的大约七十年的时间，基本上都是以“清静无为”黄老思想作为政府集团的指导思想进行统治的。“无为而治”，实现了汉初统治者“休养生息”的政治目标，人民得以生养休息，经济得以恢复，社会繁荣稳定。但是，长期尊奉“清静无为”，实行“无为而治”的后果，也给西汉政治经济带来了一系列用黄老哲学难以解决的尖锐复杂的社会问题。朱义明先生在《西汉社会黄老思想兴衰的政治经济视角分析 》一文中，把这些主要问题归结为如下几个方面。

第一，百家争鸣局面再次兴起，一些有识之士为了解决现实社会政治问题，著书立说，争鸣辩论，使得先秦百家争鸣的局面再度兴起。陆贾、贾谊、淮南王刘安等人的著作都为有效解决治理大一统中央集权国家的现实政治问题提出了自己的见解和主张。尤其是儒家学派的代表董仲舒，认为黄老无为而治的政治理念无法对社会中产生的各种思想进行有效的约束与控制，这对于大一统中央集权政府治理来说显然是不利的。他认为，“春秋大一统者，天地之常经，古今之通谊也”。他建议，应该罢黜百家，独尊儒术：“臣愚以为诸不在六艺之科孔子之术者，皆绝其道，勿使并进。邪辟之说灭息，然后统纪可一而法度可明，民知所从矣。”（《举贤良对策三》）

第二，汉初统治者实行的“治道贵清静而民自定”的政策，使得君主与臣下、中央与地方的矛盾变得日益尖锐，构成了对中央集权统治模式的严重威胁。主要表现为：一是汉初丞相的权力过大。丞相有独立的办事机构，总理中央行政事务，而且还有任免400石以下官吏的权力，以至于汉武帝初年，丞相田蚡无视武帝的权威，“荐人或起家至二千石，权移主上”。二是诸侯王实力膨胀。汉初的诸侯王不

汉画像石刻

仅封地大而且有较大的独立性，他们“官制百官同制京师”，甚至“不用汉法……自为法令，拟于天子”，严重地影响到了中央集权的统治以及至高无上的皇权，以至于出现了文帝时期济北王刘兴居和淮南王刘长的叛乱、景帝时期的吴楚七国之乱、武帝时期的淮南王刘安和衡山王刘赐图谋与中央分庭抗礼。从某种意义上来说，这些在一定程度上也是与汉初实行黄老无为而治政治思想有关的消极后果。三是地方郡县以及豪强权力很大。西汉初年郡县的管理者在地方财政方面权力很大，郡守在财政方面全权负责本郡的收入与支出，有征收赋税、征发劳役、调拨物质、考核县令、进行手工业监督等权力。郡守几乎重于当时的诸侯，在自己的郡中拥有相对独立的行政、财政权，中央对郡守的控制较松，这对中央直接管理是不利的。同时，一些地方豪强实力也迅速增强，并与当地官吏勾结在一起，“武断于乡曲”。《史记·平准书》中记载：“网疏而民富，役财骄溢，或至兼并豪党之徒，以武断于乡曲。宗室有土，公卿大夫以下，争于奢侈，室庐舆服僭于上，无限度，物盛而衰，固其变也。”

第三，西汉社会在黄老思想“无为而治”的指导下，既不控制盐铁等重要商业资源，也尽量不去影响社会的生产流通，这样就使得豪强集团的财富迅速增加，土地兼并日益严重。例如西汉第一任丞相萧何就强买民田为子孙置业，地方豪强也巧取豪夺兼并土地，使农业家庭大量破产，加剧了社会的不稳定因素。《史记货殖列传》记载：“若至力农畜，工虞商贾，为权利以成富，大者倾郡，中者倾县，下者倾乡里者，不可胜数。”

第四，吏治败坏。汉初奉行“议论务在宽厚，耻言人之过失”，曹参为相时“见人有细过，专掩匿覆盖之”，再加之皇帝、丞相奉行无为，不宜太多过问政事，致使各级官吏大多消极苟安、渎职怠工，官场上贪污受贿盛行。“张武等受贿金钱”，汉文帝知道了也不予处罚，这样就出现了贾谊《新书·时变》中所说到的“廉吏释官而归为邑笑，居官敢行奸而富为贤吏”的怪现象。

第五，社会秩序混乱。黄老倡导无为，使得西汉社会秩序变得混乱，缺乏制度与礼仪，社会等级不清，社会风气也日渐败坏。贾谊在《新书·瑰玮》中描述说：“世以俗侈相耀，人慕其所不如，悚迫于俗愿，其所未至，以相竞高，而上非有制度也。今虽刑余鬻妾下贱，衣服得过诸侯，拟天子。”另在《新书·俗激》中又描述道：“今世以侈靡相竞，而上亡制度，弃礼仪，捐廉耻，日甚，可谓月异而岁不同矣。”

第六，匈奴扰边问题。汉初的各代皇帝基本都采取对匈奴妥协的政策，用和亲、开放关市和两族首领结盟的方式来缓和匈奴问题。而这种方式并不能改变匈奴贵族的掠夺野心，在某种程度上甚至还助长了匈奴更大的贪欲，汉初的匈奴政策基本上都是在西汉政府委曲求全的条件下进行的，使得西汉王朝统治者处于极端屈辱的地位。虽然与匈奴问题是一个系统性的问题，并非某个意识形态可以解决，但是黄老的“无为而治”的思想指导方向，的确使得问题变得更加尖锐，匈奴的侵扰也更为严重。

这些尖锐激烈的政治与现实矛盾，使得整个西汉王朝在政府集团与豪强集团之间、政府集团和劳动阶层之间难以达到维持一个社会和谐稳定发展的“平衡点”，无法满足中央集权统治模式的需要。所以，当西汉社会“休养生息”的阶段性政治目的达到之后，统治者就必然会对黄老道家进行重新审视，及时调整统治思想。这也就是汉武帝为什么能够接纳董仲舒“罢黜百家，独尊儒术”政治主张的思想文化背景。

应该指出的是，汉武帝独尊儒术，完全是出于政治统治的需要，并不是他个人对儒家学说情有独钟，他看中的是儒家学说对于维护中央集权统治的作用。正如有人所评述的那样，秦始皇为了统一思想，实行专制统治，对于不利于君权独断的“异说”，采用的是“焚书坑儒”的肉体消灭政策，汉武帝采用的是“独尊儒术，罢黜百家”的精神禁锢政策。事实上，汉武帝在政治统治思想上，采用的是儒家学说，以追求事功，在个体生命自由的追求上，运用的是杂糅着神仙家、阴阳家的道家学说，久视长生。汉武帝抛弃的是道家学说中的“无为”思想，信奉尊崇的是道家学说中的保命长生之术，尤其是对神仙方术更为热衷和迷恋，对于方士们的鬼话深信不疑。

汉武帝与夫人图

据《史记·孝武帝本纪》和《汉书·武帝本纪》载，汉武帝时，有个名叫李少君的方士，自称已经有七十多岁，有祠灶、谷老（即辟谷）、却老之术。祠灶又称祀灶，是古五祀的一种祭祀仪式，李少君说自己在祠灶时能看见神仙。公元前133年（西汉元光二年），李少君入宫哄骗汉武帝说，按照他的方法举行祠灶仪式可以招来鬼神，丹砂可以炼成黄金，用这种黄金做碗吃饭可以长生不老，还能看见海上的蓬莱仙者。并且说，自己亲眼见过海上的仙人安期生，他吃的枣同瓜一样大。汉武帝信以为真，亲自跟着李少君祠灶，并且派遣方士入海访求安期生。不久，李少君病死了，汉武帝却认为他是升仙去了，还专门为他修建了招仙阁，并继续招纳方士访求仙人。公元前118年（元狩五年），汉武帝最宠爱的王夫人病死，汉武帝为之十分伤心，企盼着能够与她再相会。有一个名叫少翁的方士声称他能使鬼神显形，汉武帝很高兴，听从他的安排，夜间坐在帷帐之内，在烛光中见到了他朝思暮想的王夫人。虽说是朦胧之中无法辨别真假，汉武帝还是很高兴地把少翁封为文成将军。少翁又提出，皇上要想见到神仙，宫室里的陈设不像仙界也不行。于是，在宫殿的墙上，到处画满了云气车，驾车的都是神仙模样。又专门修建甘泉宫，在中央筑台，壁绘天、地、太一神像，设置整套祭祀用具，专人看管。但是，这样折腾了一年之久，连个神仙的影子都没见着。少翁情急之中，将一块帛书喂进牛腹，诈称牛腹中有奇书。汉武帝下令杀牛，从腹中取得帛书，经人鉴别是故意伪造，少翁因此掉了脑袋。汉武帝仍不思改弦更张，却后悔不该杀了少翁，神仙方术还没有学完。这时，又有一位名叫栾大的方士经乐成侯举荐到了他的身边。此人自称与少翁同出一师门下，常在海上遇见神仙。武帝当时正为黄河泛滥而发愁，栾大劝他不必着急，说："黄金可成，而河决可塞，不死之药可得，仙人可致也。"（《史记·封禅书》）武帝封他作五利将军、乐通侯，并且把卫长公主嫁给他为妻。栾大仍然无法满足皇上的求仙欲望。他奉命入海访安期生、羡门高，但到了海边却不敢入海，跑到泰山上去向泰山神祈祷。武帝派遣的秘使回报了他的行踪，这位五利将军也送了命。接着，又来了一个方士公孙卿，大谈黄帝铸鼎、骑龙升天的神话，武帝十分向往。公元前110年（元封元年），公孙卿宣称仙人喜欢住在楼上，武帝便在长安城修建了蜚廉桂观，在甘泉宫（今淳化县城北甘泉山） 修建了益延寿观。各筑一座通天台，高40丈，令公孙卿持节设具恭候神人。又在上林苑内新修建章宫，宫内建造太液池，池中有蓬莱、方丈、瀛洲、壶梁等" 海上神山"。

蓬莱仙境

还建造有神明台和井干楼，均高50余丈。公孙卿在长安久候，神仙总是不肯光顾，他又跑到河南缑氏，看见城墙上有一群雉鸟，就骗汉武帝亲临验察，说是仙人所变。公孙卿又在东莱山制造了巨人足迹，勾引汉武帝往东莱走了一趟，使武帝在海边经受了十多天风浪的洗刷。要不是御楼船迟迟不到，武帝还要亲自入海去访仙台。直到公元前89年（征和四年），汉武帝求仙祀神已经劳碌奔波了40多年，终于一无所获，带着无限的懊悔步入了垂暮之年。他这才听从大臣的劝谏，下令禁罢方士，并感叹说："向时愚惑，为方士所欺。天下岂有仙人，尽妖妄耳！ 节食服药，差可少病而已。（《资治通鉴》卷二十二）"武帝死后，方士受到冷落，但西汉末期的帝王中，也有好神仙者。如公元前61年（神爵元年），宣帝立仙人玉女祠。成帝晚年和哀帝也都敬鬼神、亲方士，使得神仙方术在长安地区源源不绝地得以延续。

汉武帝本人长期迷恋于寻求长生成仙之道，在方士们的诱骗和怂恿下，做了很多荒唐事。但是，就道教的发生与发展来说，他却在自觉或不自觉之中，推进了宗教化的进程，主要表现是：

一是确立了至上神观念。虽然在汉武帝之前，先秦早就有了天帝崇拜和五帝崇拜，但是缺乏至上神的观念。也就是说，先秦时期并没有一个为人们所公认共尊的"天神"。公元前133年（元光二年），亳人谬忌上奏汉武帝，提出了祭祀太一的建议。为什么要祭祀太一呢？他的理由是："天神贵者太一，太一佐曰五帝。古者天子以春秋祭太一东南郊。（《史记·封禅书》）"汉武帝采纳了他的建议，在长安南郊修建了一座太一祠，按照亳人谬忌说的样式予以祭祀。这个太一神位居五帝之上，自然就具备了至上神的资格。其实，谬忌的太一神理论也是来自于《道德经》的"道"。在《道德经》中，"一"与"道"几为同义，是一切生命物质的本源，按照宗教意义理解，就是宇宙的创造者，是世界的本源。道教的至上神"三清"，就是由太一转化而来的，所以就有了所谓老子"一气化三清"之说。

二是创设了偶像崇拜的形式。汉武帝之前的各种崇拜，都属理念性的象征，并无崇拜的实体对象。自汉武帝崇祀太一开始，以画像这一实物作为崇拜对象，为至上神的人格化奠定了基础。正如金代泾阳县令萧贡在《京兆府泾阳县重修北极宫碑》中说的那样："古者事神，必于国郊，或名山大川、高爽之地。礼数不同，大率为坛设位祭之而已，无饰画神之像者。秦与汉初亦然。至武帝时，齐人少翁言，上欲与神通，宫室被服非象神，神物不至。乃作甘泉宫，中为台室，画天地、泰一诸鬼神，各置祭具焉。以像祀神起于此，然亦止于宫中画像而已，犹未有杂于民间，兴起祠宇，号为宫观，及抟土刻木而为之像者。"

三是建立了专门进行祈神活动场所。继太一祠后，汉武帝下令在京师和各地修建了大批祭祀山川和迎候神人的宫观台阁。在长安一带更是神祠密布。据《三辅黄图》载，仅上林苑内，即有昆明、茧、平乐、望远、燕升、观象、便门、白鹿、三爵、阳禄、阴德、鼎郊、账木、椒唐、鱼鸟、元华、走马、柘、上兰、郎池、当路、涿木、白杨、青梧、龙台、飞廉、细柳、长平等20 余观；甘泉苑内有甘泉、仙人、石阙、封峦、支鸟鹊等五宫观；在右扶风有属玉观；华阴县境有集灵宫、集仙宫、存仙殿、存神殿、望仙台和望仙观，其中集灵宫（即西岳庙）相沿至今仍为道教宫观建筑。至成帝、哀帝之世，仅长安一带尚保存有各种神祠700所左右（《汉书·郊祀志》）。汉成帝时，长安有神祠683 所，罢其中475所；哀帝时，各废祠复兴，计为700余所。

四是设置专业神职人员。除了在朝廷给那些声言见过神仙的方士封"将军"之类官职外，还设置太祝官主管神祠事务。在各个神祠中，则专设候神方士、侍祠使者、本草待诏等神职人员。汉武帝时，长安一带共有多少这种神职人员，数目不详，但根据汉武帝对神仙学说的痴迷态度，我们可以推测出数量肯定在百人以上。因为仅汉成帝时因裁并神祠罢减的神职人员就有70 余人之多。

西岳庙远景

汉武帝的这些举措，为中国本土的国家宗教正式形成准备了先决条件。不仅后来的道教教团完整地继承了这些理论和制度，就是儒家的神学化倾向也奠基于此。有学者认为，作为国家行为的上述举措不被打断，道教在西汉时期即已成为国教亦非绝不可能。不少人认为，道教的产生主要受刺激于佛教的传入，而汉武故事则说明此种看法实在有失偏颇。

我们还应该看到，汉武帝采纳了董仲舒“罢黜百家，独尊儒术”的建议之后，原先受朝廷重用的道家学者和神职人员，变得无所事事，又失去了衣食之源，不得不再度走向山林和田野，并利用原有的宗教氛围和仪式，开始教团的创立，黄老之学渐次演变为黄老道。

柒

楼观道起魏晋风

楼观圣火一脉传

——楼观道派的形成与代际传承

楼观道派尊崇老子，以老子的《道德经》为习道传承的主要经典，强调的是“返本还真”，即让人还原到人的自然状态，不以俗事尘务系情怀，主张以性命清修为主，同时又以符箓召鬼神，为人祛病解难。魏晋之际，楼观道派的活动范围包括华山、长安城周及西部的关陇一带，即整个终南山地域。至北魏时，受寇谦之改革天师道的影响，已成为成熟的道派。其教团组织、宫观建设、经典购置颇具规模，并在统治者及民间有了较大影响。

按照教内传说，楼观道派的渊源缘起于尹喜结楼，老子授经，所以《楼观先师传碑》说：“楼观为天下道林张本之地。”在诸如傅勤家等道教研究专家们的著述里，也基本认定“道家之源，出于老子”的说法。但楼观道派崇奉老子及关令尹喜，以他们为教祖，并非可靠，这只是后代楼观道士为标榜其教“灵源弥远，仙派弥长”而编造的神话。樊光春等学者认为，最接近历史真实的可能是，楼观道与黄老之学有着直接的道源关系，是继承黄老道与后起的五斗米道、南北天师道结合而形成的的一个道派，也是以道教圣地楼观为中心，主要流传于长安、华山一带，是唯一没有超出秦陇之地的一个道派。

由于《楼观仙师传碑》记有“楼观为天下道林张本之地，自文始上仙之后，登真之士无世无之，阅诸仙史，不一而足”这样的话，所以，道教就将尹喜视为楼观道的创始人，奉他为“九天仙伯文始先生无上真人”。不但如此，还有诸如周穆王曾经来到楼观，寻访仙踪，并且修建庙宇，让有志于道的巫祝方士修仙炼道的传说，流传于世。依据此说，先秦时期相继修道于楼观的有尹喜的从弟尹轨，以及杜冲、彭宗、宋伦、冯长、姚坦、周亮等人。其中尹轨的经历，更为神奇。据说尹轨是尹喜的从弟，从尹喜那里得到过道学真经，成为了继尹喜之后的第二代宗师，被尊为“杜阳宫太和无上真人”。按照楼观道派流传的说法，尹轨曾经在晋代永兴年间重新降临楼观，传授道教真经给道士梁谌。当然，这种“仙话”的真实性是经不起推敲的，但道内人士却深信不疑。据《楼观本起内传》载，秦时有道士尹澄，西汉有道士王探、李翼，东汉有道士封君达、张皓等人都在楼观习道修行，传承楼观道脉。关于这些人物的生平道迹，史书及道家典籍上鲜有记载，所以，除封君达外，道教研究工作者们都不太认为楼观道史上确有其人。我们认为，虽然不能确定这些传说中的楼观道士们的真伪，以及他们之间的传承关系，但是我们相信，这些人都应该是当时在楼观一带或长或短习道修行过的道教人物，或者是隐士、

吴道子线描人物八十七神仙图卷局部之八

方士一类人物，也大概都有些神异之能，否则他们的大名是不会被人们记录下来，流传至今的。这一点，我们从《后汉书·甘始传》中所记的甘始、东郭延年、封君达三人的行状就可以看出端倪。《后汉书·甘始传》中说：

甘始、东郭延年、封君达三人者，皆方士也。率能行容成御妇人术，或饮小便，或自倒悬，爱啬精气，不极视大言……凡此数人皆百余岁及二百岁也。

同卷注引《汉武帝内传》又载：

封君达，陇西人。初服黄连五十余年，入鸟举山，服水银百余年，还乡里，如二十者。常乘青牛，故号“青牛道士”。闻有病死者，识与不识，便以腰间竹管中药与服，或下针，应手皆愈。不以姓名语人。闻鲁女生得《五岳图》，连年请求，女生未见授。并告节度。二百余岁乃入玄丘山去。

有关封君达的这两段记载表明，从道派的角度看，楼观道在汉魏六朝之际，仍然是道家清修之士与神仙方术之士杂揉混处，隐士逸人向方仙道转化的时期，这一时期，楼观道并未形成一个独立的有着鲜明宗教特征的教团。但是，从《楼观本起内传》等楼观道教资料来看，活动在终南山一带的隐士高人和神仙方士们，已经形成了相对系统的传承代系。

据樊光春《西北道教史》介绍，楼观道派以曹魏元帝时楼观道士郑法师的出现分为前后两个阶段。楼观道传说阶段的代系传承是：

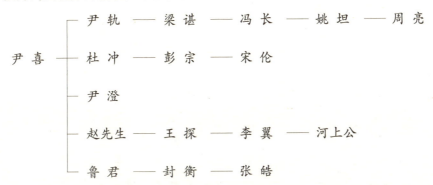

尹喜
- 尹轨 —— 梁谌 —— 冯长 —— 姚坦 —— 周亮
- 杜冲 —— 彭宗 —— 宋伦
- 尹澄
- 赵先生 —— 王探 —— 李翼 —— 河上公
- 鲁君 —— 封衡 —— 张皓

自郑法师入主楼观起，在曹魏到唐初这段时间里，先后在楼观习道的人有：梁谌、王嘉（生平道迹见下节）、前赵时人孙彻、前秦扶风人马俭、北魏时人尹通、陇西人牛文侯、并州人王道义、山西人毋始光、颖川人陈宝炽、京兆人李顺兴、杜陵人韦节、南阳人张法乐、张通、京兆人侯楷、扶风人王延、扶风人严达、及田谷十老苏道标、程法明、周化生、王真微、史道乐、于长文、张法成、伏道崇、京兆头鄠县人岐晖、田仕文、隋时人游法师、隋时武功人巨国珍、隋唐时宗圣宫法师吕道济、赵道隆、唐雩县人尹文操、唐时楼观道士侯少微、后周时人梁筌、北宋周至人张守真等。楼观道史传（魏—唐初）世系表是：

郑法师—梁谌—王嘉—孙彻—马俭—尹通—尹法兴

焦矿（华山）—王延

牛文侯—王道义—陈宝炽—王延

牛文侯—毋始光

陈宝炽—李顺兴

陈宝炽—侯楷—于章

侯楷—严达

陈宝炽—程法明—周化生—王真微—史道乐—张法成

陈宝炽—伏道崇—苏道标—岐晖

尹起—张法乐—张通

赵静通（嵩山）—韦节—田仕文—尹文操—侯少微

内守真玄外真素

——魏晋南北朝时期楼观道派的代表人物

研究楼观道教文化，不能不提梁谌、王嘉、陈宝炽、李顺兴等魏晋南北朝时期楼观道派的代表人物。因为这些人物或著道经，或扩宫宇，或影响于皇家，或施惠于道林，对楼观道派的形成、发展都产生过积极的影响。特别是梁谌其人，对楼观道派的形成有功至伟。现在，道学界绝大多数高道及学者，都认为梁谌是楼观道派的开创者。其依据是，自梁谌之后，楼观道派的世系代承才有了可资查考的史料证据。

据《楼观内传》载记，梁谌生于公元248年，卒于公元318，字考成，是曹魏京兆扶风人。魏元帝咸熙初年，年仅17岁的梁谌入楼观，师从郑法师习道。《终南山说经台历代真仙碑记》曰："履道有年，志尚高邈，精忱遐感。"《历世真仙体道通鉴》说梁谌："博通经史，虽阴阳占候之术，靡不精究，外声利，薄滋味，唯以安闲自适。"据说，晋惠帝永兴三年（公元306），楼观道祖老子让太和真人尹轨降于楼观，传授给梁谌《日月黄华上经》《水石丹法》《本起内传》等，梁谌师从尹轨，依法修炼。三年之后，梁谌炼成仙丹，服食之后，身轻如羽，颜如婴儿，目见地中，耳闻霄汉。但是，由于梁谌炼丹有成，前来求学的人很多，梁谌不胜其烦，于是就隐于终南山，一心修道。东晋太兴年间，梁谌终于实现了"白日升天"的理想，羽化而登仙。其实，尹轨降临楼观，梁谌师而学之，以及后来的"白日升天"，都是些为了抬高楼观道教地位而杜撰出的道教仙话，比较可靠的说法，应该是梁谌师从郑法师，习得了楼观道教的"真传"，整理和编纂过楼观道士研习的道教典籍，为曾在楼观修道之人撰写过传记，或者为楼观道派的形成做过一些奠基式的工作而已。据今人考证，楼观高道郑法师生活在曹魏之际，与实有其人的封君达等人关系密切，梁谌很有可能同时受业于诸如封君达等高道名士，道业精进，声名鹊起，影响一代。根据托名陈抟所撰的《太一宫记》载，公元306 年（ 晋光熙元年），梁谌时为三洞法师，被晋惠帝诏命主太一宫。太一宫位置楼观之北，为终南古观，其碑文中有这样一段话盛赞梁谌：

法师道业高迈，德行崇显，内守真玄，外专真素，每奉征命，祈晴祷雨，却厉储祥，无不感应。至太兴元年戊寅岁上升。晋元帝闻而异之，遣中使就山设普天大醮……及谥法师为升玄天师，以发辉至道，旌显玄风，俾万世修真之士知仙可学而得焉。

继梁谌之后，魏晋十六国时楼观道派中影响最大的道士推王嘉为首，并有文献称王嘉系梁谌弟子。《历世真仙体道通鉴》据《晋书·王嘉传》载：王嘉，字子年，东晋十六国时期前秦著名的方士。王嘉早年曾经隐居在东阳谷的石室中清修习道，由于道誉日著，所以追随他的弟子很多。后赵末年，王嘉抛弃徒众，只身一人来到长安，潜隐于终南山。然而，时间不长，他的门徒们打听到他的消息，又蜂拥而至。无奈之下，王嘉又迁居至渭南县东南的倒兽山。王嘉其人，举止随便，容貌丑陋，从形貌上看，似乎不足为取，但是实质上聪慧明敏。他举止滑稽，好开玩笑，是个不食五谷、不衣美丽、清虚服气、不与世人交往的世外高人。关于他的死，更是充满了神异的色彩。据说，王嘉被姚苌杀于长安，但“嘉死之日，人有陇上见之”。据《三洞群仙录》《终南山说经台历代真仙碑记》《仙苑珠编》等道书记载，王嘉是楼观派的大师，早年师事梁谌。据有关道书记载，梁谌具有炼气隐形之法、水石还丹之术及采服日月黄华之法。王嘉作为楼观派的传承者，也精通修炼方术，且符篆与丹鼎皆习，并被奉送“大炼师”的美誉。由此可见，王嘉是深得梁谌真传的。虽然很少有史料记载梁谌与王嘉的交往过程，但从他们的师承关系来看，两人的关系是比较密切的。

王嘉一生著述甚丰，《晋书》本传云：“其所造《三牵歌谶》，事过皆验，累世犹传之。又著《拾遗记》十卷，其事多诡怪，今行于世。”另外，《隋书·经籍志》“谶书类”著录《王子年歌》一卷。今天所能见到的王嘉的著作，只有《拾遗记》十卷，《三牵歌谶》《王子年歌》均早已失传。另外，据有关道书记载，王嘉也曾撰集过有关“禹步”之文，“便成九十余条种”。但这只是一种道教徒的修炼之法，并无多少实际意义。

关于撰写《拾遗记》的原因，研究者们认为，这与王嘉有意宣扬神仙道教思想有关。作为一个神仙道教团体的传承者和一代领导者，他写《拾遗记》很可能是为了宣扬该派的道教思想，以及就《拾遗记》的内容而言，书中也从多方面影射了现实，即如萧绮《拾遗记序》所言“风政”、“影彻经史”和“言乎政化”。因此，在《拾遗记》中，也寄托了王嘉自己对现实政治的立场、观点和态度，而这也很可能是王嘉撰写《拾遗记》更为重要的原因。

王嘉在终南山活动时间约有35年之久，又有大批弟子随从，在楼观道派的发展上发挥了重要的作用。继王嘉之后，在北魏时期，陈宝炽、侯楷对楼观道派形成与发展也做出过杰出贡献。不过，有意思的是，陈宝炽和侯楷是师徒关系，但两人在习道之人是否应该出家，以及出家的利弊上，意见却很不统一。那么，被陈宝炽视为有“秉心厉节，于道不懈”之高行的侯楷为什么和师父的意见不一致呢？究其两人的分歧，实际上是儒道核心价值观的矛盾所致。通俗地说，隐居山林，守静清修，以求个体生命的长久，希冀于羽化成仙是黄老道的传统，到魏晋南北朝时演变为天师道的出家制度，清静无为、澄净明彻、一心悟道也是楼观道一直遵守“道法”。但是，修道之人也不是真的都能做到心如止水，生存在中华民族文化土壤中的道教，不可避免地受到以儒家礼教为代表的中国传统伦理观的影响。“世俗”生活（主要是指统治者治世兴国的政治意愿和作为社会个体的生存和个体价值确认的需求），要求个人修行与尽忠行孝最好是兼而得之。但是，如果道士们“出家”（静修出尘）之后，就不可能实现对国家的“忠”和对家庭的“孝”的义务。正是基于如此隐深的文化原因，这两位道教高人，就此展开了一场论辩。

陈宝炽（474～549），颍川人。陈宝炽习道的最初动因，是不愿意履行男女婚配、生儿育女、传宗接代的人生义务，也不想为官为吏，是一个自绝七情六欲的道学种子。据说，陈宝炽是公元494年（北魏太和十八年）入楼观，师从王道义清静习道的。王道义羽化之后，陈宝炽曾经有一段时间游访华山，不久，又返回到楼观，以习诵《大洞真经》为日常功课。在传说中，陈宝炽颇有异能，精通驯虎之术，出入常有白虎伴随。陈宝炽的这个虎伴，颇通灵性。据说楼观有一棵大槐树，白虎常常静卧在树下，如果有坏人入观，白虎就咆哮着触击槐树，坏人闻声即惊恐而逃，因此，这棵大槐树又被呼为“老虎木”。西魏文帝听说后，就把陈宝炽召入京都，向他询问驯虎之术。 陈宝炽不愧为高人，他借机劝谏西魏文帝说：“抚我则厚，虎犹民也；虐我则怨，民犹虎也。何术之有？”意思是说，对待老百姓要向对待老虎一样，要待民以厚，只有待民以厚，人民才会驯顺。这与儒家学说中的“行仁政，以德服人”的思想相一致，所以很受文帝赏识，许多朝臣也向他执弟子之礼。

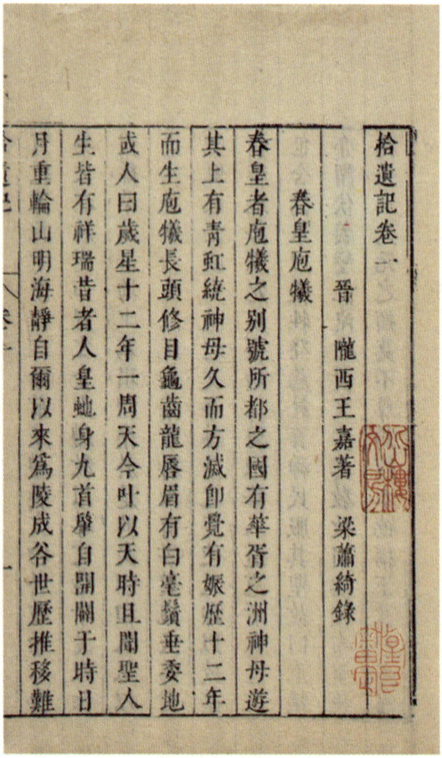
拾遺記卷一
晉 隴西王嘉著 梁蕭綺錄
春皇庖犧
春皇者庖犧之别號所都之國有華胥之洲神母遊其上有青虹繞神母久而方滅即覺有娠歷十二年而生庖犧長頭修目龜齒龍唇眉有白毫鬚垂委地或人曰歲星十二年一周天今叶以天時且聞聖人生皆有祥瑞昔者人皇蛇身九首肇自開闢于時日月重輪山明海靜自爾以來爲陵成谷世歷推移難

楼观道士王嘉撰《拾遗记》书影

侯楷（488～573），京兆人。进入楼观习道时，侯楷只有19岁，他侍奉陈宝炽30多年，是陈宝炽弟子中最有成就，也是最得陈宝炽欣赏的一位高足。陈宝炽认为侯楷“秉心励节，于道不懈”，应当归之于隐栖山林，清修习道，但是侯楷却不以为然。他回答师父说：“道在方寸，何必山林？”侯楷的意思是说，只要道长存心中，不一定非出家不可。陈宝炽又说：“吾亦知道无不在，然人间修之时亦有得。但古来仙者多托岩薮，成真之后出而同尘。上真亦曰《大洞真经》不得人间咏之，咏之则大魔败之也。又葛仙翁将登真，别弟子郑思远云：‘何不登名山，诵《大洞真经》，一诵而一咏，玄音彻太清。’由是知入山非惟不是可欲，抑亦自然与经道相符。汝今景慕希夷，入山乃其宜也。” 陈宝炽抬出道教祖师遗训，但侯楷仍有自己的见解，他反诘说：“入山虽可存真，然违远几席，宁逭科律之责耶！”侯楷认为，如果背却伦常、抛弃义务，就是得了真道又有何益？陈宝炽词穷，只好赞同侯楷的观点：“道非知之难，行之难也，果能始卒无替，道在中矣。（《历世体道真仙通鉴》卷三十）”侯楷虽然不十分赞成出家之制，但自己还是遵行不渝。陈宝炽去世后，他即移居楼观附近的寒谷，建三松观居止。公元573年（北周建德二年）卒，住世86岁。

陈宝炽还有一位名叫李顺兴的弟子，道行神奇，好言未然之事。据《北史》卷89载，李顺兴是京兆杜陵人也。少年时，从表面上看起来他有些蠢笨，但是他所谈的未来之事，却屡屡应其所言，给人以大智若愚之感。据说他在寒冬腊月只穿一身单布衫，光着脚在冰上行走，在冰水中洗浴，竟然不会生病。有一次，大家坐在一起吃饭，可是缺少盛饭的碗盆，李顺兴说，城西的昆明池中有大荷叶，可以拿来盛饭。昆明池离李顺兴他们居住的地方有十多里路，可是，李顺兴离开不到一刻时间，就拿着荷叶回来了，脚上还沾满了淤泥。大家看到后，非常惊诧。后来他出入城市，经常戴着一顶道士冠。据说如果有人想起李顺兴，要不了几天，他就会出现在这个人的家里。由于他的异行，被时人称之为李练。

李顺兴喜欢喝酒，但从来没有人见他喝醉过。李顺兴接人待物，不分贵贱，都十分尊敬。如果得到他人施舍的财物，他就把这些财物送给穷人。李顺兴最为人所称道的，是他关于“破蠕蠕”的预言应验的故事。据说，西魏大统十三年，李顺兴对周文说，可以在沙苑塑一尊向北而笑的老君像。 周文不解其意，问这是为什么？李顺应说，让老君笑着破蠕蠕。周文感到不可理喻，一尊老君像，怎么就能破蠕蠕呢？等到蠕蠕国灭，周文看到李顺应的预言成真，于是就把李顺兴的像塑在老君的旁边。

醉仙图

李顺兴11岁时，即入楼观跟随陈宝炽习道，后来又在深山中遇到三位高道，习得了炼丹脱胎之法，因而道行日深，被人们称之为李圣师。西魏文帝闻其名，曾经诏请李顺兴入宫问道。

如上所述，梁谌、王嘉、陈宝炽、侯楷、李顺兴等人以自己的修炼道行，对楼观道派的形成和发展产生了积极的影响，特别是梁谌等人与当时的统治者的密切交往，对于提升楼观道派的道教地位和声誉，其功甚著。

不过，楼观道派能在长安道教发展史上发挥承先启后作用，关键在于这个道派在教义上的成熟与完善。楼观道不仅直接继承老子、尹喜的学术思想，也全面地吸收了江南天师道所奉持的三洞经戒法。在这方面做出突出贡献的首推韦节。

韦节（496～569），字处玄，京兆杜陵（今长安县）人。韦节出身于士族，家中藏书万余卷，所以他从小就深受儒家文化浸润，对经传子史及占候术都非常熟悉，14岁时即被北魏宣武帝任为东宫侍书，及长，被任命鲁郡太守。孝庄帝时（528～529）时，移署阳夏郡太守。但是，不知什么原因，仕途上一帆风顺的韦节竟然辞去官职，进入嵩山，师从赵静通，研习三洞经典。赵静通认为，嵩山原本是神仙福地，但是佛教徒们却尽占风水宝地。异教邪说把个清净无尘的嵩山弄得乌烟瘴气，天怨地恨，要不了多长时间，就会发生灾祸，已经不是静修之地了。所以，他让韦节前往商洛、岷山、益州一带隐迹修行，自己则前往泰山。韦节遵从赵静通的叮嘱，离开嵩山，一路西行，居于华山之南，静修习道，自号华阳子。这一时期，除了修炼服食之外，韦节还积累整理平生所学，撰写了《三洞仪序》，为《妙真经》《西升经》《庄子》《列子》《中庸》《孝经》《论语》《道德经》《易经》作注论80余卷。

从韦节的经历看，他并不曾修道于楼观。但他在华山隐居期间，长安一带的道士莫不受楼观道派影响，或多入其道派之中。据宇汝松《中国道教史》介绍，韦节对楼观道派最大的理论贡献，是他通过《西升经注》所阐发的玄学思想，代表了当时北朝道教的最高水平。韦节主要通过“遣有”、“遣无”直至“无心”契道，阐明其重玄学主要之理趣。

首先，韦节认为道体虚无窈冥而内含万象，修道理应遣有贵无、随顺自然。在《西升经注》中，韦节指出“道本出窈冥”、“道体虚无而包含万象”，“有”是暂时而又有局限性的，是假相，故遣“有”而无忧。“我本无身，忽然而有，常忘其有，有身同于未生之时，此有常可使无常也。不以生为生，故常生而不朽，此无常可使有常也。”“夫有欲有忧皆由存身，生生之厚也。若反未生，则恶有身也，何忧患之有也。”这里所言之“存身”就是执“有”，“反未生”、“恶有身”即是遣

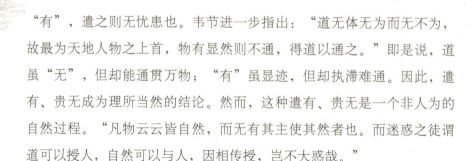

“有”，遣之则无忧患也。韦节进一步指出：“道无体无为而无不为，故最为天地人物之上首，物有显然则不通，得道以通之。”即是说，道虽“无”，但却能通贯万物；“有”虽显迹，但却执滞难通。因此，遣有、贵无成为理所当然的结论。然而，这种遣有、贵无是一个非人为的自然过程。“凡物云云皆自然，而无有其主使其然者也。而迷惑之徒谓道可以授人，自然可以与人，因相传授，岂不大惑哉。”

其次，韦节认为道本虚无，自然而无为，“有”、“无”本来就是相对而言的，因此，“无”也应遣。真正观道正法应是“无法无观”，有无俱遣。“道法当何所观哉？芽直以无法无观，自然自冥耳。”遣无就是要做到没有任何欲望分别，安于当下现状，自足适性。“夫无为者，无行无止，无去无来，无生无死，变化淡然，安之于命。”

再次，韦节认为若心存遣有、遣无之念，仍是一种心执，只有心无念起，方与道符。韦节在《西升经注》中多次提及“勿令心有放逸”，而应使“心同于虚”的“无心”观道思想。因为“天无心顺物者，使万物各得其性，天下莫不归之以为主也”。“有心”就会“有意”、“有存”；“无心”则融通万物而无所不知：“夫有心有意则有所存，故患害生焉。若我无心则无所知，又何患哉？”“有成必有毁，无成则无毁，自然之常道也。是以圣人虽成不成，故能无时而不成也。夫天地无心故能常照三光，无心故无明冥，圣人无心故能长成也。”既然天地、圣人无心而成，故人“当遣存神之心，淡泊志于无为”。

最后，韦节在心无念起的基础上进一步提出了“无心”契道的彻底解脱观。“知道体不可以有心期，故复损机以至空，损空以至无，然后能飞仙矣，仙者无生无死之名也。夫真人者，通古今，等变化，与万物同体，与造化同生，故能无时而不生，无往而非可，乘虚履空、贯金穿石，何足为难矣。”由此可知，韦节认为只有通过“复损机以至空，损空以至无”的“双损”，方可入此仙境。“双损”的关键又在于保持一颗平

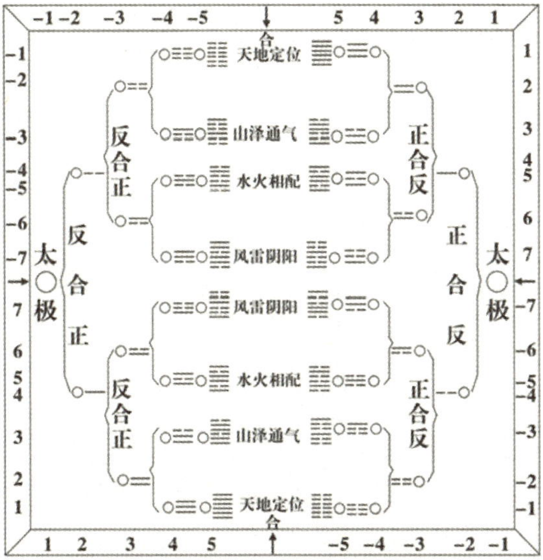

太极阴阳万数正反合组合体示意图

常心，在于对一切的“无知”和淡“忘”。“大智之士以百姓心为心，故曰无思无虑之变也。”“百姓心”即平常心，意在心如“死灰枯木”、“意死寂然”，因而也就无知于万物。“我都无知，故能归一反于自然也。”淡“忘”即是外忘万物，内忘一身。“外忘闻见则视听之欲绝，内忘心口则言食之欲灭，内外绝灭然后能淡泊寂然，复归于无物也。”“所在皆忘，故能所在皆存。”韦节认为若能做到既无知又相忘，则同于道矣，即“上不知下，下不知上，上下相忘，乃为道治也”。

韦节的双损观，道出了遣有、遣无，以致无遣的重玄学真谛，奠定了后世重玄学的基本基调。尤其是韦节遣有遣无，心无念起直至无心契道的重玄之理趣，已经使得道教的本体论、修行观及解脱论圆融而无碍。诚如卢国龙在《中国重玄学》中所指出的那样：“及北魏、北周之际韦节入道，大事著述，北朝道教阐发义理之风乃蔚为大观。”韦节确实是“继寇谦之之后，在北方通过传注道经道书的形式，以士族文化改造道教、并使北朝道教在吸收南朝道教经法的基础上取得发展的重要人物。比较而言，北朝道教之有韦节，犹南朝道教之有陶弘景”。

返本还真融南北
——楼观道派的教义特征及组织制度

如前所述，楼观道派主要活动在北魏时期陕西终南山一带，从来没有走出过关中地域，和天师道派、上清道派、灵宝派不同的是，楼观道派注重清修，不事烧茅。但是，从“道德清上高，云程守练丹。九重天外子，方知妙中玄。心静自然体，发白面童颜。袖里乾坤大，阴阳造化先”这道楼观道派的传承歌诀来看，似乎楼观道派容纳了各个道教流派的修炼之法，符箓、丹鼎兼而有之。

关于楼观道派的这一特点，前人多有论述，樊光春先生认为，这一特点的形成，与五斗米教的北迁以及道教各派的相互兼容有关。五斗米道被迫迁离巴汉之后，逐步形成江南和北方的两大派天师道，各自形成经典系统，并相互渗透融合。北魏时，楼观先师王道义一方面筹措经费，在楼观大兴土木，扩建道观宫宇，一方面派人大量购集道经万余卷，以充实楼观道的道义理论。王道义让人采集来的一万余卷经典，大部分是北天师道经典。南天师道以上清派为代表，主要奉持三洞经戒法。这些道经先传入中原的嵩山，继之进入华山、终南山一带。由韦节自嵩山得赵静通之传，传给楼观道派；继之，有茅山道士焦旷隐居华山石室，传道经给王延；又有陈宝炽游华山时，得道士陆景传《大洞经》。北周武帝废教后，曾召见王延，令他校雠三洞经法。入居通道观后，“田谷十老”进行了道经整理工作。仅王延一人即校定三洞经法、科仪、戒律、符箓80余卷，又撰《三洞珠囊》7卷。在他主持下，通道观道士共整理道教经传疏论8030卷，成为道教史上的一大盛举。同时，也是楼观道派理论建设的一项重要活动。

这一时期的楼观派道士还为道馆制度的确立做了理论上的建树。据任继愈主编《中国道教史》指出，《正统道藏》中所录《太上老君经律》《太上老君戒经》和《太上经戒》三书是北朝道书，与楼观道有很大的关系，其中《太上老君经律》托称老君在楼观为尹喜所说，大概系楼观道士所造。这些经戒规定了出家道士必须遵奉的戒杀、戒盗、戒淫、戒妄语、戒酒等五戒和十戒、二十七戒、一百八十戒等。

楼观道派在漫长的形成过程中，不断吸收其他各道派的组织制度，逐渐形成了相对完整的宫观制度。据唐朝释明《决对傅奕废佛僧事并表》称，宫观制度最早始于张陵。张陵“置以土坛戴以草屋称二十四治。治馆之兴始乎此也”。这种早期的道教活动场所一般称为治、靖、庐、或静室。除此之外，统治者也为道士立馆作为其居住的场所，如曹操、 孙权为道士所立的茅舍、 静室。虽然这一类茅舍、静室或道坛是由君王所设立，其受政府承认的程度远远超过了教徒们自行设立的治、靖、 庐等，但其设置目的还是在于统治者为了更好地控制道教，同时也为道士提供一个良好的修道环境。因此，这种场所宗教组织的作用不强，还不能算作是一种真正独立的宗教组织场所。

东汉明帝时，佛教传入中国，依附于中国本土的黄老道，渐次发展壮大，到了汉末献帝时，佛教传播已初具声势，寺院规模宏大，信徒众多。西晋怀帝永嘉四年，朝廷明令汉人可以出家，因而佛教徒人数大增，佛图澄前后门徒累计达万人之多，共建寺893所，佛教的社会势力有了极大的发展。东晋以后，道教借鉴佛教的组织方式，开始形成宫观制度。北魏太武帝在平城东南起天师道场，“重坛五层，遵其新经之制。给道士百二十人衣食，斋肃祈请，

《道教戒律学》书影

六时礼拜，月设厨会数千人”。 这座天师道场，是道观的雏形。北魏孝文帝太和十五年，这座道场被移于“桑干之阴，岳山之阳，永置其所。给户五十，以供斋祀之用，仍名为崇虚寺。可召诸州隐士，员满九十人”。崇虚寺是由皇帝亲自设立，是政府承认并支持的道教组织场所，而且拥有其自己的经济来源——“给户五十”。也就是说崇虚寺固定有50户的租税收入，有90人可以免除徭役，这就基本保证了寺观日常生活的维持，因此可以称得上是一个真正的道观。正是在这样的政治环境和宗教氛围下，楼观道建立起了北方第一个真正意义上的大型道教宫观式组织。

《楼观本起传》云：“楼观者，昔周康王大夫关令尹之故宅也，以结草为楼，观星望气，因以名楼观。此宫观所自始也。问道授经，此大教所由兴也。”从这段记叙可以看出，楼观道最初的宫观，是“草楼”，也就是今天所谓之“茅庵”——用麦草之类搭建起来的草棚、草楼。其作用，大概只是为山中静修的隐士高道提供一个简易的避风遮雨之地。秦汉之际，虽然先后有秦始皇、汉武帝在楼观修建了诸如清庙、望仙宫一类祭祀场所，也有相当多好神仙之事的方士隐者往来其间，居于其中，但并没有形成相对稳定和系统的道教组织。魏晋之际，关中京兆道士梁谌来到楼观师事郑法师学道，这大概是最早的楼观道派有道士入驻宫观和始有确切传承关系的最早的记载。从现有的资料来看，楼观道派这时还是一个人数很少的小道团。北魏时期，由于梁谌、王嘉等人道行昭著，以及统治者的关注，楼观道在社会上的影响日益显著，楼观道团开始兴盛起来。魏孝文帝时，道士王道义来至楼观，师事牛文侯。他在楼观大兴土木，使道坛屋宇焕然一新，又捐钱购集经书万卷收藏观中。至此，楼观道派经长期发展，形成了较大的道团。北魏末年及西魏北周时期，楼观道以终南山为中心，在包括京城长安及华山在内的关陇地区广为传播。这时有许多楼观道师，如陈宝炽、李顺兴、韦节、王延等人受到北朝统治者崇奉，被召至京城诵经讲道，建斋祈神。由于统治者的崇奉，楼观道在北朝后期成为北方新兴的大道派，其宫观制度也臻于完善。

应该注意的是，由于楼观道奉老君和关令尹喜为祖师，传习《道德经》《西升经》《妙真经》等北方天师道经典，同时又传习南方的《上清经》《灵宝经》《三皇经》等经文。其教义和方术也具有融合南北、杂采诸家的特点。无论是思神诵经、炼丹服药、符咒巫术或斋醮祈请等方术，楼观道都兼而行之。但楼观道在组织形式的很多方面都与早期道教不同，属于新兴典型的宫观式道教。其主要有以下几种特点：

传说中的张道陵天师像

首先，从经济上看，宫观制道教由于有自已独立而且稳定的经济收入，从而使得道士人数大为增加。早期五斗米道的经济来源主要靠道民交纳的五斗米，其又称为“信米”、“租米”、“天租米”，是道民入道的信物。信米要按时交纳到道民所在的道治，而各地方道治要将其所收受信米的2/10或3/10交送到天师所在道治，即五斗米道的总教会，用来供养高级神职人员，这被称之为“付天仓”。除此之外，道治还可以通过设“厨会”为道民消灾去厄，求福保生，同时收取一定的贡物，如纸、笔、墨等日常所需品来供养道治。然而，早期道教的这种经济收入方式是与其政教合一的社会组织形式密切相关的。曹魏时五斗米道被强制北迁，随后张鲁去世，其子孙被朝廷所控制，缺乏号召力。五斗米道失去了首领，教徒们便各自为政，或自称天师，或另立教派，自发地立治传教，并不按张鲁旧法行事。而且，没有了政教合一的行政约束，集体所有制便宣告瓦解，信徒的赈济、施舍往往成为祭酒的私有财产，宗教活动成为祭酒谋取私利的手段。曹魏末年张鲁后裔发布的《正一法文天师教戒科经·阳平治》指责当时的祭酒道官“贪荣富钱财，谷帛锦绮丝绵，以养妻子为务，掠取他民户赋敛，索其钱物，掠使百姓专作民户，修农锻私以养妻奴。自是非他，欲得功名荣身富已。苟贪钱财，室家不和”。可见，魏末晋初，虽然五斗米道的组织系统仍然存在着，但在失去了行政约束的情形之下，早期道教的经济收入方式成为道官营求一己之私利的工具。神职官员不遵旧法、各自为政、贪财好利、腐化堕落的现象确已非常严重，从而导致信徒对各种宗教活动尤其是施舍不再热心，对职业道士缺乏尊重。教民不听号令，普通民众对道教信仰丧失了信心。

这种状况显然不利于道教的传播发展。为此，道教在魏晋南北朝时期发布了众多教令，企图对此进行整顿。但是这些教令并未起到明显的效果。在南北朝时代的道书中，关于五斗米道组织涣散、经济混乱、科律废弛现象的批评，仍然随处可见。与早期五斗米道不同，新兴宫观制的经济来源主要依靠稳定的土地和庙产供给，以及统治者的赏赐或富人捐助的钱财，另有少部分来自斋醮法会收入。从晋代以后，楼观道一直享有朝廷的“赐田”和“免税地”。据《大元重修古楼观宗圣宫记》所载：“魏晋周隋以来……给户洒扫，赐田养道。”《终南仙境志》中也记有：“晋惠帝元康五年（295年）重修（楼观），莳木万株，连亘七里，给户三百，供洒扫。”由此可见，楼观道依靠田产收入作为其经济来源。同时，道观作为一个经济实体，它需要廉价甚至无偿的劳动力，因此，还有大量的“庙户”和“洒扫户”为观中租耕土地并供工役。由此，楼观道在经济上具有自主经济实力，从而能够更好地进行传教活动。这使得道教传播影响日益广泛，出家作为职业道士的人数大量增多。

其次，从组织成员上看，由于宗教职业化的倾向造成了教徒的低龄化和平民化。据《历世真仙体道通鉴》卷三十《梁谌传》载：“道士梁谌者，字考成，京兆扶风人也……大魏元帝咸熙（264～265年）初，事郑法师于楼观，时年十七。”除了梁谌是17岁就进入楼观台，另外还有“道士孙彻者，字仲宣，不知何许人……前赵初光（318～330年）中师事王先生，方十八岁”；“法师马俭，字符约，京兆右扶风人，尹通之度师也，年十六岁……博通经史……从孙彻学道时十七岁”；“道士王延，字子元，扶风人也，才九岁，好道，西魏孝文帝大统三年（538年）丁巳入道，师正懿先生陈宝炽，至十八肄业于楼观”；“道士李顺兴，京兆人……年十一，与道士籍”；“道士侯楷……就学于正懿先生，年十九”；“法师严达，字道通，扶风人也……后魏明帝永兴（409～413年）中入道，年始二十”；“道士张法乐者，南阳人……才及成童之年，托迹楼观。”《历世真仙体道通鉴》卷三十中记载的14名道士都出自楼观台。其中明确记有出家时年龄在20岁以下的就有8位。而明确记有出家年龄在20岁以上的只有3人。其余3人没有记载出家年龄。从记载来看，即使这3位没有确切出家年龄的道士都是20岁以后才出家，楼观道道士出家年龄在20岁以下的占总人数的比例也非常大。在师徒制这种早先道教传播组织中，如此多的低龄少年要成为职业道士几乎是不可能的。可见，由于宫观制所产生的职业道士使得道士出家年龄低龄化。这说明，他们对于宗教的选择很可能不是信仰上的原因，更多的是出于经济上的考虑。在道经记载的楼观道道士中，几乎没有官吏和高门士族出身的，这充分说明，职业教徒阶级身份已经有所变化。大户人家的子弟一般不会愿意出家做专职道士，这与早期道教传播方式截然不同。在早期道教传播过程中，师傅可以四处为居，甚至可以直接住到徒弟家里，而徒弟也可以在家里享受世俗的物质生活的同时修习一些道术。而宫观制的出现却使道士的居所相对固定，要学道者通常得到远离尘世的宫观中常住。贵族高官不愿意受青灯之苦，而一般的老百姓却想通过成为职业道士逃避税役，这两方面的原因造成了宫观制道士平民化的特点。

再次，从道教管理上看，戒律和宫观制从内外两方面对宫观进行了更为严格的管理。由于宫观的出现，一套较为严格的规章制度和仪式就随之而来。戒律是防止道士“恶心邪欲”、“乖言戾行”的重要手段。道教戒律自道教产生起就有，如五斗米道就有“教以诚信不欺诈”等科律。但最先道教徒们是各自为居，道戒的强制性不能充分发挥作用。道教宫观制出现以后，道士们集中起来过集体生活，为道戒能够顺利执行提供了前提保障，同时为了加强管理，戒律的重要性也凸现出来。北朝道教的戒律主要见于《太上老君戒经》《太上老君经律》《太上经戒》《女青鬼律》《正一法文天师教戒科经》《老君音诵戒经》。其中《太上老君戒经》自称是老君西游时在楼观为尹喜所说，其认为“杀、盗、淫、妄语、酒”包含了世间的一切恶，因而是必须戒除的，“一切从恶皆起此五，若持此五戒，则众恶悉绝也”。另外，戒律在道教修行中被提到了很高的位置，“但持戒去恶，自得渡世”。即只要遵守了戒律，就自然可

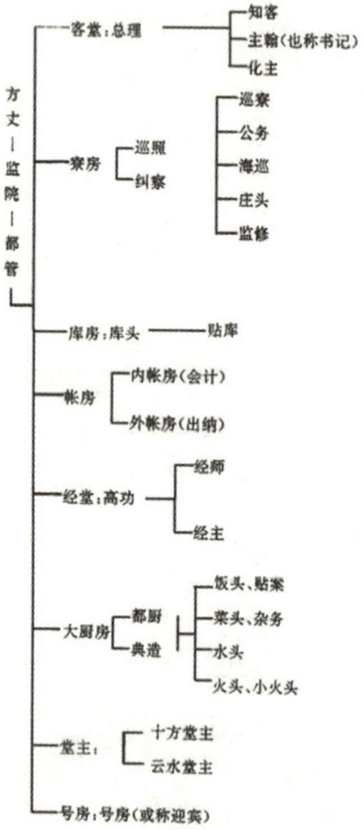

道教宫观制示意图

以得道成仙。总的说来，在宫观制道教中，戒律具有非常重要的作用，它从道士内部对道教组织的严密性和统一性作了规定，有利于对道教组织成员内部进行更好的管理。另外，从政府与道教的关系来说，宫观制道教更便于政府管理和控制。北魏时道教宫观制开始形成，这为政府管理道教提供了前提条件。北魏时政府设“监福曹”管理佛道教事务，后改名为“昭玄寺”。据《隋书·百官志》以及《大宋僧史略》等史书记载，昭玄寺有大统一人、统一人、都维那三人，还有功曹、主薄员。到了北齐道教的管理机构也称为昭玄寺，也是佛道并管。西魏规定司玄掌道门之政，北周沿袭西魏制，“有司玄中士、下士，掌道门之政”。随着道教宫观制的发展和完善，政府对道教的管理也逐渐加强。

总之，与早期在民间传播的道团相比，宫观制不仅有利于道教自身的传播发展，也因此使道教得到了封建统治者的正式承认，从此走上了正规发展的道路。值得注意的是，宫观制的确立并没有使道教完全屈服于统治阶级。道教从此分成两派，一派作为为统治阶级承认的正统道教，为政治上层建筑服务；另一派则隐于民间，流行于下层民众之中，并不时以宗教的号召力组织民众反抗暴政，在历史中写下了壮丽的诗篇。而大多数民间教团则湮没于历史的尘沙中，我们现在已经看不到其踪迹，它们在漫长的历史岁月中嵌入了人们的社会生活之中，成为了中华文明的重要组成部分。

捌

北魏太武兴楼观

太武挥鞭定北方
——北魏王朝与楼观道派的兴起

北魏太武帝拓跋焘画像

历史往往有许多吊诡之处，比如楼道派的兴起，与少数民族出身的北魏太武皇帝有着密不可分的关系。这个既英明神武，又残酷暴虐的鲜卑贵族首领，对道教学说情有独钟，可以说，没有魏太武帝，就没有楼观道的兴盛。

在众多的关于楼观道派的历史叙述中，大多数研究者认为，虽然楼观道尊奉尹喜为祖师，《楼观传》的作者把楼观道的创立时间定西周初年，而且又在祖师尹喜之后，安排了楼观道派的传承人物，如尹轨、杜冲、彭宗、宋伦、冯长、姚坦、周亮、尹澄、王探、李翼、封衡、张皓等十二名周秦道士，说他们相继住在楼观，续传尹喜之道。但根据有关资料核查，楼观自三国末期时起，才有道士隐居修道。最早在楼观这个地方修道的，是三国末期时人郑法师（履道），郑法师之后是他的弟子梁谌，再继之者有王嘉、孙彻、马俭等人。截至东晋末年，楼观道士仍然很少，对社会影响也很小，还没有形成一个有一定宗教特征和内聚力的道派。楼观道派正式形成为一个对社会产生影响的道派，则起始于北魏太武帝拓跋焘的热捧。据有关资料记载，北魏太武帝始光（424～428）初年，有一个名叫尹通的道士跟随马俭法师在楼观学道。尹通字灵鉴，是真人尹轨之后。26岁时，为了求道，他不惜涉险成行，历经千难万险来到楼观，跟随马俭法师习道。马俭见其习道的意志非常坚定，是个有道根的人，于是就把修道秘笈传给他。尹通习道日深，道术精进，声名远播。这时，拓跋焘对道家学说兴趣很浓，听说尹通道学根基深厚，很是钦敬，所以就派遣使者前来拜谒，并且送上香烛之资，让尹通修葺道观、建斋行道，楼观道宇由此初成规模。魏太武帝的尊崇，不但使楼观道宇焕然一新，还使其声名鹊起，引起了南北两方道教人士的强烈关注，往返于楼观的拜谒者络绎不绝。嗣后，道士牛文侯、尹法兴等习道人才接踵而至，楼观道士猛增到四十多人，蔚然成一大道派，声誉日隆。北魏太武皇帝被害之后，继之而起的北魏孝文帝太和（477～499）也热衷于道，对楼观道的扶持力度不减太武帝之时。其时，姑射山道士王道义仰钦楼观之盛，不远千里，率门下弟子入驻楼观。王道义入主楼观之后，大修观宇，楼观坛宇，一皆鼎新。同时，王道义又“令门人购集真经万余卷”，放置于楼观，供楼观道士研习修行。

北魏分裂为东西两魏之后，西魏建都长安。西魏文帝元宝炬非常欣赏楼观道士陈宝炽，曾经多次召令陈宝炽入延英殿，和他一起谈论道家学说。西魏大太师安定公以及满朝文武都尊陈宝炽为师，跟随他习道。

陈宝炽去世后，西魏文帝又把陈宝炽的弟子李顺兴召到都城长安，让他演习道术。李顺兴演习的是什么道家的“法术”，史无明文，但却记有李顺兴演习成功，赢得了朝廷内外的崇信。从以上史迹可以看到，楼观道派的兴起，与北魏和西魏封建统治者的崇信与支持是分不开的。正是得力于统治者的支持，楼观道这才开始正式形成为一个拥有相当数量徒众、并对朝野上下有一定影响力的道派。

那么，崇信道教，为楼观道派的兴起贡献最多的拓跋焘是个什么样的人，他为什么会对楼观道的兴起如此卖力呢？

还是让我们比较全面地认识一下这位太武皇帝吧！

拓跋焘（408—452）是北魏的第三位皇帝，字佛狸，谥号太武皇帝，庙号世祖，史称魏太武帝。拓跋焘在位29年，最大的历史功绩就是在他统治期间，先后消灭夏国、北燕、北凉诸国，结束了五胡十六国百年混战的局面，统一了中国北方，使中原老百姓的生活得以安定下来。其后，拓跋焘又讨山胡，降鄯善，西逐吐谷浑，南取南朝刘宋的四大重镇，向北又大破柔然，使得中国北方一度出现社会相对安定，经济发展提速的局面。

唐国强饰演的拓跋焘

就文治武功而言，拓跋焘最受推崇的武功有四件，最为有名的有二：一是攻破大夏都城统万城骑兵攻坚战。统万城有天下第一坚城之称（今内蒙古乌审旗南白城子），但是，拓跋焘与将士一道，顶着风沙，强忍饥渴，诱敌出城，与夏军恶战于统万城外。在战斗中，拓跋焘因马失前蹄摔下马来，但上马后仍继续指挥战斗，击杀夏军将领十余人。由于拓跋焘在战斗中能身先士卒，所以“人思效命，所向无前”，最后取得了战斗的胜利，剪灭了大夏。其二是马踏柔然的云中之战。拓跋焘即位不久，柔然国君主纥升盖可汗听说北魏换了新皇帝，就派遣六万骑兵大掠北魏北方边境，占领北魏旧都盛乐。拓跋焘听说后，带两万骑兵日夜兼程救援云中。纥升盖可汗自恃人多，将拓跋焘的军队团团包围了五十多圈。拓跋焘射死纥升盖可汗的侄子于陟斤使骤失大将的柔然军队大乱，北魏军队乘胜杀退柔然军，收复了盛乐。第二年，北魏开始转入对柔然的反攻，拓跋焘八次率军进攻柔然。尤其是429年，拓跋焘分兵两路，取道黑山（今内蒙古和林格尔西北）和大娥山，大举攻打柔然。东路由拓跋焘亲自率领轻骑军奔袭数千里，很快就抵达栗水（今蒙古西北翁金河）。柔然军民个个吓得大惊失色，拓跋焘领军纵深穿插，俘虏敌军甚众。自此，柔然势力削弱，柔然可汗远遁，北方边塞得以安静。拓跋焘率轻骑军多次长途奔袭，出奇制胜，大破柔然，为稳定北方创造了有利条件。

拓跋焘虽然出身鲜卑贵族，崇尚武功，但对于中原文化却抱着开放吸纳的积极心态，尤其对儒家的德治文化十分推崇。据资料介绍，从北魏的先祖拓跋力微时起，拓跋部所属的西部鲜卑就对中原文化采取主动吸纳的态度。拓跋力微还曾经把自己的儿子沙漠汗派到中原为人质，与中原的曹魏、西晋政权采取和好政策。沙漠汗在中原十四年，接受汉人文化，穿着汉服，几乎不会再说鲜卑语言。拓跋部被晋朝拓分为三部之后，尤其是在接受了晋朝派来的汉人担任辅相之后，其政治举措以及行事方式都与中原文化极为接近，虽然其间也有反复，但总体上说来接受汉化是其主流。拓跋焘的父亲拓跋珪也十分注意收罗汉族士人，凡有士大夫求见者，无论少长，皆引入赐见，存问周悉，凡有才能者，咸蒙叙用。登国十年（395年），拓跋圭大破后燕军，于俘虏中擢拔了汉族士人贾彝、贾闰、晁崇等，参议政事，开始了与汉族士人的合作。拓跋珪不但吸收汉族士人进入北魏统治集团，而且采用中原封建律令，制定朝廷典章制度，按照周秦以降中原王朝的规模，建立起北魏王廷，保存汉人原来的社会制度，采用汉人原有的租税制度，与汉族世家豪强逐渐相互交融结合。特别是他实行离散众部，分土定居，变部落民为国家编户，实行“计口受田”，使游牧民族向农业民族转变，部落奴隶制向封建制度转变。拓跋焘继位之后，仍然沿袭封建化的方针，大肆搜罗汉族人才，始光四年（426年），魏军攻克夏都统万城，拓跋焘便将在赫连昌政权中任职的汉族士人毛修之、赵逸、胡方回、张渊、徐辨等人请入北魏政府任职。太延五年（439年）平凉之后，他更是将凉州境内著名的儒家学者搜罗一空，以礼相待，量才重用。另一方面，又频频下诏州郡，礼请各地著名的汉族士人入仕北魏，仅神䴥四年（431年）一次就征请了范阳卢玄、博陵崔绰、赵郡李灵、河间邢颖、勃海高允、广平游雅、太原张伟等数百名汉族士人，根据才能学识，分别委用。勃海人高允晚年写有《高士颂》一文，颂扬了拓跋焘对汉族士人的重用，描绘了当时北魏政府中“髦士盈朝，而济济之美兴焉”的盛况。

拓跋焘在执政的实践中，逐渐认识到，要维护和巩固自己的统治，不仅需要武功，而且需要“文教”，即通过宣扬礼、乐、法度来教化民众。他在神䴥四年（431年）取得败柔然，降高车、灭夏国的军事胜利后，就提出“偃武修文”的治国之策。偃武，他做不到；修文，确实是重视起来了。他尊崇孔子，提倡儒学，大量吸收汉族地主阶级知识分子参政，目的是要用儒家学说统治人民的思想，利用汉族知识分子的知识和经验治国安邦。事实上，拓跋焘在统治手段和制度上都较多地吸取了汉族统治阶级的做法。

首先，拓跋焘吸取汉族的统治经验，在汉族士人的帮助下，以儒家学说为指导思想，著力整顿吏治。拓跋焘一方面多次下诏令严厉制止官吏的贪残行为，并规定百姓可以告发地方官吏不守法者，以加强对地方官吏的检举督察；另一方面通过巡行察访了解官吏政绩，不称职者罢免，有恶行者处之以法大臣犯法，无所宽假。由于处置严厉，因此，拓跋焘统治时期不少官吏勤于政事，客观上有利于人民生活和社会生产的正常进行。

其次，鼓励进谏。比如北魏尚书令古弼奏请上谷（今河北怀来东南）一带贫民无田，可缩减宫廷苑囿土地以赐民，正逢拓跋焘与给事中刘树在下棋，显出不愿听古弼陈奏的样子。于是，古弼就上去抓住刘树的头，把他从床上拉下来，并用手揪刘树的耳朵，用拳头捶刘树的背，骂道："朝廷不治，就是你的罪！"拓跋焘一看此种情景，马上放下棋子对古弼说："不听奏事，实在是我的错。"并同意将苑囿占用土地的一半分给贫民。拓跋焘的纳谏虽然比不上后世的唐太宗，但就当时的社会历史条件来说，也可算是佼佼者了。

北魏太武帝写意

再次，在经济上，拓跋焘也吸取了汉族统治阶级的传统政策，劝课农桑，崇尚节俭。拓跋焘统治时期，采取了一系列措施以劝课农桑。一方面沿用魏晋以来的封建赋税制度户调式，凡有征发，由县宰召集乡邑三长计赀定课，裒多益寡，九品混通。另一方面又沿用历代汉族政权的做法，将劝课农桑作为衡量地方牧守政绩的主要标准，由刺史明考优劣，以确定官吏的升降臧否，对那些烦扰百姓、妄加征发，损害了农业生产的官吏轻者罢免，重者给以法律处分。因此，在拓跋焘统治时期，北魏政府中出现了不少勤于职守的地方官吏，黄河流域的农业生产也逐步得到了恢复。

第四，崇尚节俭。拓跋焘在生活上是比较节制的，衣食车马，取给而已，不好珍丽，食不二味。不仅自己如此，对后宫嫔妃也要求如此。当群臣建议大修平城宫室时，拓跋焘明确表示：财者军国之本，不应轻费，国家兴衰在德不在城，拒绝了大臣们的建议。由于统治阶级崇尚节俭，使老百姓的赋役负担相应减轻，也有助于经济的恢复和发展。

第五，在思想上，拓跋焘也象汉族封建统治者一样，倡导儒学，崇尚文教。北魏初，他忙于征战，对此是很不注意的。统一北方后，他开始把崇尚文教作为其统治政策的一个重要方面。太平真君五年（444年），拓跋焘发布宣文教令，认为此前因军国多事，未宣文教，非所以整齐风俗，示轨则于天下，规定自王公至于卿士，其子息皆得诣太学受学。为此，拓跋焘采取了一系列具体措施予以切实督责。

第六，兴办学校，选拔儒家学者讲学。如敦煌学者索敞，以儒学见长，于是就被拔为中书博士，专门从事贵族子弟的教育，笃勤训授十余年，其学生中位至尚书牧守者数十人。河内温（今河南温县西南）人常爽，置学馆于温水（今南盘江）之右，教授学生七百余人，不少人后来位居要职。通过这些儒家学者的努力，北魏的教育事业走上了正轨，京师学业，翕然复兴。

第七，整理经籍。晋末动乱，随之又是一百多年的十六国分裂割据，中原儒家经籍的散失十分严重。拓跋焘统治时期，任用一批儒家学者在这方面做了许多工作，如索敞撰编的《丧服要记》，将儒家经典中有关丧礼的篇章辑成一册，为拓跋族继承和吸取儒家丧仪礼节提供了根据和方便。其他如《易》《乐》《诗》等儒家经典，拓跋焘也都组织人力，拨给经费加以注释整理。

第八，修编国史。修史本是中国自古以来的优良传统，殷商以来，政府中就设有专职史官，但北魏初，这一工作却停顿了。拓跋焘在国内政治平定之后，根据司徒崔浩的建议，招集了段承根、阴仲达等一批河西学者，编修国史，从而使绵延数千年的修史传统在北魏时期得到了继承和发展。

拓跋焘采取的崇尚文教政策，使中国传统的封建文化很快地为拓跋族所熟悉和接受，尤值一提的是，随着学校的建立，教育的发展，儒家经典的整理刊行，提高了拓跋族的汉文化水平，培养了一批精通儒家学说的拓跋族知识分子，从而成为以后孝文帝改制的社会基础与思想基础，因此，拓跋焘的崇尚文教政策为后来的太和改制起了奠基作用。

从上面的介绍我们可以看出，拓跋焘是一位汉化程度较高的鲜卑族皇帝，所以，就文化积淀而言，拓跋焘崇信道教而摈弃佛教并非是一时兴起，或者是故意做恶。拓跋焘灭佛兴道还有更深的社会历史和文化原因，我们在下一专节里予以讨论。

灭佛兴道事有因
——佛道之争背后的皇权正统之争

拓跋族入主中原之后，接受并继承了中原王朝敬佛礼法之事，用它来敷导民俗、教化民众。因此，从拓跋圭开始，北魏统治者大都对佛教人士礼敬有加。如太武帝之前的道武帝和明元帝，《魏书·释老志》记载："太祖（道武帝）平中山，经略燕、赵、所经郡国佛寺，见诸沙门、道士，皆致精敬，禁军旅无有所犯，帝好黄老，颇览佛经。"而魏明元帝继位后也是"遵太祖之业，亦好黄老，又崇佛法，京邑四方，建立图像，仍令沙门敷导民俗"。魏太武帝在未信道教之前对佛教也较为尊奉，《辩正论》载太武帝"回向一乘，皈依三宝，复伽蓝之胜地，创招提之净宫，乃于邺城造宗正寺"。拓跋焘继位之初，经常和一些有"高行"的佛教人士谈论佛法，对佛教人士也很宽容。那么，早年崇佛的太武帝为什么发动了中国历史上第一次大规模的灭佛行动呢？

据宗教史研究工作者们分析，其原因有以下几个方面。

北魏佛造像

首先是佛教势力的发展、佛教徒的大量增加，使得国家控制的户口相应减少。拓跋焘在位时，东征西讨、南北设防，需要大量人力以供徭役之使和从军作战，这就引发了人力的争夺。佛教自东汉传入中国内地，一直到南北朝分裂时期，差不多将近有四五百年的时间，在这期间，佛教已由初传期的“未有归信者”以致“蕴其深解，无所宣述”，有了迅速的发展，北魏境内佛寺与僧人数量更是惊人。《续高僧传》说：“（北魏时）释侣阗帮，寺塔充国，二百多万众，纲猷上统之言，四十千寺，咸列释门之刹。”杨炫之的《洛阳伽蓝记》历来被视为记载佛教状况较为可靠的史料，其中也提到北魏境内实际的僧尼人数将近二百万左右。同时唐法琳的《辩正论》、唐道世的《法苑珠林》中也有类似的记载。

面对如此庞大的僧尼队伍，任何一个朝代和国家的统治者都会高度警惕，都会将其视为一种危害社会秩序的不稳定因素。特别是对太武帝这样一位崇尚武力的统治者来说，他绝对不会对这种潜在的危险视而不见、不闻不问。太武帝在即位之初的423年，便利用北魏强大的军事力量，先后消灭了地方势力极强的匈奴夏赫连氏、北燕冯氏和卢水胡北粮沮渠氏，使北魏政权最终完成了统治今河北、河南、陕西、甘肃等地的历史任务。太武帝在二十八年的当政生涯中，一直是纵横捭阖、驰骋沙场、征战异邦。连年征战必然会耗费大量的人力、物力和财力，而佛教如此大规模的发展必然又会侵占大量的社会资源。如此简单的道理太武帝不会不明白。438年，太武帝考虑到“象教弥增矣，寻以沙门众多”乃于三月庚辰下诏“罢年五十以下者”。虽然《魏书·释老志》和《太武纪》中都没有说明这五十岁以下的僧侣，被迫还俗以后到底会从事什么工作，但是我们完全可以根据后来太武帝实施的一系列的策略中，窥测到这批年富力强、风华正茂的社会中坚最终的命运。胡三省注《通鉴》中说“以其强壮，罢使为民，以从征役”。凡是身体健康、强壮有力的沙门，皆应应征入伍、服从兵役。而体弱多病、年龄偏大的沙门，则一律还俗为民，从事工、农、商等诸种行业的工作，以充实和扩大北魏时期徭役、赋税和租调的队伍，为富国强兵、军事建设服务。这样做既可以防止因僧团队伍不断扩大可能引发的政治不安定问题，又能有效地调节北魏人口逐渐失衡的社会问题，以及纳税人口不断减少的经济问题，同时也缓解了宗教与政府之间的矛盾，从根本上保证了征兵的来源。

太平真君五年（444年）正月，拓跋焘又下令灭佛。其理由是，佛教人士假借西方的虚诞之事，妖言惑众，以致社会怪象丛生，为了统一政治教化，让天下风俗淳朴德，所以应该禁绝佛教传播。拓跋焘这次灭佛的举措非常严厉，规定自王公以至庶人，有私自供养佛教徒和从事占卜之事的巫师以及金银工巧之人的，限时将其送往官府，严禁私自藏匿。如果逾期不送，一经查实，佛教徒处死，主人满门抄斩。太平真君七年（446年），拓跋焘挥兵南下，在长安一带镇压盖吴起义时，他的部下在一所寺院里发现了大量兵器和数以万计的赃贿之物，以及密室等。这些不法之事，引起拓跋焘的疑惧，再加上他最宠信的大臣崔浩的挑拨和怂恿，拓跋焘再次发出更为严厉的灭佛诏令，不但令所有佛教活动被禁绝，就连所有的佛图形象及佛经都不能幸免，统统被砸毁或者付之一炬，无论是否有犯禁之事，所有的佛教徒都被杀掉。

其次是北魏政治体制改革的需要。太武帝舍佛奉道也是出于政治目的，太平真君五年，太武帝曾下禁止私养沙门诏，称沙门“假西戎虚诞，妄生妖孽，非所以一齐政化，布淳德于天下”，业已体现出儒教理念与外来佛教间的冲突，而“一齐政化”才是其废佛的主要目的。这一点在太平真君七年的废佛诏书中也可得到证明。诏书中说："昔后汉荒君，信惑邪伪，妄假睡梦，事胡妖鬼，以乱天常，自古九州之中无此也。夸诞大言，不本人情。叔季之世，暗君乱主，莫不眩焉。由是政教不行，礼义大坏，鬼道盛炽，视王者之法，蔑如也。自此以来，代经祸乱，天罚亟行，生民死尽，五服之内，鞠为丘墟，千里萧条，不见人际，皆由于此。朕……欲除伪定真，复羲农之治。其一切荡除胡神，灭其踪迹，庶无谢于风氏矣……虽言胡神……皆非真实。至使王法废而不行，盖大奸之魁也。有非常之人，然后能行非常之事，非朕孰能去此历代之伪物！"诏书称佛为"胡妖鬼"、"胡神"、"伪物"，原因是"自古九州之中无此也"；诏书将东汉以后的社会动乱归咎于佛教，指出只有"太平真君"拓跋焘才能完成"荡除胡神"的"非常之事"，目的在于行政教、兴礼仪，"除伪定真，复羲农之治"。

太上老君写意

其三，太武帝灭佛兴教，是为了争取皇权的正统地位，出于巩固皇权的目的。作为"夷狄之族"的鲜卑族入主中原，在太武帝看来始终是不合正统的，而佛教恰是"夷狄之教"。尊奉中国土生土长的道教而灭除佛教，彻底与佛教划清界限，可以显示自己回归儒家正统的决心，力保北魏政权长治久安。拓跋焘自小就深受汉文化影响，对于儒家学说和道教学说都表现出浓厚的学习兴趣。就文化心理积淀而言，拓跋焘很自然地倾向于认同中原文化，视中原文化为正统，对其有一种崇拜和归皈情结；从政治统治角度来看，作为鲜卑拓跋部的贵族首领，为了消除汉人由于民族隔阂而产生的反抗，他也很乐意消除自己的"异族"身份，千方百计和汉族牵上文化"血缘"关系。这一点，不仅是拓跋焘，所有的北魏皇帝都是这样做的。他们为了表明自己的“正统”，便有意造出拓跋部是黄帝的儿子昌意的后裔的“史实”。《北史·魏本纪》中就有这样的记载：“魏之先出自黄帝，黄帝子曰昌意，昌意之子受封北国，其处有大鲜卑山，因以为号。”按照这个说法，鲜卑族是昌意的后裔，因居地名而为部族名，拓跋是这一族的姓氏，自然也是汉人，当然就有权继承伏羲神农的正统。北魏历代皇帝信奉道教，一方面有求长生的需要，但最重要的大概是以信奉道教，受道教符箓，来证明是自己受天命、继正统而做皇帝的正统性。因此，无论汉人还是鲜卑拓跋部的民众，都应该听从天命的安排，服从拓跋皇帝的管理。在这一点上，魏太武帝做得很到位，为了便于利用道教作为麻痹汉人民族意识的工具，他在平城设立天师道场，亲临道场受符箓，并且将年号也改为“太平真君”，以示虔诚和追崇。太平真君七年（446年），他在兴道灭佛的诏书中说得非常清楚：“朕承天绪，欲除伪定真，获羲农之治……”他除佛的目的，就是“除伪定真”，除去佛教的伪，确立道教的真。所以，有人评价魏太武帝灭佛，固然有佛教人士本身的不法行为，也有道士寇谦之和崔浩的劝说，但最重要的原因，是魏太武帝要用实际行动来证明自己亲汉不亲胡。后赵石虎说过，胡人就应该奉胡神，我是胡人，所以兴佛教。魏太武帝排斥胡神（佛教），显然是在对汉人说，我是黄帝子孙，有权继承羲农的正统。也正是在这种背景下，魏太武帝对兴起于关中腹地的楼观道派才给予高度重视，拨给香烛之资（钱粮），让尹通修葺道观，楼观道派这才得以兴盛。

综上所述，太武帝灭除佛教的主要原因是佛教的过度发展对北魏政权构成了威胁，以及太武帝和崔浩出于政治体制改革的需要，把佛教作为牺牲品来努力回归儒家正统。但是佛教在发展过程中自身暴露出的问题，也加速了佛教在北魏的废灭。

太平真君六年（445年），卢水胡盖吴在杏城揭竿起义，发展迅猛。

《魏书·世祖纪》载："九月，卢水胡盖吴聚众反于杏城，冬十月戊子，长安镇副将元纥率众讨之，为吴所杀，吴党遂盛。"第二年（446年）太武帝在多次派遣将领讨伐均告失败后，率军亲征，从平城来到长安，并大破盖吴于杏城，战争结束以后，太武帝暂留长安处理政务。

长安历来是中国政治和文化的中心，历史上许多朝代都建都于此，因此长安城内文化繁兴、佛教昌盛，寺观庙宇鳞次栉比，聚集了中外大批僧侣。有一天，太武帝闲暇无事，来到寺中观马时，发现部分僧侣正在饮酒作乐，纵情歌舞。对此，太武帝很不高兴，命令其随从官吏入室检查，发现寺中有大量的弓矢矛盾藏匿其中。闻报后，太武帝大怒，生气地说："此非沙门所用，当与盖吴通谋，规害人耳。"于是，命令有关部门逮捕寺中一干人等，统统杀掉，并且封其庙产，将其点录入官。不料，这次点检查抄的结果更让太武帝疑惧愤慨。因为不但从寺中搜出专门酿酒所用若干器具及当地州郡、牧守、富商之人寄托于寺中的财物、宝珠等数以万计，而且寺中除了正规殿堂、礼佛场所之外，另有若干密室，有贵室王女藏匿其间私行淫乱。太武帝得到奏报后，忌恨僧众不守人伦、违背佛理，再加上司徒崔浩恰好随行，见此情形乘虚而入"因进其说"僧徒沙门为害甚烈，若不令行禁止，则势必蠹害更重。

这时的太武帝本来就已经对佛教没有了好感，僧人自身的"腐败"行为，再加上崔浩的煽风点火，太武帝便断然采取了灭佛措施。"诏诛长安沙门，焚破佛像，敕留台下四方，令一依长安行事。"太武帝自此强劲地拉开了历史上自佛教传入以来最令人胆颤心寒的灭佛序幕。

太武帝灭佛是史无前例的，其惨烈程度更是绝无仅有。从灭佛诏书中我们可以看出，他采取的灭佛措施主要有以下几个方面：

一是对于已经建成的寺庙，不论规模大小、不分寺主官私、不管地处远近，一律予以拆除，全部夷为平地。至于石雕、佛像之类则一律捣毁，铜像投入熔炉，改铸铜钱，不令有存。自此以后，一经发现有敢违禁令私自供奉泥塑、木雕铜铸佛像者，不论男女老少、职务高低，其所有门人，都将遣送官曹，一律判以死刑，若有甚者，祸及同族。

二是针对北魏境内所有僧侣沙门，不问年龄大小、有罪无罪，悉数坑埋，绝不放走一个僧侣，若经发现“其有患逸者，皆遣人追捕，得必枭斩”。

三是命令所有城镇刺史、京邑守军，乃至州郡牧守，把凡是能够见到的不管是何种版本的佛教经书，全部投诸水火，焚烧殆尽，不予留存。并且要求尽力搜索大小经论，务使无一遗漏、永绝后患，断天下人学佛者之道，绝后世事胡神之根。

诏书下达以后，北魏境内便开始了大规模的灭佛行动，其结果令人触目惊心。《续高僧传》中记载说：“到伪太平七年，一境之内，无复沙门，始唯闭绝幽深，军兵所不能至。”意思是说到太平真君七年的时候，北魏境内几乎看不到一个沙门，除了那些人迹罕至、官军不易到达的地方，或许还有沙门幸免于难。而《南齐书》中则说：“初，佛狸讨羯胡明于长安，杀道人且尽。”此处“道人”即指沙门。此外《魏书·释老志》也说：“土木宫塔，声教所及，莫不毕毁矣。”公元547年，杨衔之因公务来到洛阳，看到先前“金刹与灵台比高、广殿共阿房等壮”的佛教隆盛场面，如今已是“城廓崩毁、宫室倾覆、寺观尽烬、庙塔丘墟……京城表里凡有一千余寺，今日寥廓、钟声罕闻”。

成败功过儒与道

——崔浩与寇谦之与北魏的兴道灭佛活动

北魏太武帝的兴道灭佛之举，与大臣崔浩和道教著名人物寇谦之的影响也有着密切的关系。由于崔浩和寇谦之的鼓吹与推动，北魏太武帝时期，道教代替佛教，走上了国家宗教的神坛。

如前所述，北魏是少数民族入主中原后建立的国家，按照儒家“正统说”，它并非是名正言顺的。为了使自己的统治更为有效和有力，它必须推行儒家的“文治”，向中原文化靠拢。在北魏政权中，崔浩可谓是推行“文治”的急先锋。

崔浩画像

崔浩，字伯渊，清河郡武城（今河北故城县）人。白马公玄伯之长子，仕北魏道武、明元、太武帝三朝，官至司徒，参与军国大计，对促进北魏统一北方起了积极作用，有人甚至称颂其为“南北朝第一流军事谋略家”。从《魏书·崔浩列传》说他“少好文学，博览经史。玄象阴阳，百家之言，无不关综，研精义理，时人莫及”的这段文字来看，崔浩是一个非常典型的北方儒士。事实上，崔浩不但对于儒家学说非常精通，而且对神仙方士之学造诣颇深。据说崔浩写得一手好书法，深得魏道武帝拓跋珪宠爱，20岁时，就担任了北魏的通直郎一职，不久升为著作郎。永兴元年（409年），明元帝拓跋嗣即位，崔浩被拜为博士祭酒，赐爵武城子。魏明元帝对阴阳术数很感兴趣，所以就常常让崔浩给他讲《易经》《洪范·五行传》之类的经书，以广见闻。甚至在处理某些军国大事时，也请崔浩占卜吉凶，参考天文，以决疑难。与其他不学无术、专事妄谈的方术之士不同的是，崔浩在解读占卜吉凶时，运用自己的历史和天文知识，把天道卦象与人事、时势结合起来加以综合考察，举其大要，所以崔浩的占卜多有应验。从此，崔浩得宠，经常参与军国大事的谋划，成为魏明元帝的肱股之臣。

在魏明元帝一朝，最令人折服的是他驳斥迁都一事。神瑞二年（415

年），魏国首都平城（今山西大同市）连年霜旱，秋谷歉收，发生粮荒，云中、代郡很多百姓饿死。太史令王亮、苏坦劝明元帝迁都邺城（今河北省临漳县），以解粮荒，稳定人心。崔浩认为国家迁都于邺并非长久之策。他从国家政权稳定、军事战略和粮食生产三个方面分析，向明元帝陈说迁都的害处。明元帝听从崔浩的建议，挑选了一批最穷困的民户，下到各州去就食，又挑选部分贫困户分赴定、相、冀三州就食，由当地开仓赈恤。第二年秋天，收成很好，百姓富足，人心安定，国家渡过了难关。

崔浩不仅有治国之能，对军事也很有一套。当东晋刘裕兵临潼关时，明元帝问计于崔浩。崔浩分析后秦和东晋形势，认为东晋必胜，建议明元帝采用“隔岸观火”之计，静观其变。这一招果然灵验，使北魏既在混战中保全实力，又为下一步攻破夏驱柔做好了军事准备。

不过，崔浩最受时人和后人推崇的功勋，是他攻破夏都的计策。北魏太武帝拓跋焘即位后，面临一个重大决策：先灭夏还是先伐柔然？崔浩独抒己见，力主先灭夏，后伐柔然，并且于战阵之上，献计献策，故意让犯死罪的士卒逃走报信，让西夏王赫连昌上当，成功地“引蛇出洞”，为北魏创造了战机。当魏、夏两军决战之时，崔浩又力主设伏，全力反攻，终于战胜西夏主力，攻破统万城。在征柔然时，崔浩分析形势，主张调集精兵，以迅雷不及掩耳之势，长驱直入蠕蠕境内，出其不意，攻其无备。在朝廷辩论中，崔浩以“五行相克”的高论，舌战群臣，终于使太武帝拓跋焘下定决心大举讨伐柔然。这次远征，依崔浩“出其不意，攻其无备”的谋略，果然取得了关键性的胜利。在灭北凉的战略决策中，崔浩又不顾个人安危，揭穿反对派阴谋，力挽狂澜，力促太武帝亲率大军灭北凉。崔浩作为统一战争的谋主，参与了北魏王朝三代帝王重大的军事决策，多谋善断，算无遗策，屡建功勋，在北魏统一中国北方的一系列战争中起了重要作用。除了以上事件以外，崔浩在平息薛永宗、盖吴暴乱、征讨吐没骨部落、吐谷浑以及南征刘宋等战争中屡献奇谋，屡建奇功。

崔浩对北魏的政治影响，主要表现在对北魏宗教信仰的干预上。佛教作为一种外来宗教，其思想习俗与中原文化是有很大差别，与崔浩的“文治”主张也是相悖的。崔浩出身北魏高门世族，饱读诗书，受传统“夷夏观”影响极深，不仅对佛教深恶痛绝，而且对道教也很不恭敬。《魏书·崔浩传》说：“浩非毁佛法，而妻郭氏敬好释典，时时诵读。浩怒，取而焚之，捐灰于厕中。”又称：“浩既不信佛道，（崔）模深所归向。每虽粪土之中，礼拜形象。浩大笑之，云：‘持此头颅不净处跪是胡神也。’”《魏书·崔浩传》载，崔浩曾称道教奉为经典的《道德经》《庄子》为“不近人情”的“矫诬之说”，视之为“乱先王之教”的“败法文书”。不过，在崔浩看来，道教尽管有这样那样的“不近人情”处，都要比佛教要好得多，作为“夷狄之教”的佛教应当坚决废除，而与儒家学说有着千丝万缕关系的土生土长的道教则可以改造而利用之。而这时，道士寇谦之来到了北魏，给崔浩带来了“天助我也”般的惊喜。

寇谦之（365～448）为北魏著名道士，南北朝新天师道（也称北天师道）的改革者和代表人物。祖籍上谷昌平（今属北京），后迁居冯翊万年（今陕西临潼），自称东汉光武帝时雍奴侯寇恂的十三世孙，遇“仙人”成公兴，随之入华山，采食药物不复饥。继隐嵩山，修道七载，声名渐著。北魏神瑞二年（415年），他宣称太上老君亲临嵩山授予他“天师之位”，赐《云中音诵新科之戒》二十卷，传授导引服气口诀诸法，并令他“清整道教，除去三张伪法，租米钱税及男女合气之术”、“专以礼度为首，而加之以服食闭炼”。北魏泰常八年（423年），他又称老子玄孙李谱文降临嵩山，亲授《录图真经》六十余卷，赐以劾召鬼神与金丹等秘法，并嘱其辅佐北方“太平真君”（北魏太武帝拓跋焘）。次年（424年）寇谦之亲赴魏都平城（今山西大同）献道书于太武帝。最初，太武帝对寇谦之献书之举漠然处之，“令谦之止于张曜之所，供其食物”。后来，为了得到魏太武帝的认同，寇谦之拜见了最受太武帝宠信的司徒崔浩，以求援引。两人相见，就“治乱之际”的统治思想进行了交流探讨，没想到竟然不谋而合，寇谦之不仅尊崔浩为“当今之皋繇”，并且改变了道教“行道隐居”的本质而“营世务”，称自己“奉神中之诀，当兼修儒教，辅助太平真君，继千载之绝统”，甚至还要崔浩为他“撰列王者治典，并论其大要”。寇谦之投崔浩以桃李，崔浩自然报寇谦之以琼瑶。公元424年，崔浩向太武帝上了一道歌颂道教、赞扬寇谦之的奏疏，奏疏中说：“臣闻圣王受命，则有大应，而《河图》《洛书》皆寄言于虫兽之文，未若今日人神接对，手笔灿然，辞旨深妙，自古无比……今清德隐仙，不召自至，斯诚陛下一轩黄，应天之符也，岂可以世俗常谈，而忽上天之命。”“与帝言，数加非毁，常谓虚诞，为世费害。帝以其辩博，颇信之。”经过崔浩一番别有用心的历史比照和主观肆意夸大的横向联系后，太武帝终于欣然领受，“乃使谒者奉玉帛牲牢，祭嵩岳，迎致其余弟子在山中者，于是崇奉天师，显扬新法，宣布天下，道业大行”。翌年，于平城南立天师道场，重坛五层，尊其新经之制，集道士一百二十人，每日祈祷六次。太延六年（440年），寇谦之声称太上老君复降，授太武帝以“太平真君”之号，帝遂改元为太平真君。两年之后，拓跋焘又亲至道坛受箓，封寇谦之为国师。北天师道由此在北方大盛。

据《魏书》记载，在王权的支持之下，寇谦之对五斗米道进行了一系列的改革。这里面有两个原因，一是天师道（即五斗米道）自张陵之后，常被农民用作组织和发动起义的旗帜，统治阶级对它怀有戒心，也深为当时士大夫所不满，不适应封建统治者的需要，常常引起统治者的猜疑和限制。北魏时，因为五斗米道是汉人宗教，统治者有认同中原文化的文化诉求，对道教采取了认同与尊崇的态度，对佛教采取了抑制政策，这有利于道教的传播；另一方面，就道教本身来说，东晋末年，五斗米道也面临了十分明显的危机：由于孙恩等人聚众作乱，使五斗米道无法得到上层社会的支持，发动暴乱在民间也不得人心，均使五斗米道难以传播。而这时佛教逐渐在中国扎根、兴盛，佛道竞争日益加剧，道教要想站住脚，维护其社会地位，就非对原有五斗米道的一些弊端进行改革不可。就在这种政治背景和宗教形势之下，寇谦之趁北魏太武帝崇道抑佛之机，对天师道进行了改造和整顿以迎合统治阶级的需要。

其实，早在北魏神瑞二年（415年），寇谦之就诡称太上老君亲临嵩岳，授给他天师之位，赐给他《云中音诵新科之戒》二十卷，并且把服气导引之法传给了他，让他宣此“新科”，清整道教，除去三张（张陵、张衡、张鲁）伪法租米钱税及男女合气之术，专以礼度为首，而加之以服食闭炼。泰常八年（423年），寇谦之又称太上老君玄孙李谱文降临嵩岳，授给他《录图真经》六十余卷，以及劾召鬼神与金丹等秘法，命他辅佐北方太平真君（指北魏太武帝拓跋焘），统领“人鬼之政”。

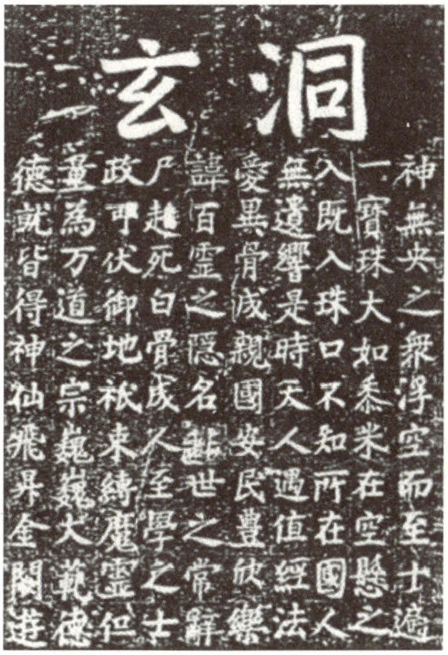

玄洞碑文

很显然，这些仙味十足的自叙，是寇谦之为自己改革天师道所捏造的道论依据。但是，从这些“仙话”中，我们可以看出寇谦之改革天师道的原则是“以礼度为首”，即保留和增加适合儒家礼教的内容，革除和废弃违背儒家礼教的道教制度。寇谦之在改革中摒弃了有可能被农民起义利用的教义和制度，反对“称官设号、蚁聚人众、坏乱土地”、“谋害国家”等。寇谦之认为农民领袖是“诳诈万端”、“惑乱万民”的“父不慈，子不孝，臣不忠”的“愚人”和“恶人”，他们所领导的农民起义军则是一些“逋逃罪逆之人”和“奴仆隶皂”之类的贱民，“下俗臭肉，如狗魍魉”，咒骂“当疫毒临之，恶人死尽”。要求修道之人要兼修儒教，并且承担起教化生民、佐国扶命的责任。他主张臣忠子孝，夫信妇贞，兄敬弟顺，安贫乐贱，信守五常。并将此列为道教规戒之内容，使儒家之道德规范成为道士的行动准则。毫无疑问，这些改革内容都是符合统治阶级的需要，并为统治者所欢迎的。

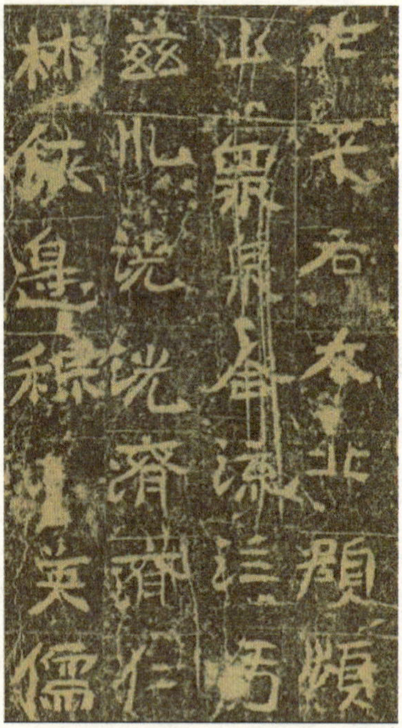
道教经文刻石拓片

天师道“从天师升仙以来，旷官置职，道荒人浊，后人诸官，愚暗相传，自署治箓符契，气候侧错，不可承准”，出现组织涣散，科律废驰的混乱局面，寇谦之乃致力于天师道之组织整顿。首先，他以太上老君的口吻对某些道官祭酒乱取民财的违科行为进行了严厉的批评和指责：“吾初立天师，授署道教治箓符，岂有取人一钱之法乎？”继而宣布：“吾今并出新法，按而奉顺，从今以后，无有分传说愿输送，仿署治箓，无有财帛，民户杂愿，岁常保口厨具，产生男女，百灾疾病，光怪众说厨愿，尽皆断之……若有道官浊心不除，不从正教，听民更从新科正法清教之师。”其禁止道官过分索取道民财帛之措施，既减轻了道民的经济负担，又缓和了二者之间的矛盾。针对某些道官妄传张陵所授黄赤房中之术，授人夫妻、淫风大行、损辱损辱道教的犯戒情况，决定废除房中黄赤之法。在组织制度上，主张简贤授明，唯贤是授，改革道官祭酒的世袭制度。

在道教改革中，寇谦之十分重视道教斋醮仪范。他认为，若仅修服食、辟谷、导引之术，只可得除病寿终，“诸欲修学长生之人，好供寻诸诵诫，建功香火，斋练功成，感彻之后，长生可克”。“男女官努力修斋，寻诸诵诫香火建功，仙道不远。”故此，他为天师道增订了道官受箓、道官道民求愿、道民犯律解度、为人治病、为亡人超度、为祖先亡灵解厄之斋仪，且为各种斋仪制定了仪式，亦为后世道教斋仪奠定了基础。经寇谦之改革后的天师道，道貌焕然一新，后人称“新天师道”或“北天师道”。

铜身火祭叶犹繁
——北周佛道之争与田谷十老

北周武帝时，长安地区的佛道争论引发罢教事件，佛、道二教势力都受到严重打击，但楼观道派的骨干却在周武帝的荫庇下汇聚一观，为道教义理建设作出了重要积累。

早在东汉末年，黄老道的信奉者就根据《史记》中有关老子应尹喜之请，“著书上下篇，言道德之意五千余言而去，莫知其所终”的记述，演绎出“老子入夷狄为浮屠”的传说，为神化老子和贬抑佛教奠定了基础。西晋末年，又有五斗米道祭酒王浮撰写《化胡经》，宣称老子西出阳关，渡流沙，入天竺，化为佛陀，教化胡人，创设了佛教。北魏初及东魏、北齐时，新天师道与佛教两次激烈交锋，引发了北魏太武帝灭佛和北齐废道的事件。但这两个政权并不曾管辖到关中，所以，长安地区的佛道活动没有受到多少冲击。

不过，占据关中的西魏和北周统治者，对佛教也不是很感兴趣，在宗教倾向上明显地偏向道教。在统治者的默许支持下，这一时期的楼观道派道士和王浮一样，坚持老子化胡的观点，习修《化胡经》，以之为抗御佛教的理论武器。除《化胡经》外，楼观道派还奉持据说是由老子口授、尹喜所记的《西升经》。和《化胡经》主旨相同，《西升经》也坚持认为，老子和尹喜西升之后，历经大秦、安息、月氏、罽宾、条支、于阗等国，化胡为佛，“且降伏九十五种外道焉”。唐人段成式在《酉阳杂俎》前集卷二中即采用了这种传说，并且认为汉代已有大月支所撰《复立经》记述此事：

老君西越流沙，历八十一国，乌代（乌弋）、身毒为浮屠，化被三千国，有九万品戒经，汉所获《复立经》是也。

老子化胡说的目的在于贬低佛教，抬高老子、尹喜和楼观道的地位。北周时，楼观道派受到皇帝支持，佛道双方再开争端。周武帝虽然从感情上接近道教，但他的根本目的，则是希望以儒家思想统一三教，借以配合全面的汉化改革，实行富国强兵的目标。公元568年（天和三年），周武帝在大德殿召集道士讲《礼记》；第二年，在紫极殿集合名僧、名儒、道士及文武百官两千余人讨论佛道，比较三教优劣，又下令司隶大夫甄鸾“详佛道二教，定其先后深浅同异”。但甄鸾却将条策冠名《笑道论》，并在文中嘲笑道教三洞真经伪妄、道法浅陋。周武帝大怒，“于庭殿焚之”。当时，有个名叫道安的僧人不服气，撰写了一篇《二教论》，认为佛教炼心为内教，儒教救形为外教，而“道无别教，即在儒流”。建德元年（572年），周武帝在玄都观登法座讲说，让道佛辩论，以争高下。虽然佛道两家的辩论很激烈，但还是未能分出胜负。

第二年冬天，周武帝又召集群臣辩论佛道儒三教优劣，最后，由周武帝拍板，确定“以儒教为先，道教为次，佛教为后”。公元574年，鉴于当时关陇有佛寺万余座、僧侣百万人，与国争利的情况，周武帝打算废佛存道，召集僧道辩难。道士张宾与僧智炫辩论，被智炫驳倒，周武帝很不高兴。这年五月，周武帝下诏“断佛道二教，经像悉毁，罢沙门道士，并令还民。并禁诸淫祀，非祀典所载者尽除之”。这次佛道之争的结果，以二教均遭罢禁而告终。

不过，周武帝虽然下达了禁罢二教的命令，但还是不愿舍弃道教，意欲为它留一条生路。据《古今图书集成》引《香案牍》的记载，周武帝召楼观道士严达到便殿，讨论佛道优劣问题。严达，字道通，北魏末入道，师从楼观道士侯楷“学穷琼韫，博通妙术”，驰誉于周、隋之际。周武帝问严达说：道教与佛教那个最优？严达回答说：道教是主，佛教是客，当然是主优而客劣。周武帝又问：怎样才能分辨谁是主，谁是客呢？严达说：佛教出于西方，当然是客，道教出于中土，当然是主。周武帝又问：佛教既然是从西方来的客人，如今要让其西归，主人要不要送一送呢？严达说：佛教作为客人回到西方，对西方之人有益，道教作为主人留在中土，对中土没有任何损伤。要离开的我们不去追，留下来的足以自己保全自己，有什么送的必要呢？

严达机敏而智慧的回答，让周武帝打消了废除佛教的心理障碍，也增强了周武帝废佛礼道的决心。为了表达对道教的敬崇，周武帝为严达在长安城建造了通道观（今西安市北郊汉长安城遗址），又于楼观附近的田谷口修建了别馆，并另选王延、苏道标、程法明、周化生、王真微、史道乐、于长文、张法成、伏道崇等九名楼观高道入居，世称“田谷十老”。对于周武帝废教和建通道观的决定，严达作出了辩解。他说：

古之达者先存诸己而后存诸人，今上不欲废道教而意则去繁，但道贵得人，玄纲自振，何必多人耶！盖多人则多累，反为吾道之玷。夫道不欲杂，杂则多，多则惑，惑则乱，乱则真理丧矣，讵有益哉。（《历世真仙体道通鉴》卷三十）

严达认为，周武帝尊崇道教，对于道教而言，无疑是一件好事，但是，道教的要旨是清静无为，是澄明自然，现在人事扰扰，多杂而乱，对道教而言，也不是一件有益的事。严达的这番见解，体现和弘发了道教的基本精神。大概正是因为他有这种淡泊宁静的道家情怀，所以身轻体健，据说活了90多岁，是楼观道高道中活得时间最久的一位。

在“田谷十老”中，另一位著名的高道是王延。

王延（520～604），字子玄，京兆扶风始平（今陕西兴平）人，西魏大统三年（537年）入道，师从楼观高道陈宝炽研习道经。其后，又访谒华山云台观，以茅山道士焦旷为师，得授三洞秘诀真经。北周武帝闻其名，遣使将王延召延入长安。但是，王延很不习惯都市帝室生活，又请辞归还华山云台观。周武帝为了表达对王延的礼遇，下诏增修云台观，让王延居观清修。后来，周武帝下诏废佛道二教，建通道观，让王延与严达共居通道观，诏命王延在通道观内校雠三洞经图。王延居通道观期间，校雠三洞经图八十余卷，又作《三洞珠囊》（非现存王悬河之《三洞珠囊》）七卷，为道教典籍的整理作出了杰出的贡献。隋文帝即位后，改通道观为玄都观，并移至新城内崇业坊（在今朱雀路南段），以王延为观主。

终南道士

隋文帝还以宝车迎王延至大兴殿，亲自问道受戒。授王延以道门威仪之职，号威仪法师。当时不少大臣如苏威、杨素都效法皇帝拜他为师。公元604年（隋仁寿四年）卒于长安玄都观。

玖

宗圣宫里说隋唐

崇道护佛通道观

——隋王朝对佛道两教的态度

隋文帝

在对待佛道两教的态度上，隋王朝所持的是崇道不灭佛，兼容并蓄的持中心态。这一方面源于北周静帝即位后对佛道二教尊奉，使秦陇地区佛道两教因之而得以迅速复兴；另一方面，也缘于隋文帝利用道教制作“受命之符”，以取得皇权正统地位的政治需要。当然，隋文帝的崇道护佛，对于长安地区的道教和楼观道派的发展无疑提供了良好的机遇。

隋文帝杨坚是隋朝的开国皇帝，弘农郡华阴（今陕西省华阴县）人。其远祖是汉太尉杨震，其父杨忠跟随北周太祖起义关西，因功赐姓普六茹氏，位至柱国、大司空、随国公。北周宣帝即位后，杨坚的长女被聘为后妃，杨坚晋升为柱国大将军、大司马。北周静帝即位，杨坚在郑译和刘昉的帮助下以外戚身份控制了北周的朝政，并以种种手段逼北周静帝禅让帝位。杨坚从外孙北周静帝手中篡取皇权后，定国号为大隋，改元开皇，宣布大赦天下。但是，他却以残忍的手段处死了北周宗室。不过，公平而论，隋文帝在中国历代皇帝中，还称得上是一代有为之君。隋文帝在位期间，成功地统一了百年来严重分裂的中国，开创先进的选官制度，发展文化经济，使得中国成为盛世之国。隋朝开皇年间疆域辽阔，人口达到700余万户，是人类历史上农耕文明的颠峰时期。

由于篡夺北周皇权的手段不是那么光明正大，所以，隋文帝即位后，就大力扶持道教，利用道士制作“受命之符”，为他篡夺北周皇权的“合理性”制造理论依据。其实，早在他还是北周的大司马、大将军时，就已经开始了神化自己的工作。《隋书·高祖本纪》中就记叙了一系列神化隋文帝的“史迹”。其一说，隋文帝生于般若寺，出生时紫气充庭神光满室，不但骨相奇异，而且手中还写有一个“王”字。其二说，宇文宪攻破北齐任城王高湝于冀州，定州城西门久闭不行，齐文宣帝时，有人请求开启城门，以便于行人通行，齐文宣帝不批准，说是“当有圣人来启之”。等到隋文帝到来时，城门不启而开，大家都深感惊奇。其三说，陈后主听说隋文帝相貌不凡，派通直散骑常侍袁彦前往一探虚实，等到袁彦把隋文帝的画像拿回来给他看时，陈后主竟然惊恐得扑倒在地，大喊不愿见此人，让人赶快把画像卷起来。《隋书》中还记录了几条隋文帝“名在图箓”的故事，一是道士庞晃当面对隋文帝说他相貌非常，名在图箓，希望他以后登上九五之尊时，不要忘记了提携自己一把；二是韦鼎在访问北周时，曾经和隋文帝有过一次交谈，说隋文帝的相貌故非常人，其聪明才智，也远非群贤所能及，以后一定会大贵，一统天下。

这些记载在《隋书》里的“史迹”，当然是为了神化隋文帝而撰述的，但也从一个侧面反映出隋文帝利用佛道教为自己制造篡夺北周政权的神权依据。为了表明皇族血统的正统性，隋文帝即位之后，进行了一系列的遵道活动。同时，又由于他小时候在佛教寺院里长大，所以，他对于佛教也是非常尊崇的。为此，隋文帝专门下诏，对佛道两教进行保护，其诏曰：

佛法深妙，道教虚融，咸降大悲，济度群品，凡在含识，皆蒙覆护。所以雕铸灵相，图写真形，率土瞻仰，用申诚敬。其五岳四渎，节宣云雨，江、河、淮、海，浸润区域，并生养万物，得益兆人，故建庙立祀，以时恭敬。敢有毁坏偷盗佛及天尊像、岳镇海渎神形者，以不道论；沙门坏佛像、道士坏天尊者，以恶逆论。（《隋书》卷二《商帝下》）

从上面的诏令可以看出，隋文帝实行的道佛并容政策，对佛道两家不偏不倚，同样尊奉，不光严格要求吏民爱护佛道，而且对佛教徒和道士也有严格要求，对于佛道的不敬行为严惩不贷。

事实上，杨坚在夺取政权时，即利用道士为其大造舆论，即位后又对其加以重用。《隋书·来和传》称，当隋文帝正在筹划篡夺北周帝位之时，道士张宾、焦子顺、雁门人童子华等三人，就在私下里向隋文帝密告“符命”说：你有帝王之相，当代周而立，一定要好自为之。隋文帝对这些深藏玄机的话非常欣赏，等到他代周而起，建立隋朝之后，就任用张宾为华州刺史，焦子顺为开府柱国，童子华为上仪司。《唐会要》卷五十《尊崇道教》载：隋开皇八年（588年），隋文帝因为焦子顺能役使鬼神，并且密告过隋文帝的“受命”之符，所以，隋文帝即位之后，就任命焦子顺为开府柱国，但是焦子顺却辞而不受。不过，隋文帝并不以其辞官不做为过，反而常常召请焦子顺咨谋军国大事。隋文帝对焦子顺关怀备至，为避免其往来疲困，又特在皇宫附近建立五通观供其居住，并尊之为天师，其恩遇之隆，可想而知。

建国之初，隋文帝不但重用焦子顺、张宾等道士，还把他的开国年号命名为“开皇”，这个名称即采自道教经典中所谓“开劫”的年号之一。杨坚又造道观、度道士，以扶持道教发展。杜光庭《道教灵验记》载：“隋文帝开皇初，干戈不施，寰海克定，唯王谦后周旧臣，勋名素重，畏惮隋祖，恐祸及身，遂据三蜀以图变，帝出师征之，频战不克，兵士多病，死者相枕，乃于内殿修黄箓道场，祈天请佑。”开皇元年（581年），隋文帝下诏修复陕西周至县的老子庙。开皇二年（582年），隋文帝迁都龙首原时，乃于都下畿内造观三十六所，名曰玄坛，“置道士二千人”；又下令重修楼观宫宇，置道士一百二十人。不但如此，在楼观宫宇修缮完毕之后，他还亲自驾临道场，以表示特别的崇奉。特置玄都观，以“田谷十老”之一的楼观道士王延为观主，并于开皇六年（586年）亲自召见王延于大兴殿，以提高其声望。开皇七年，他又为道士吕师立清虚观、为道士孙昂立清都观。据韦述《两京新记》载，隋时，仅长安城中就有道观十座，其中以玄都观、清都观、圣德女冠观、五通观最为著名。

开皇八年（588年），江夏安陆女道士孟静素以“道行高雅”而名噪江南，隋文帝慕名将她召至京师长安，专门为她建立了至德观。由于隋文帝的尊崇，孟静素誉满长安，以至于出现了“公卿虚己，士女翘心。于是高视神州，广开众妙，悬明镜于讲肆，陈鸿钟于灵坛。著录之侣，升堂者比迹；问道之客，及门者城群”的景象，及至唐代隋立，唐高祖、唐太宗仍然给予她很高的待遇。孟静素死后，著名的书法家褚遂良为她书写了碑文。

对于道教的尊崇，隋文帝可以说是笃信不疑，乐此不疲。除了大兴道观、延揽道士之外，他在皇城的修建等大型建筑中，也把道教思想坚定不移地贯彻其中。

隋朝开国之初，都城仍在长安旧城，其时的旧城因为久经战乱，残破不堪，而且宫室形制狭小，不能适应新建的统一国家都城的需要，加之几百年来城市污水沉淀，壅底难泄，饮水供应也成问题。于是，隋文帝放弃龙首原以北的故长安城，在龙首原以南汉长安城东南选择新址。开皇二年（582年）正月，隋文帝命当时著名的大建筑家宇文恺负责设计建造新城——大兴城。宇文恺参照北魏洛阳城和东魏、北齐邺都南城，把龙首原以南的六条高坡视为乾之六爻，并以此为大兴城的骨架，作为长安城总体规划的地理基础。宇文恺认为，皇宫、政权机关和寺庙都应该高高在上，与一般居民区区别开来，所以，应当在第二坡设置宫殿，“以当帝之居”；第三坡设置官署，“以应君子之数”；第五坡地位尊贵，平常百姓不宜居住于此，此地应是有道行的居所，所以，就在第五坡修建了玄都观（今朱雀大街西）和兴善寺（朱雀大街东），一道一佛，镇压其地。

楼观道教宫观

除了利用佛道之外，隋文帝还力推汉化，以求得到中原人士的支持。隋文帝的先祖武川镇司马杨元寿因为辅助鲜卑有功，被赐胡姓普六茹，隋文帝上台后，立即恢复了自己的汉姓，并且对春秋、汉代的文化典籍，进行了搜集整理工作。隋文帝登基后下过这样一道诏书：

建国重道，莫先于学，尊主庇民，莫先于礼。自魏氏不竞，周、齐抗衡，分四海之民，斗二邦之力，递为强弱，多历年所。务权诈而薄儒雅，重干戈而轻俎豆，民不见德，唯争是闻。朝野以机巧为师，文吏用深刻为法，风浇俗弊，化之然也。虽复建立庠序，兼启黉塾，业非时贵，道亦不行。其间服膺儒术，盖有之矣，彼众我寡，未能移俗。然其维持名教，奖饰彝伦，微相弘益，赖斯而已。王者承天，休咎随化，有礼则祥瑞必降，无礼则妖孽兴起。人禀五常，性灵不一，有礼则阴阳合德，无礼则禽兽其心。治国立身，非礼不可。朕受命于天，财成万物，去华夷之乱，求风化之宜。戒奢崇俭，率先百辟，轻徭薄赋，冀以宽弘。而积习生常，未能惩革，闾阎士庶，吉凶之礼，动悉乖方，不依制度。执宪之职，似塞耳而无闻，莅民之官，犹蔽目而不察。宣扬朝化，其若是乎？古人之学，且耕且养。今者民丁非役之日，农亩时候之馀，若敦以学业，劝以经礼，自可家慕大道，人希至德。岂止知礼节，识廉耻，父慈子孝，兄恭弟顺者乎？始自京师，爰及州郡，宜祗朕意，劝学行礼。

根据《隋书儒林列传》记述，隋文帝不惜玉帛之赏，大肆搜求文化典籍，对读书人“贲旌帛以礼之，设好爵以縻之”。所以，“四海九州强学待问之士，靡不毕集焉”。“齐、鲁、赵、魏，学者尤多，负笈追师，不远千里，讲诵之声，道路不绝。中州儒雅之盛，自汉、魏以来，一时而已。”《北史》这样说道：“自是天下州县皆置博士习礼焉。”而且，在隋文帝“献书一卷赏绢一匹”政策的刺激下，“民间异书，往往间出”，“一二年间，篇籍稍备”。隋时的藏书量是中国历代最多的，最多时有37万卷，77000多类图书。

对于隋文帝尊道护佛不弃儒的宗教文化政策，理学的祖师爷朱熹极为欣赏，并给予了极高的评价，说隋文帝：“地凭宸极，天纵神武，开运握图，创业垂统，圣德也；拨乱反正，济国宁人，六合八纮，同文共轨，神功也；玄酒陶匏，云和孤竹，禋祀上帝，尊极配天，大孝也；偃伯戢戈，正礼裁乐，纳民寿域，驱俗福林，至政也。”唐代的魏征说隋

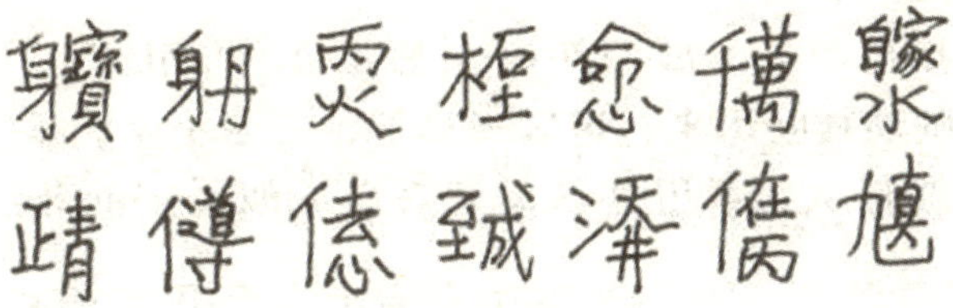

西安古楼观说经台前对联

文帝："或气或云，荫映于廊庙；如天如日，临照于轩冕。内明外顺，自险获安，岂非万福扶持，百禄攸集。"大文豪苏东坡说隋文帝"睿圣自天，英华独秀，刑法与礼仪同运，文德共武功俱远……虞舜之大功二十，未足相比，姬发之合位三五，岂可足论。"明代大儒王夫之赞评道："隋文之待威也，固以古大臣之任望之；威之所以自见者，亦以平四海、正风俗为己功。"

隋炀帝杨广与其父一样，既笃信佛教，又利用和扶持道教，史称"大业中，道士以术进者甚众"。当杨广还在做晋王时，即对道士徐则甚为钦崇，请受道法，并想依靠徐则帮他夺取帝位。《隋书·徐则传》载其召徐则的手书中，有对徐则以"商山四皓"和"淮南八公"相期之语，便是这种意图的流露。同书又说："时有建安宋玉泉、会稽孔道茂、丹阳王远知等，亦行辟谷，以松水自给，皆为炀帝所重。"王远知是茅山宗的宗师，杨广即位之后，于大业七年（611年）召见，并以帝王之尊，"亲执弟子之礼"，敕令于都城起玉清玄坛以处之。此外，又将道士薛颐"引入内道场，亟令章醮"。将道士马赜"引入玉清观，每加恩礼，召令章醮"。大业八年，他还诏请蔡天师法涛、李天师法超住衡岳观焚修，兴行道法，衡州府库田畴什物，并赐观用。

据《历代崇道记》称："炀帝迁都洛阳，复于城内及畿甸造观二十四所，度道士一千一百人。"建立崇玄署，设令丞，加强对道、佛二教的管理；又于内道场集道、佛经，别撰目录。史称炀帝"以天下承平日久，士马全盛，慨然慕秦皇、汉武之事"，迷信金丹，幻想长生不死。为使道士潘诞为他合炼金丹，便“为之作嵩阳观，华屋数百间，以童男童女各一百二十人充给使，位视三品，常役数千人，所费巨万”，“在两都及巡游，常以僧尼道士女官（冠）自随，谓之四道场”，并仿照“仙山琼阁”在宫内兴建西苑。

隋的统一也促进道教的南北融汇，这种融汇以茅山宗为主流。在陶弘景之后，茅山宗传往北方的上清经法，已经纳入灵宝、三皇及召神劾鬼之类的道经，并与北方的楼观道相结合。从茅山道士焦旷入居华山，楼观道士王延前往师之，得其传授三洞秘诀真经；楼观道士侯楷“行三奔术，诵《大洞经》及《三皇内文》劾召之法”；以及王延“校雠三洞经法、科仪戒律飞符箓”、撰写《三洞珠囊》等事观之，不难发现当时南北融汇的蛛丝马迹。王远知在北方的积极传道、受隋炀帝殊宠，对茅山宗在北方的传播和发展具有极重要的意义。《隋书·经籍志》在谈到隋代受道之法时称：“初受《五千文箓》，次受《三洞箓》，次受《洞玄箓》，次受《上清箓》。” 表明上清经法在当时已被确认为上品道法。

楼观道士助李渊

——李渊为什么要尊老子为远祖

和隋文帝利用道教为自己取得代北周而起的合法性地位相似，唐王朝的开国皇帝李渊也是借重道教人士，制造唐代隋起的理论依据，以求得皇权神授的合法地位。另一方面，虽然隋代的统治者道佛并重，佛道两家在有隋一代独享尊荣，但是，在波澜壮阔，风诡云谲的隋末农民大起义中，佛道两教人士眼看着隋王朝行将覆灭，也在逐鹿中原的群雄中物色新的政治靠山，积极向他们所认定的“真命天子”靠拢，为其出谋划策，制造政治舆论，以求得日后统治者的支持。如东都道士桓法嗣认为王世充“当代隋为天子”，便投靠王世充；泰山道士徐洪客则寄希望于李密，向李密进献取天下之策；道士魏徵亦“进十策以干密”，李密对于魏征的“十策”，“虽奇之而不能用”。及至李密败降之时，魏徵就跟随李密归顺了唐军，成为唐太宗时的名臣。在隋末道士中，比较多的人认为李渊父子能取得天下，纷纷投到李渊父子的麾下，为建立李家王朝效力。在这些道士中，尤以楼观道士歧晖和茅山宗领袖王远知为甚。歧晖在隋大业七年（611年）即称“天道将改，当有老君子孙治世，此后吾教大兴”。隋大业十三年，当李渊起兵反隋至蒲津关时，歧晖兴奋之情溢于言表，其说：“此真君来也，必平定四方矣。”于是，自改其名平定，发道士八十余人向关接应，尽以观中粮资唐军。

唐高祖李渊画像

那么，歧晖是个什么样的人物，竟然有此“先见之明”呢？歧晖（557～630），后改名歧平定。北朝至隋唐间道士，京北有扈（今陕西户县）人，北周武帝天和五年（570年）出家入道，隋初开皇三年（583年）师从楼观道法师苏道标，隋末时为楼观道主持。据说，早在隋大业七年（611年），隋炀帝亲征辽东时，歧晖就已经预料到天道“将改”。他对弟子们说，天下大乱将至，届时将有老子的后世子孙出来收拾残局，当主天下，我们楼观道从此以后，将会大兴。过了几年，隋王朝果然内乱四起，烽火遍地。

在隋末农民起义军的“三十六路反王”当中，虽然后起，但势力最强的是打着尊王旗号，立隋炀帝孙子代王侑为天子（恭帝），从而获得唐王之封的李渊。李渊是西汉前将军李广、十六国时期西凉国开国君主李暠的后裔，陇西成纪（今甘肃秦安县叶堡乡）人，祖籍赵郡隆庆（今邢台市隆尧县）。李渊的祖父李虎，曾任西魏太尉之职，其父李昺，在北周时历任官御史大夫、安州总管、柱国大将军。李渊的母亲是隋文帝孤独皇后的姐姐，所以，隋炀帝即位以后，李渊就极得隋炀帝信任，被任命为荥阳（今河南郑州）、楼烦（今山西静乐）二郡太守，后来又被召为殿内少监，迁卫尉少卿。

大业十一年（615年），李渊拜山西河东慰抚大使。十三年，拜太原留守。当时，隋末农民起义遍布全国，政局动乱。李渊便与次子李世民在大业十三年五月起兵叛乱，并从河东（今山西永济西）召回长子李建成和四子李元吉。李渊叛乱后，一面遣刘文静出使突厥，请求始毕可汗派兵马相助，一面召募军队，并于七月率师南下。此时瓦岗军在李密领导下与困守洛阳的王世充激战方酣，李渊乘隙进取关中十一月攻拔长安，在关中站稳了脚跟。李渊入长安后，立炀帝孙代王侑为天子（恭帝），改元义宁，遥尊炀帝为太上皇；又以杨侑名义自加假黄钺、使持节、大都督内外诸军事、尚书令、大丞相，进封唐王，综理万机。次年（618年）五月，李渊称帝，改国号唐，定都长安，不久便统一了全国。

李渊只用了七年时间就击败群雄，再次统一了天下，这固然与他的英明神武是分不开的，但更重要的，是他生了一群杰出的儿女。这群英雄儿女中，功绩最大的就是太子李建成、次子李世民和三女儿平阳公主。尤其是三女儿平阳公主，在李渊起兵晋阳，剑指关中之时，她屯兵宜寿宫，突发奇兵，遥相接应，为李渊入主关中立下了赫赫战功。

平阳公主是唐高祖李渊的第三个女儿，也是李渊嫡妻窦氏（窦皇后）的爱女、唐朝凌烟阁二十四功臣中排名第十四位的大功臣柴绍的妻子。隋大业十三年（617年）五月，李渊起兵太原时，柴绍和平阳公主定居在长安城。虽然李渊起兵时宣称他是前去江都接应被困在那里的隋炀帝，可是他的行军方向却直指首都长安。这种“掩耳盗铃”的行为当然瞒不过长安的隋朝官员。长安方面立即下令拘捕李渊的家人，逮捕名单中就包括了李渊的三女儿平阳公主和她的丈夫柴绍。

平阳公主画像

面对危急形势，平阳公主和丈夫快速商议，决定分头行动，柴绍直奔太原，而平阳公主则在后方进行各种安排。她很快动身回到鄠县（今陕西户县）的李氏庄园，女扮男装，自称李公子，将当地的产业变卖，赈济灾民，招收了一支几百人的队伍。不久，李渊起兵的消息就传来了，平阳公主千方百计收编了李仲文、向善志、丘师利等义军，势力大增，和前来围剿的隋军展开激战。在此期间，楼观道主持岐晖把观中的粮草搬运到平阳公主的军营，资助平阳公主与隋军作战。后来，李渊兵至蒲津关，岐晖高兴地说“此真君来也，必平定四方”，高兴之余，还把自己的名字改为“平定”，派遣楼观道士八十多人前往蒲津关，迎接李渊的部队。李渊这时正想得到“天命”的符应，鼓舞士气，所以岐晖的鼓吹、楼观道士的到来，令他喜出望外，立即把岐晖拜为紫金光禄大夫。当然，对于来到军中的其他楼观道士也自有一番褒奖。在唐军进攻隋都长安前，李渊特意派遣使者前往楼观，让道士们设醮祈福，凑巧的是，第二天唐军果然攻克了长安，使楼观道士大大地露了一次脸。

正因为有了这些背景，所以唐王朝建立后，唐高祖李渊多次敕令修建、扩大楼观规模。据《混元圣纪》载，唐高祖李渊“敕楼观，令鼎新修营老君殿、天尊堂及尹真人庙，应观内屋宇务令宽博，称其瞻仰，并赐土田十顷及仙游监地充庄，仍于观侧立监置官检校修造，即以岐平定主观事”。第二年，唐高祖李渊又下诏，“改楼观曰宗圣观，赐白米二百石，帛一千匹，以供观中修补”。武德七年（624年），唐高祖李渊又亲率文武百官临幸楼观，“幸终南山”，“谒老子庙”。次年，诏命欧阳询撰《大唐宗圣观记》，并且刊之于石，以资永久纪念。经过七年的营建，至武德九年（626年），楼观扩建完毕，扩建后的宗圣观建筑群，超过今存说经台建筑群面积的十倍以上。这时，作为楼观主持，岐晖自然是风光异常，常常奉入朝，主持斋醮，为国祈福。一时之间，朝野上下，尊道崇圣，蔚然成风。武德八年二月，唐高祖派昊天观（古长安城北里许）主尹文操兼知宗圣观事，文操奉敕修《玄元皇帝圣纪》十卷，授银青光禄大夫。

楼观道盛极一时，一方面是因为岐晖有“应接圣君”并“斋醮有验”之功，更重要的是与李唐王朝需要利用“朕自祖先，出自老子”有关。尽管李渊起兵时，除了有楼观道士岐晖鼓吹李渊是“真主”、“真君”外，还有终南道士李淳风散布预言，说是老君在终南山上显灵，告诉他说：“唐公当受天命。”但是，作为一代有见地、有作为的明君，是不会轻易受道士们的摆布的。李渊之所以欣然接受岐晖和李淳风等道士的预言，并且煞有介事地认老子为其先祖，是为了给李氏家族的统治寻找传统理论的支持，使李氏一族的统治符合“君权神授”的信条，以取得统治的合法性地位。同时，也是鉴于隋末战乱造成的社会生产力的破坏十分严重，欲借鉴西汉初期实行的黄老政治，清静无为，与民休息，求得天下大治。此外，保护国家财政稳定、经济发展，遏制过分膨胀的佛教势力，也促使了唐初统治者“崇道抑佛”基本国策的制定。

为了迎合唐高祖李渊寻求“君权神授”的隐秘政治心理，武德元年（618年），长安城内外忽然传布出老君在绛州羊角山显灵的神话。唐高祖一听，正中下怀，赶紧自认为老子的后裔，并且专门跑到楼观进行了一番追根祭祀活动，振振有词地说：“朕之远祖，亲来降此。朕为社稷主，其可无建乎？”于是就有了前边所说的对楼观的大规模修建。在此以后，唐高祖李渊驾幸楼观，祭祀老子的活动就更加频繁。武德八年（625年）唐高祖发布诏令，佛道儒三教参与国家重要典礼、公开活动场面时，其排次和站列先后，以道教居先，儒教次之，佛教为末。从此确定了道教第一的宗教地位，以后不论哪个皇帝在位，都毫无例外地奉道教为国教，承认和追认老子为其先祖，追谥加封，重重叠加，如下表：

唐代帝王世系（自称是老子后人）

庙号	谥号	姓名	在位时间	字	陵墓
	德明皇帝	皋陶			
圣祖	玄元皇帝	李耳 （老子）	———	老聃	
	兴圣皇帝	李嵩			
献祖	宣皇帝	李熙	———		
懿祖	光皇帝	李天赐			
太祖	景皇帝	李虎	———	文彬	
世祖	元皇帝	李昺	———		
高祖	神尧大圣大光孝皇帝	李渊	618～626	叔德	献陵
太宗	文武大圣大广孝皇帝	李世民	627～649		昭陵

续表

高宗	天皇大圣大弘孝皇帝	李治	650～683	为善	乾陵
义宗	孝敬皇帝（追谥）	李弘			
中宗	大和大圣大昭孝皇帝	李显	684.1～684.2		定陵
睿宗	玄真大圣大兴孝皇帝	李旦	684～690		桥陵
	则天顺圣皇后、武周圣神皇帝	武曌	690～705		乾陵
中宗	大和大圣大昭孝皇帝	李显	705～710		定陵
恭宗	殇帝、少帝	李重茂	707.6.7～707.6.24		
睿宗	玄真大圣大兴孝皇帝	李旦	710～712		桥陵
	让皇帝	李宪			
玄宗	至道大圣大明孝皇帝	李隆基	712～756		泰陵
	奉天皇帝（追谥）	李琮			
肃宗	文明武德大圣大宣孝皇帝	李亨	756～762		建陵
	承天皇帝（追谥）	李倓			
代宗	睿文孝武皇帝	李豫	762～780		元陵
	广武王	李承宏			
德宗	神武孝文皇帝	李适	780～805		崇陵
顺宗	至德大圣大安孝皇帝	李诵	805～806		丰陵
宪宗	昭文章武大圣至神孝皇帝	李纯	806～821		景陵

续表

穆宗	睿圣文惠孝皇帝	李恒	821～825		光陵
敬宗	睿武昭愍孝皇帝	李湛	825～826		庄陵
	绛王	李悟			
文宗	元圣昭献孝皇帝	李昂	826～841		章陵
武宗	至道昭肃孝皇帝	李炎	841～846		端陵
宣宗	圣武献文孝皇帝	李忱	847～859		贞陵
懿宗	昭圣恭惠孝皇帝	李漼	859～873		简陵
僖宗	惠圣恭定孝皇帝	李儇	873～889		靖陵
昭宗	圣穆景文孝皇帝	李晔	889～904		和陵
	德王	李裕	898～901		
景宗 哀宗	昭宣光烈哀孝皇帝	李柷	904．2～907		温陵

从上表可以看出，唐代帝王视老子为其先祖的笃信是愈后愈烈。据说，贞观十三年（639年），有个法号法琳的佛教弟子因为直言唐宗室是拓跋氏的子孙，而不是老子的后裔，被唐太宗关进大牢，流放他乡。唐高宗李治虽然信奉佛教，对玄奘的译经事业也很支持，但对玄奘提出把三教排位改为“佛先道后”的要求，仍然不敢答应。就连后来改变了李唐王朝“道先佛后”国策的武则天，最初对李唐王室的崇道热情也是百般逢迎。中宗复位之后，立即对武周的做法予以纠正，明确宣布老君依旧为玄元皇帝，命令天下士子学习《道德经》。唐玄宗即位后，更是将《道德经》列为六经之上，百家之首，诏令两京及诸州各置玄元皇帝

庙，每年依道法斋醮。代宗之后，历代唐代皇帝无不崇尚道教，或建仙楼，或服仙丹，或好道术。唐武宗不仅好道术，而且把道士赵归真等81人召入内宫修金箓道场，在大明宫内建望仙观，筑望仙台，在城北龙首池建造灵符应圣院等等，直弄得满城妖氛，最后以中毒而死收场。

崇道抑佛建楼观
——楼观之兴与唐玄宗的神仙情结

有唐一代，是楼观道派发展最为迅速、影响最为广泛的时期，尤其是楼观的祠庙建筑，在唐代达到鼎盛。

如前所述，楼观道派之所以受到唐王朝历代皇帝的尊崇，一是缘于楼观道士岐晖有“应接圣君”并“斋醮有验”之功，二是源于李唐王朝的统治者有确认“老君子孙”的政治需求。因此，唐朝的历代皇帝都极力推崇道教，大力兴建道观宫宇，供养道士，以彰道教。据樊光春《西北道教史》统计，隋唐两代在西北地区共建道观156处，其中唐长安城中就占总数的40%左右，计有63处之多，集中在长安城的道士大约有3000多人。隋唐两代对楼观的宫观营建都倾注了极大的宗教热情和人力物力，而且其修建的时间最长，修建的规模也最大。

隋开皇四年（584年），隋文帝杨坚敕令修复楼观宫宇，召集有道之人和饱学之士精心校对注释《道德经》，命书家用篆书、隶书、楷书、草书四种字体书写《道德经》碑，刊立于道庙之中。唐代对楼观的营建，始于唐高祖李渊。李渊为了表达自己对“老君”远祖的崇敬，不但亲率后妃和文武百官到楼观祭祀老子，而且拨出巨款对老君殿、天尊堂、尹真人庙等进行了修复和扩建，改楼观为宗圣观。和李渊相比，唐玄宗李隆基手笔更大。执政期间，他围绕宗圣宫进行了一系列的扩建活动。最初是因为玉真公主在楼观隐居，为了方便公主的修行，在今说经台的北边兴建了玉真公主山庄和玉真仙人祠。接着，又因玄元托梦、楼观仙谷得老子玉像的仙话和仙事，在说经台的南面修建了了会灵观。从此，楼观的道教建筑群达于极盛，一举奠定了仙都地位。

唐玄宗尊崇道教，不但把楼观道教群修建得恢弘壮观，而且在长安城内大修道观宫宇，流风所及，朝野上下修建道观，尊道习道蔚然成风。据《唐两京城坊考》唐代所建之著名道观有以下数处：

一是太清宫。开元二十九年（741年），唐玄宗下令在大宁坊西南隅修建太清宫，与三大内的朝宫第宅相邻。修建成的太清宫主殿圣祖殿有十二间之多，内置玄元皇帝玉像和吴道子画的玄元真容像。太清宫南为琼花门，东为九灵门，西为三清门，大殿以东是御斋院，以西是公卿斋院，殿北两斋院之间是道士们的斋舍。三清宫宏大壮丽，是唐王室每年四时及腊终举行国家祭祀之所，所以，在长安城所有的道观中地位最高。

二是玄都观。玄都观的前身是北周所置的通道观，隋宇文恺修建大兴城时，在第五坡修了玄都观，以镇其地。在有唐一代，这里先后又修起了福唐观、新昌观。初唐时，最擅长画佛道人物的画师范长寿，还为玄都观的大殿画了大量精美的道教壁画。开元、天宝年间，尹通、荆拙等高道居住玄都观，收集儒道典籍一万多卷，许多达官贵人都常来玄都观拜道士为师，求教习道。诗人刘禹锡、章孝标等人多次游览玄都观，观赏风景，吟诗作赋。

三是昊天观。昊天观在保宁坊（今长安南路西八里村一带），是唐高宗为唐太宗李世民追福而建的道观。唐高宗不但自己题写了观额，撰写了叹道文，还让宗圣观观主尹文操兼任观主。在长安城内的道观中，昊天观占地面积最大，据说占了整整一个坊的面积。考古证实，昊天观东西宽562米，南北长530米。观内竹林常青，流水潺潺，风景如画，是唐代吏民士女休闲游览的好去处。

四是景龙观。景龙观在长安城崇仁坊（今西安市东大街以南开通巷以东），原为中宗长女长宁公主宅第，唐睿宗因著名道士叶法善有“冥助”功，任其为景龙观观主。景龙观内有唐睿宗亲自撰书铭文的景云钟（即今钟楼上的巨型铜钟）。天宝十三年（754年），改景龙观为玄真观，唐肃宗曾在观内高百尺座讲（即讲经台）。

五是兴唐观。兴唐观位于长安城长乐坊（今西安市纱厂东街、同仁里一带），原为司农寺所辖的园地。开元十八年，唐玄宗令拆兴庆宫通乾殿及大明宫乘云阁、白莲花殿和甘泉殿，以其材木建造兴唐观的天尊殿、门楼、精思堂和老君殿。元和初，唐宪宗又赐钱千万，动用300多人复修。为了方便皇帝行幸，唐宪宗又赐给内库绢帛1000匹、杂谷1000担修建复道，赐钱5000万、茶叶1000斤充为修醮之资。

除了上述五大宫观之外，还有咸宜女冠观、开元观、玉真女冠观、太平女冠观等，分别为唐宗室咸宜公主、金仙公主、玉真公主等人的入道修行之处。这些观内景物富丽清雅，四季如一，尤其是观内壁画，均为唐代最负盛名的画师，如吴道玄、解倩、杨廷光、杨仙乔等人所画，精美绝伦。更有张籍、杨凭有、释广宣等人的诗作，将其富丽恢弘以及观中女冠修香火的盛事，写得历历如画，令人神往。

除了大修道观宫宇，有唐一代，特别是在唐玄宗当政之时，朝廷上下习道成风。唐玄宗本来对武则天利用佛教称帝、建立武家天下就十分不满，即位后便立即恢复崇道抑佛政策。唐玄宗本人对老子的《道德经》一书十分推崇，认为它在六经之上，是百家之首，所以，他把老子的“清静无为”作为治国的方略，简政轻刑，节欲戒奢。随着“开元之治”社会和谐、经济繁荣局面的出现，唐玄宗对老子的崇拜步步升级。开元十年（722年），唐玄宗两次下令两京及诸州各置玄元皇帝庙，每年依道法斋醮。开元二十年（732年），唐玄宗还亲自为《道德经》作注，并且命令各州都要把《道德经》刻三石碑上，立于大型的道观之中。

第二年正月，唐玄宗又下令全国无论官民，每家都要收藏《道德经》一册，而且在每年的贡举人考试中，酌情减少《尚书》《论语》等条策，增加《道德经》的条策。开元二十五年（737年），唐玄宗下令，对道士和女冠以皇室宗族待遇，由宗正寺统一管理。宗正寺的官员，由李唐宗族成员担任，宗正寺下，设立崇玄署，置令、丞，掌管京都（长安和洛阳）的诸道观名数、道士帐簿及斋醮活动。除此之外，还专门在玄元皇帝庙开辟了一门学科，叫做崇玄学，由道士尹愔主持其事，并且授予他谏议大夫、集贤学士职务。这个崇玄学，主要学习《道德经》《庄子》《列子》，为了鼓励大家学习，唐玄宗还专门设立玄学博士，每年以明经举。后来又改为玄学馆，以博士为学士、助教为直学士，设大学士十一人，由宰相兼任管理长安的玄元庙和道院。天宝二年（743年），唐玄宗在长安城东皇家禁苑之东望春楼下（今浐灞生态区广运潭处）举办盛大的漕运珍货博览会，创世界博览会之发端。其时，广运潭中排列船只连绵数里，“上设宴，竟日而罢，观者山积”。唐玄宗认为，唐王朝的兴盛，都拜远祖老子所赐，所以，这一年，唐玄宗追尊老子为“大圣祖玄元皇帝”，升玄元庙为宫，长安玄元庙改为太清宫。天宝八年（749年）又加封老子为“圣祖大道玄元皇帝”，天宝十三年（754年），加封号为“大圣祖高上金阙玄元天皇大帝”。唐玄宗的这些崇道尊道之举，极大地激发了天下官民士子崇道习道的热情，一时间，长安道观处处香烟袅袅，观观清磬轻响，经声朗朗。

唐玄宗不但崇奉道教不遗余力，而且对于道教灵异之事的关注和仙话的传播，也有着超乎常人的热情。据说，唐玄宗最初并不喜好道教，认为“仙者凭虚之论，朕所不取”，及至遇到了有着特异功能的道士张果，这才改变了看法。据说，张果是一位隐居于中条山的高人，活了几百岁，当张果随着玄宗的诏请使者徐峤来到洛阳时，唐玄宗让精于术数的邢和璞为张果算命，邢竟然算不出张果的年龄；让能“识鬼”的术士师夜光与张果对坐，师竟然看不见张果；唐玄宗让张果饮下毒药，张果竟然不死，而且用铁锤打掉被毒药毒坏的旧齿之后，第二天又长出了满口新牙。唐玄宗由此相信张果果然是一位神异之士，并且转变了自己对道教的态度，由不相信变为一个虔诚的道教徒。更为重要的是，从此之后，仿佛是为了酬谢或者是启发唐玄宗，老子竟然多次、多处显灵，弄得仙雨仙风满天下。

据唐《梦真容碑》记载，开元二十九年（741年）四月，唐玄宗在梦中梦到了老君，老君对他说，自己的像在京城西南一百多里的地方。唐玄宗派人前往寻找，果然在楼观东南的山谷中发现了一尊老君的玉像。消息报来，唐玄宗大喜过望，赶快派人将其迎入京城，安放在兴庆宫的大同殿中。唐玄宗不但为此发布敕命，把这个故事重述了一遍，而且还让人刻石记录下来。唐玄宗的这个奇异之梦，真假不论，对楼观道都是一个喜讯。因为第二年，玄宗的妹妹玉真公主就进入楼观修道，并且就发现老君玉像一事，与楼观观主李玄則等人商议，专门刻制了《玄元灵应颂碑》。这通颂碑不但大力颂扬唐玄宗的文治武功，而且对楼观的仙都地位进行了大肆渲染，楼观的道教地位骤然提升，被道教人士视为至尊至圣之仙都。

此后，各地又不断出现了诸如老君显灵于丹凤门、显灵于骊山、降显于太白山等地的仙话。这些神仙显灵的传说，真实性自然是没有的，但是，却在当时的士民当中引起一阵入观修道的热潮，就连贵为公主的皇帝女儿也遁入空门，堕入仙道生涯。在有唐一代，皇帝的女儿入观修道并非从唐玄宗时起，最先入道的，就是高宗之女太平公主、睿宗之女金仙公主、玉真公主。但入道为女冠的，以唐玄宗的女儿为最多。天宝六年（747年），玄宗第十一女新昌公主度为女冠。天宝七年，玄宗长女永穆公主将自己的宅第改为道观，人与宅第同入玄门。宝应元年（762年），玄宗的第二十二女咸宜公主两度下嫁之后，遁入玄门，代宗赐肃明观为修道之所。兴元元年（784年），玄宗第十六女楚国公主自请入道，德宗赐名上善。在上述公主入道修行的影响下，据统计，自代宗朝以后，唐皇室就有九位公主先后入道修行，她们分别是，代宗第五女华阳公主、德宗第七女文安公主、顺宗第七女浔阳公主、宪宗第二女永嘉公主、第十五女永安公主、穆宗第七女义昌公主、第八女安康公主。除了这些公主之外，还有一些公主虽然无缘入道，但为了实现修道之梦，往往不惜将自己的宅第改为道观，自行修行。如中宗之女长宁公主、新都公主，睿宗之女蔡国公主等。诗人张籍曾写过一首题为《九华观看花》的诗，状写公主们摈却富贵、独对青灯的情景。其诗曰："街西无数闲游处，不似九华仙观中。花里可怜池上景，几重墙壁贮春风。"

应该特别提及的是，在唐代帝王如此崇尚道教的浓厚氛围中，王公贵戚和朝廷大臣们也纷纷效尤，以道媚上，以致于礼拜天尊、听讲道经、施舍钱财，更是朝野一大时尚。唐玄宗之后的几个皇帝，竟然授方术道士以官职，一些不学无术的士人也以邪术骗取恩宠，如王屿、李泌之流竟然以祭祀妖妄之事位至将相。流风所及，朝纲颓败。再加上道士们以金丹之术取悦帝王，使得自高宗以下唐朝诸帝荒废政务，热衷于烧茅炼丹，不惜以身试毒，死于丹毒者达六七位皇帝之多。更重要的是，这种荒唐的所谓炼丹之术，劳费人力民财，也败坏了朝廷法度和社会风气。翻检唐代帝王短命以及社会动乱之根源，无不与彝杂在道教中的极端个人利已主义的"道士思想"有关。

楼观高道弘道宗

——楼观观主尹文操与《玄元皇帝圣纪》

尽管在隋唐时期西北道教发展中，存在着诸多对后世产生了负面影响的弊端，但毫无疑问，隋唐时期是中国道教和西北道教发展得最为迅速的一个"黄金时期"。就楼观道派而言，在这一时期里出现了尹文操这样的高道人物，他的《玄元皇帝圣纪》是楼观道派尊奉老子、宣扬老子的重要经典，因而，尹文操被楼观道教研究者们认为是楼观道派最具有代表意义和总结性成就的人物。

尹文操，生年不详，卒于公元688年，字景先。尹文操的祖籍在甘肃天水，后秦时移居到长安鄠县（今陕西户县）。曾祖父尹洪，曾任北周时的商州（今陕西商县）刺史；祖父尹舒，曾任隋文州（今甘肃文县）别驾；父亲尹珍，曾任唐朝散大夫。据《大唐故宗圣观主银青光禄大夫天水尹尊师碑并序》载，尹文操似乎天生就是道家弟子，天生聪颖，自识文字，很小的时候就非常喜欢读《道德经》和《孝经》。尹文操不但无师自通，而且悟性极高，认为《道德经》和《孝经》是"天地之心"。与人交谈，但凡谈到杀伐以及与礼相违的文字，就有"若蹈水火"、"如坠泉谷"的感觉，怏然不乐。据说，尹文操的家距离楼观很近，听说楼观是尹喜故居，他便认为这是他的远祖所居之地，所以经常借故跑到楼观去看道士们咏经修道。由于去的次数多，而且每次去都很用心地记诵道士们咏读的《西升经》和《灵宝经》，所以他很小的时候，就熟悉了《西升经》和《灵宝经》的内容。不过，关于尹文操少年习道之事，还有一种说法，说他曾经拜田仕文为师，得以通习道经，后来又遇到周法师，从周法师那里学得了三洞妙旨和隐形之法，成为一个道行颇深的年轻道士。

唐贞观年间，唐太宗文德皇后非常尊崇道教，下令有司搜访有道之士。其时，时年15岁的尹文操因为记咏道经甚多而被选中，被划拨分配到宗圣观当道士。尹文操以周法师为师，静心研修道家典籍，道业精进，习得"紫云之妙旨"和"青羽之隐法"。贞观末年，周法师去世后，尹文操于永徽三年（652年）离开宗圣宫，南游太白山，寻访高人道迹。据说，尹文操登上太白山顶时，天空呈现出一片奇异的云光。这段时间，尹文操遍访五岳名观，研习道教真经，体悟道法精妙，唐高宗时，尹文操已经颇有道行，声名渐起。唐高宗驾临九成宫（在麟游县天台山）时，天上有彗星出现，唐高宗吉凶莫辨，于是就把尹文操召来，向他询问祥瑞。尹文操回答说："这是上天对天子的警诫。儿子如果能敬父亲，君主能够顺天，纳谏如流，征求贤人，远离奸邪佞妄之人，停止征发徭役，让人民休养生息，躬行实践，不稍懈怠，以合天心，这些天象自然就会消失。"唐高宗按照尹文操所言去做，慧星果然消失了。尹文操把慧星的出现和人伦政务联系起来，以"天人合一"的观点，巧妙地向高宗灌输老子"清静无为"之道，暗合了唐高宗崇奉道教、无为而治的执政理念，赢得了高宗的赏识和信任。显庆元年（656年），唐高宗为父亲唐太宗追福，在长安城内修建了昊天观，把尹文操任命为观主，主持观内事务。仪凤二年（677年），又任命尹文操兼任宗圣观观主。仪凤四年（679年），唐高宗幸临东都洛阳时，诏请尹文操在老君庙修功德，据说，有感于尹文操的道行和唐高宗的虔诚，太上老君骑着白马自空而降于道坛之上。这件神奇之事，唐高宗以及后妃百官都在现场亲眼目睹。唐高宗认为，老君降坛显灵的原因是尹文操精诚所至，所以就诏令他撰写《玄元皇帝圣纪》。尹文操用了大概三年多的时间，写成了一部长10卷，共120篇的道家典籍。《玄元皇帝圣纪》与《化胡经》《西升经》的主旨基本相同，汇集有关老子历代显化的传说，成为老子神话的重要依据。宋人依据此书改编为《犹龙传》和《太上老君混元圣纪》，是历代统治者尊奉老君的重要文献，也是楼观道独尊老子的重要经典著作。

据说，唐高宗接到此书后非常高兴，爱不释手，从早到晚伏案阅读。为了表彰尹文操著书的功劳，唐高宗授尹文操为银青光禄大夫行太常少卿。但是，尹文操坚决请辞，只接受了散职。永淳二年（683年），唐高宗要到中岳嵩山去，行前觉得身体不舒服。皇后武则天派人向尹文操问吉凶。尹文操说，新陈代谢是自然现象。意思是皇帝也是凡人肉身，生命亦有尽头，暗示高宗将不久于人世。

继《玄元皇帝圣纪》之后，尹文操又撰写了《祛惑论》4卷、《消魔论》30卷、《楼观先师传》1卷。另据《道藏尊经历代纲目》载，他还撰有《玉玮经目》，著录道经7300卷，但《尹尊师碑》中没有提及这部重要著作。据张泽洪《唐代敦煌道教的传播》一文所考，尹文操所撰《玉纬经目》7300卷，是在北周道经的基础上编成的一部道学巨著。北周通道观收集的近万卷道经，经历隋末农民起义的战火，大多已经流散损毁，尹文操收集重撰《玉玮经目》，对于道教典籍的搜集整理与保存，其功至伟。如果《道藏尊经历代纲目》所记属实，那么，尹文操一生真可以称得上著述甚丰。不过，仅就上列书目而言，尹文操对于楼观道派的理论贡献也是很大的，正是因为有了这些撰述，以及他的高行，楼观道派才会在唐高宗之后，继续保持长安道教的领袖地位，为历代帝王们所尊崇。据传，尹文操卒于垂拱四年（688年），大约活了60岁。尹文操死后十余年，他的弟子将他迁葬于终南山文仙谷。开元五年（717年），楼观弟子侯少微为尹文操立碑记事。

拾

化胡成佛是与非

化胡之说事有因

——关于老子化胡的传说

就道教各派奉持的经典秘笈而言，楼观道派除了奉持老子的《道德经》之外，还把王浮的《化胡经》和《西升经》作为必读的重要经典。楼观道派所奉持的这两部经书，阐发的是老子之道，宣扬“老子西升，开道竺乾，化胡成佛”，或以理性阐释彰显老子之道的弘大精深，或以化胡“史迹”倡明老子道行之高妙。同时，在这两部书中，作者又以老子之道解说炼形之术和长生之说，引申道教教理和教义，内容涉及道教的宇宙观、人生观以及政治思想等诸多方面。特别是《西升经》，不但宣传老子之道，而且吸收玄学贵“无”的思想，融合和吸纳了佛教“三业”、“六根”等内容，使魏晋道教在教义方面不断得到完善和发展。

和《西升经》相比，《化胡经》在中国道教学术史上几乎没有地位可言，甚至被视为宗教迷信的登峰造极之作。但是，此书在其存世的三百余年间，曾在有唐一代红遍全国，影响所及，全国佛教寺院、道教宫观里老子变佛，佛变老子，成为天下一大奇观。而且，这部著作在其流传的过程中，还引起了一场长达三百多年的佛道之辩，其社会影响之大，激起的佛、道斗争之烈实为罕见，一本道家著作真伪之辩的官司竟然能够打到皇帝殿廷之上，在我国文化史上真称得上空前绝后。但是，自唐中宗神龙元年道士在佛道两家的大辩论中败北之后，这本书一夜之间又被视为荒诞不经之作，视为“禁书”，寂然不传。据佛教史籍记载，《化胡经》自元代禁毁以后，世无传本，人们只能从历史记载略有所知。一百年前，在敦煌藏经洞发现几万件古文书，其中残存几卷《化胡经》，后人从此才得识该书部分面目。

那么，《化胡经》到底是怎样一本书呢？

老子画像

据佛教史籍记载，《化胡经》最初由西晋道士王浮编造，只有一卷，后来不断增添，有二卷本、十卷本、十一卷本。《化胡经》的主要内容，是宣扬“老子西升，开道竺乾，化胡成佛”，讲老子升仙，令其弟子尹喜托生天竺，成为佛陀，创立佛教，教化胡人，从此才有佛教产生的故事。此书后来经过历代道士的添加补充，更是编造出老子以十六变化，或佛或仙，达到至圣至尊境界，教化佛众的故事，宣扬“道是佛之父师，佛乃道之弟子”、“道则佛也，佛则道也”的观点。现在我们所能看到的《化胡经》写本之第一卷，其中记述了西域八十一国名称，研究者大多认为与唐代典籍所载相同，所以这个第一卷的内容，当出于初唐道士之手。第十卷《道德经化胡经玄歌》，为北魏作品。由此可见，现存的《化胡经》十卷本，并非一人一时之作。

那么，为什么《化胡经》会衍生出老子化胡的故事呢？

其实，关于老子入印度教化佛陀、或化身为佛的说法，早在西晋王浮之前就开始流传。老子化胡的说法，最早的记载见于《后汉书·襄楷传》所收的襄楷奏书。汉桓帝时，襄楷上书提到：“或言老子入夷狄为浮屠，浮屠不三宿桑下，不欲久生恩爱，精之至也。天神遗以好女，浮屠曰：此但革囊盛血，遂不盼之。其守一如此，乃能成道。”三国时，化胡说内容进一步发展。《三国志·魏书》注引鱼豢《魏略·西戎传》称：“《浮屠》所载与中国《道德经》相出入，盖以为老子西出函谷关，过西域之天竺，教胡。浮屠属弟子别号，合有二十九。”由此可见《浮屠经》以老子为佛陀之师，为《化胡经》的形成奠定了基础。化胡说经过历代传述越发离奇，《齐书·顾欢传》云：“道经云：老子入关，之天竺维卫国，国王夫人名曰净妙，老子因其昼寝，乘日精入净妙口中，后年四月八日夜半时，剖左腋而生，坠地即行七步，于是佛道兴焉。”到西晋惠帝朝（290～306）末年，道佛之争日益加剧，道士祭酒王浮与沙门帛远辩论二教邪正后，遂撮合历史上的老子化胡说，加上自

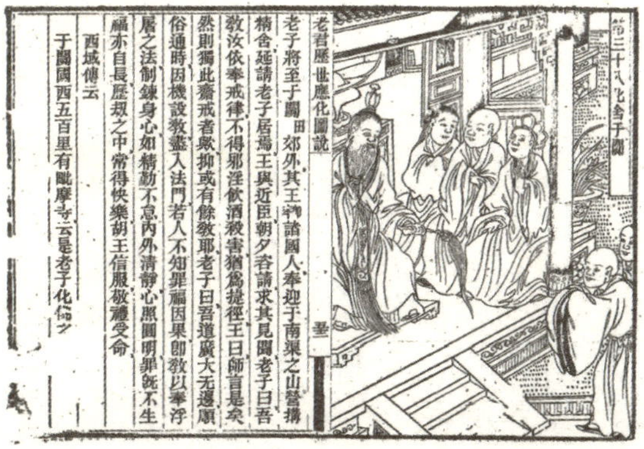

古本《老子化胡经》图画本

己的引申发挥，创作《化胡经》，以证明道在佛先，道教地位应在佛教之上。

那么，东汉时期为什么会有老子入西戎化胡之说呢？其实，要追根溯源，老子化胡说的始作俑者，还应该是司马迁！因为《史记·老子韩非列传》中说，老子见周朝渐衰而离去。至函谷关，应关令尹喜之请，述《道德经》五千言，其后行踪不明。据此记载，于是就产生出了入关的老子行至天竺而成为浮屠，并教化胡人之说。然而，东汉时人为什么会根据这点史实，衍生出老子天竺化胡的故事呢？对此，有人认为，这是佛道之争的结果，是道教的道士们为了贬抑佛教，巩固道教的国家宗教地位而杜撰出的说法；也有人认为，这是刚刚进入中原的佛教人士，为了使佛教能够在中原传播而有意进行的佛教中国化之作。

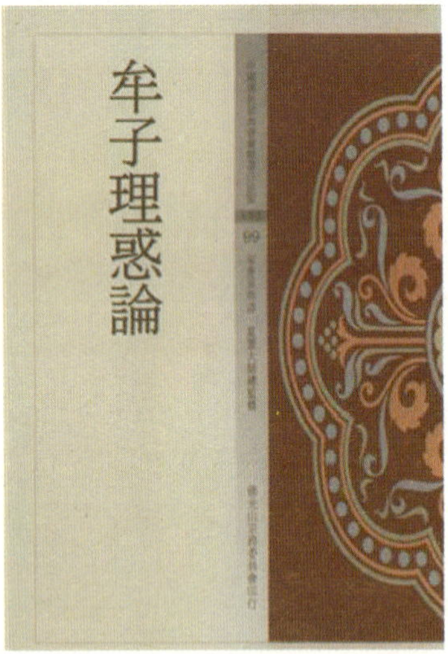

《牟子理惑論》书影

应该指出的是，东晋以来，出现的有关老子化胡的道教著作并不只有《化胡经》一本。现在，我们所能见到提及老子化胡说的道教著作，就有《三洞珠囊》卷九《西胡品》里所收的《文始先生无上真人关令内传》、同书卷九《西胡品》所收的《化胡经》、敦煌本《西升化胡经》（《大正藏》第五十四册）、《犹龙传》卷四流沙八十一国九十种外道、《混元圣记》卷四及卷五等。这些道教著作中所叙述的“化胡说”的内容，大致可分为二类，一类是说老子教化胡人的“化胡说”，教化之地为罽宾国，或说是于阗国、条支国；一类是老子化身为浮屠的“作佛说”。此外，这些著作还载有尹喜受老子派遣到印度化身作佛的说法。用今天的眼光来看这些著作关于老子化胡的记载，从另一个侧面反映了道教人士为了抵御佛教文化的东传所做出的努力。

根据史料记载，《化胡经》产生以后，很快就成为佛道二教斗争的一大公案，双方围绕此书的真伪，辩论了近一千年。汉末三国时期，最先就有牟子作《牟子理惑论》，以主客问答的形式展开论说，在一问一答之间阐述了佛教的义理，就时人对佛教有六种怀疑，即疑经说迂诞大而无征；疑人死神灭，无有三世；疑莫见真佛，无益国治；疑古无法教，近出汉世；疑教在戎方，化非华俗；疑汉、魏法微，晋代始盛等进行了辩诬，否定了老子西出化胡的说法。道教方面力证此书之真，并以此为基础，相继造作了许多具有明显化胡内容的道书，如《玄妙内篇》《出塞记》《关令尹喜传》《文始内传》《老君开天经》等，以证明道优于佛；佛教方面除力辩此书之伪外，也造作伪经进行反攻，如《周书异记》《汉法本内传》等，说释迦为孔子、老子之师。至唐高宗、武周时，佛教方面将此事诉诸朝廷，请求禁毁《化胡经》，中间虽有较大争议（如八学士奉敕议《化胡经》，回言此经不假），终于两次下令焚毁。但是当时焚毁令不严，《化胡经》照样流传。直至元宪宗、世祖二朝，全真道侵占了佛教庙宇田产，佛教以《化胡经》是伪经为由头，两教再次展开大辩论。全真道在宪宗八年（1258年）和至元十八年（1281年）的两次辩论中败北，元朝廷两次下令焚毁道经，《化胡经》首当其冲，彻底被焚毁。从此该经亡佚，明《正统道藏》和《万历续道藏》皆无存录。

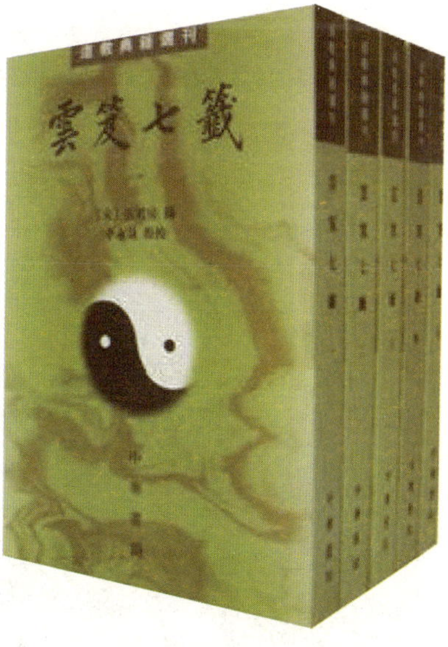

道教典籍《云笈七籤》书影

今人王利器认为，《化胡经》衍生的老子化胡故事虽属虚构，但在此之前，《后汉书》《三国志》所记老子化胡事，似乎事出有因，或许在两汉前，“老子经”确已在西域流播，因此才有此讹传。果真如此，倒是中印关系史上的一件大事，值得进一步研究。以今天的眼光来审视《化胡经》，人们所关心的并不是它所谈的内容（老子化胡成佛，自属虚构），而是通过对它的争论回顾佛道二教斗争的一段历史，此书的研究价值也仅在于此。

化胡之迹不可考

——《化胡经》的背后是佛道之争

如前所述，《化胡经》是由西晋道士王浮所作，后来又经过历代道士添加修改而成的一部经书。尽管大多数道教史研究专家认为，化胡之说不可考，不可信，《化胡经》没有学术价值，不值一哂，但是，自这部经书出现之后，围绕其说的真伪之辩却延续了千年之久，并由此引发

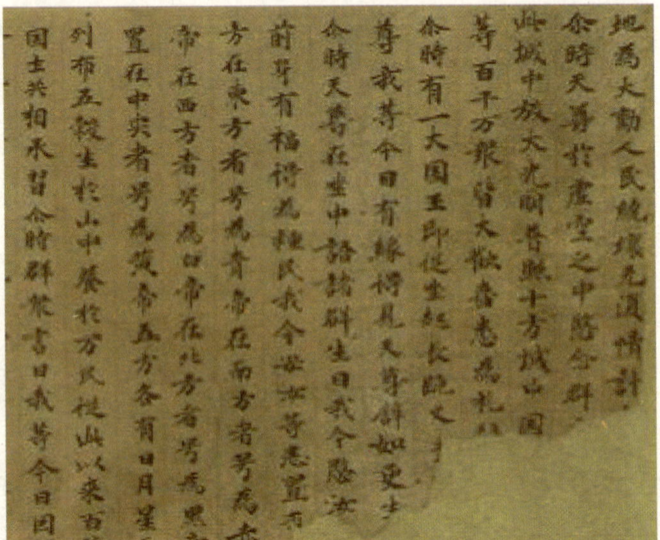
地為大動人民[illegible]懷[illegible][illegible]情[illegible]
尒時天尊於虛空之中[illegible]令群
此城中放大光明普照十方[illegible]山國
等百千万衆皆大歡喜悉為礼[illegible]
尒時有一大國王即從坐起長跪之[illegible]
尊教等今日有緣得見天尊願如更生
尒時天尊在坐中語諸群生曰我今[illegible]汝
前等有福得為種民我今遣汝等悉置[illegible]
方在東方者号為青帝在南方者号為赤
帝在西方者号為白帝在北方者号為黑帝
置在中央者号為黃帝五方各有日月星[illegible]
列布五穀生於山中養於万民從此以來百[illegible]
國主共相承習尒時群衆言曰我等今日因緣

《化胡经》楷书残卷

出几次大的灭佛毁道运动。那么，这部经书为什么会有这么强大的“引爆力”呢？

直白地讲，这部经书的内容的确经不起严谨的推敲，老子化胡完全可以看做荒诞无稽之说。但是，围绕着它的真伪之争背后，却是有着深厚宗教情结和现实政治功利背景的利害之争。从表象上来看，围绕着《化胡经》的辩论焦点，主要集中在老子、佛陀谁出生得早。但实际上，却是佛、道二教以此为理论起点，争夺社会影响和政治地位。为了达到战胜对方、取得“正统”地位的目的，不论在辩论会上或在论战文中，佛道两家长期相互诋毁，双方都旁征博引，各证其说，甚至丑化对方，恶语谩骂。为了压倒对方，佛道两家都不遗余力，频出奇招，争取帝王的宠信，借助皇权压制对方。

老子写意画像

然而，令道佛两家没有想到的是，所谓的佛道之争，对于他们自己来说，固然是关乎兴衰荣辱和生死存亡的大事；但对于统治者来说，尊佛灭佛，崇道抑道，都是一种因时因事因人而定的政治权术，并非是宗教意义上的宗教裁判。帝王对于佛道人物，从来就没有过真正的敬畏之心、崇敬之情。在帝王们的眼里，这些佛道人物及其学说的价值，只是一种穷奢极欲之后的消闲道具，或者是成就长生梦想的游戏，更多的是将其作为驭下治民的工具而已。我们浏览一下历史上的佛道之争，就可以看出，《化胡经》论争的背后，不是老子化胡，或者佛化老子问题，而是统治者出于政治斗争和政治统治，以及帝王个人喜好的需要，以及佛道人物的生存需要。

佛教最早正式从印度传到中国，就是出于东汉明帝刘庄“圆梦”的杰作。有一晚，刘庄做了个一个梦，梦见有一个金人，头顶白光，在殿廷间飞来飞去，刘庄正要向他问话，这个金人却倏忽不见了。刘庄醒来之后，心里非常害怕。早朝的时候，就把梦里的情境讲给群臣们听，问大家是吉是凶。这时，有个名叫傅毅的博士对他说：“我听说西方有一种叫做佛的神，武帝时，霍去病征讨西域，休屠王曾经贡献过一尊金佛像，被放置在甘泉宫中。陛下昨天夜里所梦到的，可能就是佛的幻影。”刘庄听了，觉得好奇，就想亲眼看看佛的模样，也想知道佛经到底在说些什么。于是就派遣郎中秦景、蔡愔出使天竺，求取佛像佛经。秦景、蔡愔经过千辛万苦，从天竺国取来佛像与佛经四十二卷，用白马驮回。刘庄看到佛像，发现和梦中的那个金人很不一样，那些佛经都是梵文，也没有人看得懂。汉明帝于惶惑之际，只得下诏在洛阳建寺院，取名白马寺，放置佛经，让同来的两个天竺沙门驻寺译经，宣讲佛理。

张绪通博士在《从“化胡”到“化全球”》一文中分析说，佛经刚刚传入中国之时，遭到的排斥力量很大，于是极力向道教靠拢。佛教不但把儒家的忠孝节义等思想拌和进去，甚至把道家的养生医术、图谶运命、阴阳五行、拳艺功法等都加以吸收。在理论上把“空宗”和“玄学”中类似的观点，尽量发挥，将一个印度的佛教，改头换面，变成了一个崭新的、不太与中国人基本思想抵触的“中国佛教”。同时强调“三世因果”、“天堂地狱”，把实证性格的儒家“不谈鬼神”的态度、道家“现世现报”思想的不够周延的地方，突现了出来。佛教的“转世回轮”给了人们无边际的浪漫和想象力；“布施赎罪”、“诵经超度”给了人们贿赂天神地只的取巧机缘；“念诵阿弥陀佛的佛号就可以往生西方极乐世界”的允诺给了人们最简单方便的高升门路；利用“浮屠道”的掩护，避开了许多不必要的排外打击。于是佛教才一帆风顺地发展起来，乃至到了晋代，造成了喧宾夺主之势，是所谓佛史里称“汉魏法微，晋代始盛”的发展过程。佛教在晋代兴盛，到了南北朝则盛到极点。例如南方梁朝的武帝萧衍，三次舍身在佛寺，要大臣们出资把他从佛寺中赎出来。由此可见，佛教的势力极其浩大，已经与政治、经济、宗教融为一体。萧衍不是傻瓜，这样迷信佛教当然是有他的目的：第一，他要借重佛教来巩固自己的势力和统治权力；第二，在那个走马灯似的时代里，希望佛祖能大显威灵，保佑他福利平安，国祚绵长。殊不知佛祖是要世人摆脱罪恶苦难的红尘世界，他自己要以身作则把过眼烟云的荣华富贵，抛弃如同敝履。他曾警告说：“拜佛无益，反有祸害。”就是说，要靠拜佛去祈求福利平安、荣华富贵，根本是南辕北辙。佛要你舍弃，你偏要佛帮你窃取！这就拜倒在自己的迷惑、愚昧和罪恶之下了。造什么因，得什么果。所以萧衍式媚佛的结果，是国家反乱，自己饿死台城。这是时局的一面，即媚佛——对佛教妥协。

楼观台石碑坊

而当时的北方，恰巧相反。由于佛教势盛，给政府的压力太大，忍无可忍下，政府就采取不只一次的反弹和反抗。中国历史上的“三武灭佛”（周武帝、魏武帝和唐武宗），北朝独占其二，可见佛教当时的势力发展到什么程度。而佛教势力的继续扩张，并不因当时政府和帝王媚佛或是灭佛的态度，而受到根本的影响，反而逐步强盛。

到了唐代，政府不能不制定政策：三教并尊，以道为大。李唐得国时与老子认了宗亲，政权建立后，把道士纳入宗正寺管辖，算是皇室中的一分子，并诏令："道士女冠在僧尼之前。"朝廷虽然特别偏袒道教，但对佛教、儒教并不敢疏忽，所以三教并尊。而佛教势力大到不止一次地在盛唐时期要求召开"御前会议"，挑战道教，要和道教辩论，拼出个青红皂白。在太宗时的御前辩论大会上，有个法淋和尚，口若悬河，道士辩不过他。唐太宗却捏他一个错，打了他的屁股，还把他流配远方。到了唐高宗御前会议中，佛道再进行激辩，道教又辩不过。于是唐高宗就下令："搜天下《化胡经》焚弃，不在道经之列。"这时佛教为什么非要把《化胡经》禁绝呢？第一，他们的羽毛丰满，要独立门户，没有再利用老子的必要；第二，他们还很在乎"化胡"之说，成了个意识形态的问题，锱铢必较，绝不轻易放过。从此可见佛教人士比道教人士尖锐、激进多了。不过朝廷诏令归诏令，执行归执行。上面虽有禁令，下面根本充耳不闻。到了唐中宗时代，佛教再度告御状，要求彻底执行。于是朝廷再度明令禁止，把《化胡经》列为国家永禁之书。政府的理由是：这本书不是老子自己的著作，老子的《道德经》把该讲的都讲了，没有了《化胡经》这本书，也没有什么亏损。倒不如把它禁了，省去许多麻烦。但实际上，《化胡经》还在继续流传。不仅如此，《化胡经》一面被诏令禁止，另一面却由当初的一卷，逐渐繁衍增加为十卷，反而成为一部巨著。不仅内容被强化，而且成为道士的必修经典。其时，除了《化胡经》本身增修了内容，还有一些相关的新书出现，如《道德经开天经》《出塞纪》《玄妙篇》等等，广传天下。真是越打越强，越禁越多，把佛教人士弄得非常恼火。道教单独写了一部《化胡经》，却是在老和尚们喋喋不休、不可理谕之后，王浮才"不可自忍，乃作《老子化胡经》"。显然是被逼出来的。不知道佛教都已经在中华有了相当的地盘了，何以还如此咄咄逼人？

其实，道教传入印度也是千真万确的事。例如：唐太宗时，唐僧玄奘到印度取经求法，去了十四年，在天竺很受尸罗逸多王的优待。因为唐僧屡次在国王面前陈说中国如何强大，天子如何英武圣明。唐僧回国时，带回佛经六百五十部。尸罗逸多王派遣了使节随唐僧东来，谒见太宗，奉上表文。太宗遂派梁怀儆持节往抚。到了天竺，尸罗逸多王说："中国是摩诃震旦，今有使节到来，理当出迎。"于是出郊恭迓，膜拜受诏，顶在头上。更遣使同梁怀儆入朝，献上入火珠、郁金香、菩提树等礼物。太宗也厚赏来使，遣令西归。贞观廿二年（648年），太宗令王玄策为使、蒋师仁为副，出使天竺。到了边境，突然有印度兵来袭。王大使只有从骑数十人，且战且走，与副使脱身逃到了吐蕃，从骑全部阵亡。吐蕃赞普弄赞派兵千人出援玄策，并檄召各部落共讨天竺。泥婆罗国遣七千骑来会。当由王、蒋二人率领，兼程南下，猛攻三月，胜了又胜。原来尸罗逸多王去世，大臣阿罗那顺篡位自立为王，怕唐廷问罪，所以发兵拒绝唐使。自是阿罗那顺大败亏输，最后只有束手就擒。王玄策打下了印度五百八十余城，执送阿罗那顺一家，献俘阙下。太宗责他谋国篡位，拒绝天使，罪应加诛。后来唐太宗特开法网，恕他不死。惟阿罗那顺身边站立着一个人，庞眉皓首，鹤发童颜。太宗问他名字，他俯伏金阶，自称名叫那逻迩娑婆寐，现已二百余岁，素奉道教，得老子真传，所以长生。太宗闻言，益加礼遇，令他改居宾馆，早晚请教。后来不久，他以年老不服中国水土，请求回国，太宗遂下令，礼送他回印度。

从这段史实来看，佛教由印度传到中国，同时道教也由中国传到印度。不然那逻迩娑婆寐，如何能"素奉道教，得老子真传，以得长生"？他德高望重，并无所求，又何必说谎？他鹤发童颜也不能是装腔作势。老子"化胡"之说，由此为证，应不是空穴来风。至今，原是印度的佛教，在印度已经没落，而在中国经过道化和儒化后的佛教，则成为“中国式的佛教”，亦已化成中国传统文化的一部分。从广义来说，这也未始不是“化胡”的结果。例如“佛”这个字，是中国人的独创。印度话应该称为：不达或不得哈。拼写是Buddha，中国人叫他作“佛”（fó），印度的释迦牟尼在天上应该是听不懂的。“阿弥陀佛”的名号，念了就可以“往生极乐世界”（见《阿弥陀佛经》），正确发音应该是：啊米达不得哈。如果念成“阿弥陀佛”，是否还能产生效果？同样，中国人叫“菩萨”，而在印度应该称：玻的撒他乏（Bodhisattva）。中国人如果喊叫：“菩萨救我”，那印度的“玻的撒他乏”，也应该不知道是在叫谁。这三个佛教里最重要的字词，完全是是中国人独创的。从前印度的佛教不说，就是《印度教》的教义里面，也都有着浓厚的道教色彩；甚至德国黑格尔的哲学思想与他所用的辩证法，处处都能见到老子的身影。

有人做过调查研究说，现今世界上最畅销的书籍，第一是基督教的《圣经》，第二是老子的《道德经》。基督教教会和团体为了传教，往往大批赠送《圣经》，这自然会使《圣经》的销售量大增。如果从个人自愿购买的角度来看，真正居首位的应该是《道德经》了。即使是居第二位，全世界有多少人在读《道德经》？难道读者们不多少会受到老子的教导和启发吗？这难道不

道教神仙石雕像

是一种广义的“化胡”吗？这比起从前单化佛教的意义大得多了。中国政府从来没有用“坚船利炮”，到世界上去推广过《道德经》。《道德经》在世界上的重要地位，全凭它自身的合理性、实用性和学术性，这种发展全是自然而然，很合乎老子本意的。

实际上，无论是佛教还是道教，都是被统治者利用来实现统治目的工具，这一点，在北魏太武帝对待佛道两家的态度上，就表现得极为明显。

如前所述，北魏是鲜卑族拓跋部于公元386年在北方建立的政权，为了获得北方汉族大地主及知识分子的支持，定都平城（山西大同）的北魏政权对当时流行于中原地区的佛教也予以尊重。在太祖拓跋圭执政期间，佛教曾经一度被视为国教，拓跋圭不但下令在新都建佛寺、造佛像，而且多次与当时的名僧僧朗通书信，赐其丝绸，以示礼佛之真诚。当拓跋圭得悉居住在赵郡之地的高僧法果戒行高深，在北方的士族中很有影响时，就多次下诏延请法果入朝，担任沙门统，统辖僧徒。继位的北魏拓跋嗣太宗也非常敬重法果，法果去世的时候，北魏太宗曾经三次亲临法果的丧礼，追授法果为“老寿将军赵胡灵公”。法果自然明白北魏皇帝们礼佛敬僧的用意，他经常说：“太祖明睿好道（信佛），即是当今如来，沙门宜应尽礼。”主张拜天子即等于拜佛。这种思想被北朝佛教界长期继承，成为加强北朝佛教国家性质的思想背景。太武帝拓跋焘即位之初，继承了太祖、太宗的佛教政策，招聘德高望重的沙门讲学，在四月八日的佛诞会上让大家举行佛像游行仪式。

但是，当寺庙和僧尼的增多，在经济上和政治上开始损害了国家利益的时候，拓跋焘就毫不留情地向佛教痛下杀手。公元439年，北魏灭北凉，由于北凉崇奉佛教，所以当时有许多僧侣为北凉守城，城陷后，三千僧徒被俘。太武帝拓跋焘认为：和尚应当修行，现在竟然做“贼”，实在可恶，下令一律斩首。后来经人劝说，只罚做苦工，但不少人中途逃去。公元445年，关中盖吴起义，太武帝亲征。由于关中过去是后秦的首都，而后秦统治者姚兴崇信佛法，佛教非常兴盛，所以这次起义，可能有不少贫穷教徒参加。当太武帝在长安寺庙中查出许多弓矢矛盾时，非常愤怒，说："此非沙门所用，当与盖吴通谋，规害人耳。"于是，命有司"案诛一寺"。在查阅其财产时，发现许多酿酒器具，以及州郡牧守富人所寄藏数以万计的财物，同时又发现窟室，"与贵室女私行淫乱"。太武帝大怒，下诏诛长安沙门，焚破佛像。公元446年3月，太武帝下《灭佛法诏》，规定："诸有佛图形像及胡经，尽皆击破焚烧，沙门无少长悉坑之。"

其实，北魏太武帝灭佛教，与佛道之争也有很大关系。其时，北魏太武帝的重臣崔浩信道不信佛，他认为佛教对国家有害，竭力煽动太武帝讨厌佛教，并且把道长寇谦之推荐给太武帝。寇谦之自称是东汉光武帝时雍奴侯寇恂的十三世孙，少年时曾修张鲁之术，后来跟随仙人成公兴在华山修炼，采食药物不复饥。寇谦之入朝前，已经做了很多"仙化"工作，北魏神瑞二年（415年），他宣称太上老君亲临嵩山授予他"天师之位"，赐《云中音诵新科之戒》二十卷，传授导引服气口诀诸法，并令他"清整道教，除去三张伪法，租米钱税及男女合气之术""专以礼度为首，而加之以服食闭炼"。北魏泰常八年（423年），他又称老子玄孙李谱文降临嵩山，亲授《录图真经》六十余卷，赐以劾召鬼神与金丹等秘法，并嘱其辅佐北方"太平真君"（北魏太武帝拓跋焘）。公元424年寇谦之亲赴魏都平城（今山西大同）献道书于太武帝。在崔浩的帮助下，寇谦之很快就得到了太武帝的信任，在山西大同东南建立了新天师道场，重坛五层，遵其新经之制，后人称为"北天师道"。太延（435～440）末，太武帝听从寇谦之的进言，改年号为太平真君。后帝又亲至道坛受箓，成为道士皇帝，并封寇谦之为国师。

崔浩又进一步向皇帝进言：佛教有损国家财政，导致人民迷恋夷狄之教，必须对佛教加以镇压。太平真君七年（446年），太武帝下令全国废佛，焚毁佛像与经典，诛长安僧人，废除长安寺院。公元450年，崔浩被判刑处死，两年后太武帝暴死，新皇即位后发布了复佛令，为了表示赎罪，花巨资命工匠凿出了云岗石佛。

到了唐代，皇族姓李，道教供奉的老子也姓李，唐朝皇帝便把道教视为同族的宗教，定为国教。到唐高宗时，佛道两教严重对立，高宗数次召两教的代表在自己面前辩论。唐高宗于公元668年召集群臣、道士与僧侣讨论《化胡经》的真伪，最后确定《化胡经》是伪作，命令将该书烧掉，允许寺院里免挂老子像，毁掉化胡图。可是到了唐武宗即位，情况发生变化，唐武宗醉心于道教，他规定每年的二月十五日为庆祝老子诞辰的隆圣节，全国朝野放假一天。他又召集81名道士进宫设九玄坛，自己亲临受法，成为一名道士皇帝，使道教受到帝王的保护。从公元841年起，朝廷开始对佛教镇压，勒令3500多名僧尼还俗，将寺庙所占的土地、庄园、钱粮充公，逮捕新入教的僧人300余人加以杀害，规定全国各州只保留一座寺院，废止了4600多所寺院，26万僧尼还俗。这次镇压使佛教教团势力被大大削弱，直到武宗死后，宣宗即位，他命令诛戮了道长赵归真，撤销了禁佛令，这次大劫难才停止。

到了唐中宗神龙元年（705年），唐廷召集佛、道二教在内殿举行《化胡经》真伪的盛大辩论会，朝中百官均出席会议。双方的辩论最初仍不分高下。当时正在长安游访的僧人法明，适逢其会，站出来向道士们提出一个简单的问题："老子化胡成佛，是用汉语教化胡人，还是用胡语教化胡人？如用汉语，胡人听不懂；如用胡语，此经就是胡语写的，它传到中国来，便须翻译。不知此经是何年月、何朝代、由谁口译、由谁笔录？"把道士们一下给问住了，"绝无救对"。于是唐中宗下了一道禁止发行和销毁《化胡经》的敕书，结束了几百年关于此书真伪的辩论。据《旧唐书·中宗纪》，神龙元年九月确曾"禁《化胡

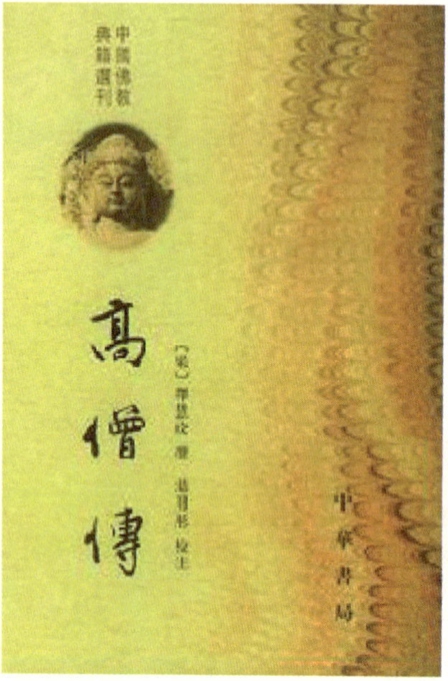

《高僧传》书影

经》”，说明佛教史籍的上述记载可能是真实的。

元朝以喇嘛教为国教，其他的如佛教、儒教、道教、回教、耶稣教、摩尼教也同时存在。道教中分为数派，其中全真教势力最大，道观遍布全国，将各地部分寺院改成道观，侵占了佛教的产业。道教为了进一步扩大社会影响，由道长李志常将《太上混元上德皇帝明威化胡成佛经》和《道德经八十一化图》重新刻印发行。这一做法严重地刺激了佛教，少林寺僧首福裕向宪宗控告道教的诬蔑，作为国师的喇嘛教那摩大师支持福裕，两教矛盾很激烈。宪宗出面干预，于宪宗五年（1255年）命令僧道各派17人为代表，当庭辩论，以决是非。道教派出张志敬为首，佛教以福裕为首，第一场辩论道教失败，宪宗下令烧毁除《道德经》以外一切伪经，勒令道士削发为僧，立即由道教清退出二百余所寺院。道教不甘心失败，仍然与佛教明争暗斗，所以后来又发生第二次、第三次辩论，但道教都失败了，以致在至元十八年（1281年），元世祖颁发了镇压全真教的诏书，彻底销毁了《化胡经》等经典，所以元代以后的人只知有《化胡经》其事，但未见过其文。岂料相隔670多年后，居然在敦煌书库中再现唐人手抄《化胡经》的残卷，这一发现引起世人注目，它证实了佛道两教之间确有过一段尖锐矛盾的历史。

拾壹

我命在我不在天

以道为主杂儒佛
——《西升经》的思想渊源

楼观道教典籍《西升经》书影

前面说过，楼观道的道学思想是以老子的《道德经》为其理论基础的，因此，和其他道教教派不同的是，楼观道派只尊老子和关尹子为祖为宗，从来不把道教的创始人张陵、张衡、张鲁等人视为道家宗师；对于葛玄、葛洪的神仙学说，既不刻意反对，但也不以“正道”视之。楼观道派尊奉老子为唯一教祖，关尹子为玉清上相，奉老子五千文为道德之源、众经之首。因此，在与其他诸派，特别是在与佛教的论战中，楼观道派始终强调，老子的学说要高于佛教理论，佛教的某些佛理是受了老子的教化而产生的。在魏晋时期，楼观派的道士们不但坚持“老子化胡说”，抵御佛教的“侵入”，而且吸纳改造佛家教义中与道家学说的相通之处，创造出《西升经》，大力宣扬老子西升化胡。由于楼观道派的尊奉、研习和传播，《西升经》和其他楼观道资料共同虚构起“圣真契遇，二经授受”的宗教传承系统，完善了楼观道派的理论基础，巩固了楼观道派的宗教史地位。楼观道派在《西升经》中提出的“我命在我，不在天地”的命运观，不但揭示了道教的生命哲学的主旨，成为以后内丹道重要的理论基础，而且对后世道教的发展产生了深远的影响。直至今天，研究中国道教史，还不得不提及《西升经》的影响。

道教符牒图影

然而，由于这部被楼观道派所尊奉的道教典籍原书已在元代焚毁，所以关于《西升经》的作者、成书年代和版本都存在着不同程度的错讹乖舛。根据目前学术界的研究，《西升经》作者和成书年代有四种观点：第一种是认为《西升经》成书于魏晋时期，此种说法以卢国龙、李养正两先生为代表。卢国龙先生是根据《西升经》触及道佛先后但言辞又比较缓和这一特点，判断出它应晚于《化胡经》。同时，这二位先生还认为，《化胡经》作者就是西晋天师道祭酒王浮。第二种观点，以王维诚和日本的福井康顺先生为代表，主张《西升经》出于东晋葛洪之前。第三种观点，是由卿希泰先生主编的四卷本《中国道教史》提出的，认为《西升经》有可能出于东汉末三国之际。第四种观点认为《西升经》出现在东晋中后期，作者为楼观道士。

刘屹先生在其《试论〈化胡经〉产生的时代》一文中，分别从佛教和道教两个角度来质疑“西晋王浮为《化胡经》最初作者”这一说法。他通过对《玄妙内篇》《三天内解经》等道经的分析，指出“化胡说”经过了“老子变身为佛”、“大道教化西胡”、“尹喜化胡”等的演变，一直到东晋末至刘宋时期，所以更可能是刘宋时期才出现了正式的《化胡经》。《西升经》的“化胡说”充其量只能说是“老子天竺化佛”，与《玄妙内篇》相似，所以它们应处于同一时代，大体都在东晋中后期。目前，大多数学者认同刘屹先生的观点，认为《西升经》是东晋中后期，由楼观派道士托名王浮所作的一部经书。

毋庸讳言，东晋时期已经是儒道佛三家相激相融的“战国时代”，《西升经》正是以道家学说为宗，吸纳融合了儒、佛、魏晋玄学等多家思想，从而成为一部重要的道教典籍。具体说来，《西升经》的思想渊源，主要来自于如下几个方面：

首先，《西升经》的核心思想资源，来自于《道德经》哲学思想，《西升经》的主旨就是通过对老子哲学的弘发来阐明自己的宗教哲理。但是，《西升经》毕竟不是《道德经》的翻版，也不是对《道德经》的注释，而是楼观道派在理论上为道教争得“制高点”撰写的一部道教理论著作，所以，它对于《道德经》哲学思想的吸纳，主要表现在对老子以“道”为核心的哲学思想的阐释和运用，在很多涉及到宇宙本体论以及方法论的阐述中，都创造性地改造了《道德经》的核心内容。

第一，《西升经》虽然宣扬老子西升化胡，但它的主要思想并不在否定佛教，而在援引老子哲学阐发宗教哲理。北宋著名道教学者陈景元就曾经明确指出，《西升经》“其微言奥旨出入五千文之间”，宋徽宗在《西升经》序中也称此经“以得一为妙，以飞升为余事”、“盖与五千言相为表里”。从微观层面上看，它直接继承了《道德经》一书中的许多词汇。如“道深甚奥，虚无之渊”（《道深章第二》）中的

"奥"字，即是从《道德经》第六十二章"道者，万物之奥"中来。"是以，天下尚孝，可谓养母。常能养母，身乃长久"（《常安章第二十三》）以及"我怀天下之始，复守天下之母，而万物益宗，以活其身"（《善恶章第三十七》）中，以"母"指代"道"，是从《道德经》第五十二章"天下有始，以为天下母。既得其母，以知其子；既知其子，复守其母，没身不殆"中来。

第二，《西升经》中的许多语句直接改造了《道德经》之文。如"天道犹枯于善人"（《善恶章第二十七》）是《道德经》第七十九章"天道无亲，常与善人"的宗教版本。"盖天道减盈满，补虚空，毁强盛，益衰弱"（《常安章第二十三》）是《道德经》第七十七章"天之道，损有余而补不足"的具体说明。

第三，《西升经》中，有许多语句以《道德经》思想为依据。如"患生不意，祸生丝微。善生于恶，利生于害；大生于小……阴生于阳。是故有无之相生，虚实之相成"（《意微章第三十一》）便充满了老子的辩证法思想。

褚遂良书《西升经》局部

第四，《西升经》在论及养生修炼的内容时，大量运用了老子"正言若反"的思维方式。如"故善养身者，藏身于身而不出也，藏人于人而不见也"（《身心章第二十四》）、"夫外天地者有天地，外其身者而寿命存也"（《有国章第二十四》）等等。

第五，《西升经》几乎继承了老子之道的所有特性。如"自然"，《西升经》明确提出，"告子生道本，示子之自然"（《生道章第六》）；如“无为”，“所谓无为，道自然助”（《善为章第三》）；如“柔弱”，“天下柔弱，莫过于气，气莫柔弱于道”（《柔弱章第二十八》）。不仅如此，它还吸收了其他学派的知识。

其次，《西升经》虽然保留了道教传统的形神观，但其所阐发的关于生命存亡之道的思想，很明显地具有佛教思想的特质。其中最明显的就是在经文中夹杂了“六根”、“因缘”等佛教的固定用语。而且经文中既有“守身长久，长存也”（《哀人章第二十一》）、“形神合同，故能长久”（《民之章第二十九》）等道教传统思想，又有“身为恼本，痛痒寒温；意为形思，愁毒忧烦；吾拘于身，知为大患”（《邪正章第七》）等深受佛教影响的句子；既有“我命在我，不属天地”（《我命章第二十六》）的道教生命哲学，又有“故有凶吉，应行种根；如有所受，种核见分”（《邪正章第七》）、“各有行宿本，命禄之所闻”（《行道章第九》）的佛教因果报应思想。同时，《西升经》还融摄吸收了佛家擅长的修心之道，该经所倡的“守一”之道，就是以调心令合于道之虚无体性为要。

其次，《西升经》有着浓重的魏晋玄学色彩。“本”与“末”是玄学家王弼使用的一对非常重要的哲学范畴，《西升经》对此也予以吸收利用，如“去本而就末，散朴以浇淳”（《道象章第五》）。《西升经》中也有很多提到“无”的文字，认为“道以无为上”（《重告章第十》）。此外，《西升经》在某种程度上批评了郭象的“独化说”，认为“吾思是道，奔出窈冥；愚不别知，自谓适生；子无道眼，安知生灵”（《生道章第六》）。

第三，《西升经》把儒家思想纳入到了自己的哲学思想之中。魏晋南北朝时期，为了得到统治阶级的扶持，道教内部展开了一场对自身的清整运动，此时所出的道教经书，绝大多数都打上了儒家伦理纲常的印记，《西升经》也不例外。如在《重告章第十》中，就把仁义礼智信作为与“道”俱生并存的信条予以宣扬：“道以无为上，德以仁为主；礼以义为谦，施以恩为友；惠以利为先，信以效为首”。这很显然是受了儒家思想影响所致。

第四，《西升经》把阴阳五行学说引入了道家的哲学体系。阴阳五行学说是与道家关系至为密切的一个思想体系，西汉中期，董仲舒将其引入儒家思想的体系，成为儒道相生共荣的理论平台。《西升经》中说：“气为生者地，聚合凝稍坚；味异行不等，甘苦辛碱酸”（《道象章第五》）、“以成五行，阴与阳并；辗转变化，遂为物精”（《生道章第六》），在这里，《西升经》是把阴阳五行思想纳入了自己的宇宙生成论体系，并且认为“五行不相克，万物悉可全”（《圣人之辞章第十一》），把五行互不相克作为万物完好无损的条件。

除此之外，《西升经》还吸收了其他道家著作如《庄子》《道德经指归》《道德经河上公章句》《淮南子》等的思想，也同样受到了早期道教经典如《道德经想尔注》的影响等，由于后面分析其思想时都会涉及到，这里就不再一一列举。

道体虚无性自然

——《西升经》关于道、气、无的论述

老子哲学中，最精彩最引人注目的就是它的“道”论，作为一部“盖与五千言相为表里”的道教经典，《西升经》首先通过论道来阐述自己的思想体系。不过，《西升经》中所阐述的“道”，与老子哲学思想的核心“道”既有相同之处，又有发挥和扩充之处，可以说，《西升经》是对老子道的哲学思想的继承和发展。

《西升经》对老子“道”的哲学思想的继承和发展，首先体现在“道体虚无，道性自然”这个命题的创设和阐释上。《西升经》用了很多的篇幅和文字，谈论虚无、自然和道三者之间的关系。《西升经》里最难解，最易引起歧义的宇宙观是“虚无生自然，自然生道”（《虚无章第十五》），对这个命题的理解，大多数人都认为《西升经》是说，虚无是宇宙万物及其道的“渊”，自然由虚无而生，道由自然而生，这似乎和老子的道论有所抵牾。其实，结合《西升经》中关于“虚无”的描述如“道深甚奥，虚无之渊”（《道深章第二》）和“道者，虚无之物”（《道虚章第二十》），我们就会看到，无论是道体还是道用，两者都与老子相通。《西升经》论及道体时所说之既“深”且“甚奥”，这个“奥”字即是从《道德经》中来。那么，什么是“奥”呢？“奥”者，藏也，即“道”是万物藏身之处，万物都在“道”之内。这一论述，实际上与老子关于“道”的性质的限定是一脉相承的。即便是论“道”的功用，比如“若虚而为实，若无而为有也”（《道虚章第二十》）的说法，就与老子的观点极为相似。“若虚而为实，若无而为有也”这句话是说，道，看上去好像什么都没有，实际上蕴含着无尽的创造因子，是天地万物的根源，“道象无形端，恍惚亡若存，譬如种木未生，不见枝叶根”（《道象章第五》），道是万物的种子，万物由此而化生。可见，从道之体的角度看，“虚无”是“道”自身的状态；从道之用的角度看，“虚无”是“道”自身的特性，这一点，也是老子的道的特性。

我们再看《西升经》中的“自然”的含义。《西升经》认为，“自然”是道最重要最根本的性质，“自然者，道之根本也”（《柔弱章第二十八》）。“自然”，本来就是老子哲学中最重要的观念，老子认为“自然”是道的根本属性，王弼在注《道德经》“道法自然”一句时就说“道不违自然，乃得其性”。《老子想尔注》则直接称“自然，道也”。所以，《西升经》中“自然者，道之根本也”的提法，可以说是顺着老子思想发展的轨迹自然而然地出现的，在《西升经》中，它的含

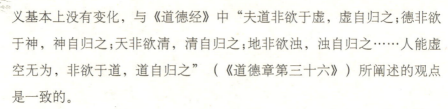

义基本上没有变化，与《道德经》中“夫道非欲于虚，虚自归之；德非欲于神，神自归之；天非欲清，清自归之；地非欲浊，浊自归之……人能虚空无为，非欲于道，道自归之”（《道德章第三十六》）所阐述的观点是一致的。

由此，我们可以知道“虚无”和“自然”只是道自身的两个属性，虚无、自然和道，这三者并不是“次第相生”的关系，而是从不同角度对同一事物的描述，虚无、自然和道是三位一体的。

和老子的“道”一样，《西升经》中的“道”也是天地万物的本原，《西升经》说“虚无生自然，自然生道，道生一，一生天地，天地生万物”“万物共本道之元”（《恍惚章第十六》），无论是天地、万物还是作为万物之灵的人，都化生于“道”。由此可见，关于道和万物的关系，《西升经》不仅继承了老子的道论，而且还吸取了庄子“道无所不在”的思想，“道非独在我，万物皆有之，万物不自知，道自居之”（《在道章第三十二》）。万物皆秉道而生，道化生万物之后，就内在于万物，成为万物存在的依据，所以万物皆有道，只是万物自己不知道而已。《西升经》的这一观点，为六朝隋唐时的道教“一切含识，乃至畜生果木石者，皆有道性也”的观点提供了理论主要依据。《道德经》认为，万物虽然表现形态不同，但在道性上是平等的。人，作为万物之灵，和道的关系无疑更为密切，《老子想尔注》以鱼和水的关系为喻，形象地说明了人和道须臾不能分离，“诚为渊，道犹水，人犹鱼，鱼失渊去水则死，人不行诚守道，道去则死”。《西升经》继承了这一说法，只是语言更为简洁，其云：“人在道中，道在人中；鱼在水中，水在鱼中；道去人死，水干鱼终。”（《在道章第三十二》）

《西升经》在阐释道和气的关系时，强调了“气”的地位和作用，发展了《道德经》的“气论”。老子说“万物负阴而抱阳，冲气以为和”、“心使气曰强”，但对“气”的作用、属性及其与“道”的关系没有作出进一步的表述。《西升经》在重点论述“道”的同时，也强调了“气”的地位及作用。《西升经》的作者认为，气参与了道化生万物的过程，是宇宙发生过程中一个不可缺少的环节，“合会地水火风，四时气往缘；气为生者地，聚合凝稍坚”（《道象章第五》）；气的多少决定着物的强弱，“气行有多少，强弱果不均”（《道象章第五》）；气甚至决定着人的生老病死，“气别生者死，增减羸病勤”（《圣人之辞章第十一》）。从这里我们可以看出，《西升经》对《道德经》的“气”有所继承，也有所发挥和创新。确切地说，《西升经》在继承老子思想的同时，也综合吸收了其他道家道教著作中的合理因素。因为“气”在庄子那里，就已经变成了道家的基本概念。庄子认为，气是构成天地万物最基本的因素，人的生命也是气的暂时聚合，“人之生，气之聚也，聚则为生，散则为死”。汉代以来流行的“元气论”更是着重论述了“气”在宇宙形成及万物产生过程中的作用，这些显然都被《西升经》所吸收和利用。

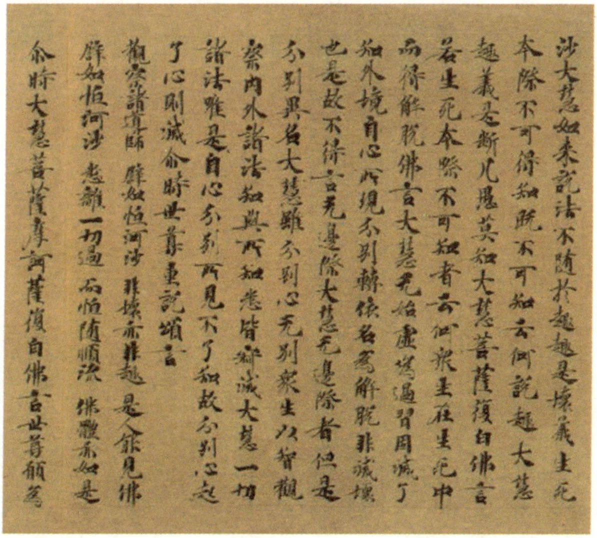

楷书《大乘入楞伽经》局部

那么，“道”与“气”之间究竟是什么关系呢？《西升经》认为，气虽然很重要，但“气”和“道”并不是一回事。“天下柔弱，莫过于气，气莫柔弱于道”（《柔弱章第二十八》），很明显，《西升经》的作者认为“气”

不如“道”。因为“气虽柔弱，聚散有时;道之为物，无时而积”。既然如此，“气”在《西升经》中究竟充当了什么样的角色呢？《西升经》中的“气”只是“道”与“万物”之间的中间环节。无形无象、虚无恍惚的“道”如何化生并内在于千姿百态、各具形色的万物之中？就是依靠“气”这个介质。“万物抱一而成，得微妙气化”（《虚无章第十五》），“气下，化生于万物，而形各异焉”（《道虚章第二十》），“一”即道也，万物得道而生，却秉气乃成。“道”是绝对的，抽象的，对万物是无差别的，“万物共本道之元”。但“气”则不同，它是相对的，具体的，“同出异名色，各自生意因”（《道象章第五》），万物所秉之气虽都从道而来，在名色上却是有差别的，这就是万物之所以不同的原因，“气之相生，同资于道。随所秉质，名色有异。善恶强弱亦犹此也”。“气”之所以不能代替“道”，还有一个重要的原因是，“道”是老子预设的哲学命题，而《西升经》在论及“气”的重要性时，某些地方并不是从哲学层面上讲的，而是从它的物质性着手，如“喘息为宅命，身寿立息端”、“气别生者死，增减羸病勤”（《圣人之辞章第十一》），根据现代医学常识，确实如此。虽然如前面所讲，这是吸收了庄子的思想，但是，如果我们仔细推敲就会发现，《西升经》所要表达的思想和庄子还是有一定的差别。这也许和道教从一开始就注重实践有关吧。

《西升经》中所阐述的道和无的关系，很明显受到了王弼玄学的影响，如本、末是王弼玄学体系中的一对十分重要的概念，《西升经》也予以吸收和利用，“去本而就末，散朴以归淳”（《道象章第五》）。此外，《西升经》中还有不少提到“无”的地方，如“道以无为上”（《重告章第十》）、“无者，天地之原”（《为道章第十八》）等。但是，我们又要看到，“无”在王弼的哲学体系里，很大程度上是一个本体论的概念，指一切存在之物的高度抽象，即蕴含在现象之中的本质。而在《西升经》中，“无”很少有这样的意义。如“无者，天地之原”、“天地人物，虚无囊盈；一从无生，同出异名”（《生道章第六》），这两句中的“无”还是指宇宙和天地万物的起源。“是故有以无为母，无以虚为母，虚以道为母”（《柔弱章第二十八》）和“是故无有生有，无形生形，何况于成事而败之乎”（《民之章第二十九》），表达的还是老子“有生于无”的思想。而与“道以无为上”相连的是“德以仁为主”，整个《重告章》讲的都是伦理道德方面的内容。实际上，《西升经》中的“无”主要继承的还是《道德经》一书中的意思，与其说它突出了“无”的地位，不如说它淡化或者较少提及“有”的作用。

除了上述几方面之外，作为一部道教经典，《西升经》论道，还有一个最独异最明显的特点，那就是它不像《太平经》《老子想尔注》等早期道教经书，将老子所说的“道”人格化和神学化，而是基本上从哲学层面来分析道对宇宙万物的生成及主宰作用。应该说，道是否有意志有感情，是否人格化，是道家哲学和道教哲学的重要区别。在道家学者那里，“道”对宇宙万物的化生是自然而然的，完全没有目的性，并且随着思想的发展，越来越强调万物的自生，“自然”的重心从“道”转移到了“万物”；而在道教人士那里，虽然也说“道”的“自然”、“无为”、“虚无”等等，但最终，“道”还是有意志有目的，更多地被赋予了人格神的含义。如《老子想尔注》中，“一者，道也……一散形为气，聚形为太上老君”，“道设生以赏善，设死以威恶”。《太平经》中的“道”也有了意志，成为“真道”、“神道”。然而，在《西升经》中，虽然道也有真伪之分，出现了“真道”、“伪道”等名称，但它是从养生修炼的角度，以“养神”还是“养形”作为标准划分的。所以，除了在某些地方赋予“气”以道德色彩，称之为“善气”、“恶气”、“邪气”之外，《西升经》对“道”和“气”几乎没有别的神学性质的规定，这在它所处的时代是很少见的。

既然如此，《西升经》为何被世人视为道教经书而非哲学著作，或者至少如《老子河上公章句》那样的过渡性著作？据笔者看来，大概是因为其篇首及文末对老子的神化。老子，本是先秦一位开创道家学说的思想家，但是随着道家思想逐渐被宗教神学化，成为道教的理论基础，关于老子的神化也在慢慢演变和发展，至东汉末，老子已经从道家的思想家变成了道教的教主。《西升经》对此虽然着墨不多，只有寥寥数语，“老君西升，开道竺乾；号古先生，善入无为；不终不始，永存绵绵”（《西升章第一》），“古先生者，吾之身也。今将返神，还乎无名。绝身灭有，绵绵长存。吾今逝矣，亦返一原”（《戒示章第三十九》），但已经把道的无名无象、无始无终等特点加在老子身上，视他为道的化身。并且，《西升经》利用了司马迁《史记》中老子为关令尹喜著书的记载，使老子“西升化胡”的宗教传说与正史关联起来，可信度大大增加。这一点，对于当时在佛道论争中经常处于劣势的道教徒来说，是非常重要的。所以，他们发现《西升经》之后，如获至宝，把它奉为道教经典，也就不足为奇了。

我命由我不由天
——《西升经》的命运观

如前所述，《西升经》虽然以化胡为背景，其主旨却非“化胡”，而是如陈景元所说，“其微言奥旨，出入五千文之间”。实际上也就是既继承了老子的道家学说，又从道教的立场对其做了一定程度的发挥或改造。不过，《西升经》最能反映道教特色，最富于创造性的，就是提出了“我命在我，不属天地”的命运观。

我们知道，天命论是我国古代中国最流行，而且影响最为久远的人生命运观。最早提出人命天定思想的是被儒家视为最高经典的《尚书》，其“我生不有命在天”的天命论思想，深重地影响了儒家关于命运的认识。儒家认为，“死生由命，富贵在天”（《论语·颜渊》），即便是极力推崇“死与生与，天地并与，神明往与”，以“逍遥”“齐物”鼓吹自由平等的庄子，也主张“知其不可奈何而安之若命”（《庄子·人世间》），告诫“无以人灭天，无以故灭命”（《庄子·秋水》）。秦汉时期，无论帝王将相，百姓草民，抑或道教人物，都笃信天命，认为人的命，天注定。东汉末年，道教勃兴，道教长生不死的生命追求，传递出人的主体性的觉醒信息，反映了人对于个体生命的自主把握，对于自身命运的主宰要求。有着深厚神仙信仰和巫祝方术文化背景的道教，十分注重个体生命的保养，以长生不死为人生追求的最高目标。因此，道教就必须为这种人生追求提供一个理论基础，即人的命并不是由天定的，而是由人自己所宰。这是道教在命运观上不同于儒家和道家的地方，是对传统的命运观的彻底颠覆。早期道教自创立以来，虽然一方面受惯性的支配仍有“籍系星宿，命在天曹”之类的传统说教，但另一方面则因成仙信仰的高涨而开始挣脱传统命定论的桎梏。如早期道经《太平经》对那些不相信自身力量，听天由命的人严厉批评说：“人命近在汝身，有身不自爱，当爱谁乎？有身不自成，当成谁乎？ 有身不自念，当念谁乎？有身不自责，当责谁乎？”出于东晋中后期的《西升经》就是在继承早期道教思想的基础上，首次以精练的语言概括揭示出了道教命运观的内涵和特征，标志着道教完全形成了自己独有的命运观，从此足以与传统的命定论分庭抗礼。

《西升经》的道教命运观主要集中在《我命章》中，这一章中最显明的对道教命运观的概括是“我命在我，不属天地”。在这里，“天地”与“我”是平等的，不是主客关系。个体的“我”，是“命”的主宰，与天地无涉。吕鹏志在《〈西升经〉的命运观解析》中指出：这一

道教修炼剪纸

命题，具有强烈的主体意识和主体精神，体现了《西升经》作者物我相分的意识、生命主体的自主意识、理性的自由意识、能动意识。

所谓物我相分，就是能够把“我”与外物区分开来，其标志就是能够说出“我”字。黑格尔说：“平常我们使用这个‘我”字，最初漫不觉其重要，只有在哲学的反思里，才将‘我’当做一个考察的对象。在‘我’里面我们才有完全纯粹的思想出现。动物就不能说出一个‘我’字，只有人才能说‘我’，因为只有人才有思维。”依我们的理解就是，说出“我”来才标志着主客体关系的形成，从而人才可能把自己看做主体。《西升经》明确地说出了这个“我”，并在“我”与“天地”之间划清界限，而将命归之于“我”，这说明它完全摆脱了动物物我不分的混沌意识，对主客体关系有了清晰的认识。这乃是道教中人的主体精神得以产生的前提，因为道教正是以此关系为基础来确立人的地位的。

所谓自主意识，是指这一概念本身就含有自主的意思。自主意识可以说是主体本质力量的表现和主体地位的确证。唐李荣注“我命在我”说：“天地无私，任物自化，寿之长短，岂使之哉？”这是说天地不能干预人的命运，人的命由人自己主宰。儒道两家将天地高高地置于人之上，人的力量与地位相对被贬得很低，在命运面前只能俯首称臣。道教摆脱了天地对人及其命运的控制，人的力量与地位由此上升。《西升经》还进一步高扬人的能力，认为人的本质与天地相当，何愁不能掌握自身的命运？《我命章》说：“吾与天地分一气而治，自守根本也。”韦处玄注云：“天地与我俱禀自然，一气之所生，各是一物耳，焉能生我命乎？”即此之谓也。在人的活动中，自主性对于客体来说是主体的自主，对于主体来说则是主体的自由。《西升经》在确证人的自主性时，无疑也宣告获得了自由。

《西升经》所呈现出的理性的自由意识，主要是指人若要控制自己的命运，还必须以遵循客观规律为前提和条件。在道教中，通常以道作为生命的本质，所谓“生道合一”也，而以气作为生命的物质基础。道与气二者就是生命的原则与规律，人只有与道、气相守，才可使自己的生命永存，不被天地任意宰割。故李荣注“我命在我”说：“若能存之以道，纳之以气，气续则命不绝，道在则寿自长，故云不属天地。”《西升经》本文亦说：“我不视，不听，不知，神不出身，与道同久。”李荣注云：“身将神合，命与道同，故云长久。所言不属天地，其行如是。”刘仁会注云：“耳目之用废，心智之虑忘，心神不出身，契乎常道矣。”后世道经在阐释“我命在我”的命运自主意识时，也同样强调要把握生命的规律（道与气）才可能命运自主。如《云笈七签》卷五十六引《元气论》说：“仙经云：我命在我，保精受气，寿无极也。又云：无劳尔形，无摇尔精，归心静默，可以长生。生命之根本，决在此道（元气之道）。”《真气还元铭》说：“我命在我，不在于天。”注云：“言人性命生死，由人自己。人若能知自然之道，运动元和之气，外吞三景，内服五芽，动制百灵，静安五藏，则寒温饥渴不能侵，五兵百刃不能近。死生在乎，变化由心，地不能埋，天不能煞。此之谓我命在我也。”正因为道教始终将命运自主与对规律的把握联系在一起，同时，道教中人也并不因为有了客观规律的牵制就不能获得生命的自由，而恰恰通过对规律的把握，即“知自然之道”给自己开辟了通向自由的道路。这种不是靠任性而是因尊重规律获得的自由，在我们看来就是一种理性的自由。

《西升经》的能动意识，主要表现为《西升经》作者对于人应当积极主动地关心自己的生命和命运的关注。在现实生活中，虽然保养生命的规律客观地存在着，人亦有能力主宰自己的命运，可有些人常常不知道或不愿知生之可贵与养生之道，即或知道了也不去实践，相反纵情肆欲，伤害自家性命。这种人在命运面前根本没有发挥出自己的主观能动性，也就是说毫无主体意识。如果说“我命在我”是针对主体而言的，这里所说的就是非主体的人。一般的人同意将主体与人作区分，认为主体是人，但反过来说人是主体则不一定正确。假如人有自由意志，也能自主活动，但他却并不去行动，那么此人就只是可能的主体而非现实的主体。正如《胎息经》注称：“道经云：我命在我，不在天地。所患人不能知其道，复知而不行。知者，但能虚心绝虑，保气养精，不为外境爱欲所牵，恬淡以养神气，即长生之道毕矣。”《西升经》就有强烈的主体意识和主体精神，因此它激烈批评那些不爱惜反而戕害自己生命的人，假托老子的名义说：“民之所以轻命早终者，民自令之尔，非天地毁，鬼神害，以其有知，以其形动故也。”由此可知，虽然天地鬼神皆不能制约这些人的寿命，但他们还是早夭或短命，根本原因就在于没有在生命面前表现为主体，也就是发挥其主观能动性。相反，人若爱惜自己的生命，并谨遵养生之道而行，则其自然长存。故经文又说：“人欲长久，断情去欲，心意以索，命为反归之。”总之，要有能动意识，人才可能成为主体，长生成仙也才有指望。《西升经》的这种思想很有影响，后世有许多道经都引以为据，用来批评人在命运面前表现出的非主体性举措。

当然，我们也不能忽视，《西升经》因受佛教影响，在其命运观中还夹杂着少许宿命论的颗粒。《行道章》说："各有行宿本，命禄之所关。"刘仁会注云："贤愚贵贱，贫富寿夭，皆宿植行，本于前命禄，关之于后。"李荣注云："命有短长，禄有丰偷，必同着于往昔，始受报于当今。"《西升经》显然接受了佛教的因果报应和轮回学说，宣称人现世的贫富寿夭乃是由前世的业行决定的。因前世之业行已无可更改，因此人面对眼前的命运也无可奈何。这就是佛教的宿命论。不过，佛教的宿命论实际上并不那么彻底，因为它又称，人今世的善恶行为将决定来世的命运。如果不计前世，仅着眼于今生和来世，则至少还可以通过今世努力行善以得来世之好报，这又为人的自为和自主留下了余地。李荣注云："是以善人同道，故得道；同德，得德根。恶人不同道，故失道；不同德，失德根。"刘仁会注云："报应无差。"这里隐含的意思就是，只要人今世积极去恶从善，与道德相合，来世就必有好报，反之则有恶报。正如李荣注"我命在我"所称："但由人行有善有恶，故命有穷通。"

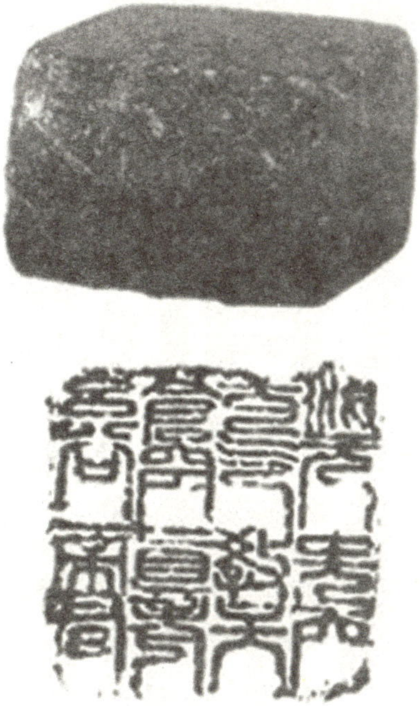

道教印符

正因为《西升经》中"我命在我，不属天地"一语蕴含着丰富的主体精神，鲜明地体现了道教的本色，因此为后世道书广泛征引，俨然成了道教的一面大旗。它作为道教的重要纲领，就像一股原动力，推动道教不断去探索自然界和人类的奥秘，发展出内外丹术等众多道法，为人类操纵自身命运的神圣事业作出了不可抹杀的贡献。

承老继庄立新论

——《西升经》的学术价值

《西升经》之所以能够被楼观道士奉为诵习的“真经”，除了前面所论及的诸原因之外，更重要的是，其创新的理论给楼观道派的道教理论注入了新的活力，其倘佯的“我命在我不在天”的天人观、性命观，为楼观道士清修习道提供了新的理论基础，这对于楼观道教来说，是极其重要的。要认识《西升经》理论创新的价值，我们不防将其与老子的道家学说作一比较。

老子在中国历史上是一位特殊人物，他不但是一个伟大的思想家、哲学家，而且被中国土生土长的宗教——“道教”尊为教主。道教徒以他为武器，围绕着“道佛二家孰先孰后、孰优孰劣”的问题，几千年来和佛教争论不休。所以，不同时期、不同派别的人物对老子其人其书的看法与评价也不同，甚至存在着很大的差异。要对老子及其著作作出比较客观的评价，就必须对道教老学有一个比较清楚的认识。

从历代的研究实践来看，道教老学实际上包括两方面的内容：其一，是对老子的神化，主要包括老子化生说、化身说以及化胡说。这些东西反映了道教的宇宙观、历史观和世界观。并且，对老子的神化，从某种程度上讲，也可以说是以老子的道论为基础，因为它是把“道”人格化，把老子神格化，即把“道”的功能属性都加诸于老子，视老子为“道”的化身；其二，是老子思想在道教中的发展变化，包括注疏本和以老子思想为依据造作的道经。这又可以分为两个阶段，前期主要是从宗教神学的角度将老子的养生思想改造为道教长生不死的思想，如《老子想尔注》；后期则主要从宗教哲学的角度改造利用老子的思想，以重玄思想的出现为标志，肉体长生不再是追求的主要目标，而更看重精神的超越。这从某种程度上可以说是回归老庄，或者是老庄思想在新形势下的又一发展阶段，如成玄英、李荣、杜光庭等人的老学著作。道教老学的两个内容，实际上是常常交织在一起的，即在同一部道书里，既有对老子的神化，又有对老子思想的改造与阐发，只不过侧重点不同，如《老子想尔注》。同样，《西升经》也不例外，它既有明显的化胡思想，又“以得一为妙，以飞升为余事”。

《西升经》的独特之处就在于，如果我们拿上述道教老学的两个内容来与之比较，就会发现，《西升经》无论是对老子其人还是《道德经》其书的改造，都是抱着一种相对理智的态度去进行的。

这种相对理智的态度，首先表现在对老子其人的评述。《西升经》中关于神化老子的内容非常少，仅有寥寥数语（至于每章均以“老君曰”开头，那是道教经书的通例）。它的“化胡说”，根据刘屹先生的分析，还停留在“老子天竺化佛”的阶段，并且也没有其他道书中常常出现的对佛教的诋毁之语。此外，“号古先生，善入无为；不终不始，永存绵绵”（《西升章第一》）以及“今将返神，还乎无名。绝身灭有，绵绵长存。吾今逝矣，亦返一原”（《戒示章第三十九》），这些内容虽然可以说是把老子等同于“道”，让老子成为“道”的化身，但也仅仅是赋予了老子“道”无始无终的特点，并没有如我们在其他道经中常常看到的那样，让他成为化生万物的造世主，成为宇宙的创造者和主宰者。

其次，表现在对老子思想继承、阐释和创造性的发展上。《西升经》的主要思想是对老子道论的发挥，基本上还属于哲学范畴，并没有如《老子想尔注》《太平经》那样，将“道”人格化和神格化；它对形神关系的探讨，虽然基本观点和传统道教一样，主张形神不离、形神合同，但却没有因此陷入追求肉体长生的窠臼，而是以老子的养生思想为基础，运用老子“正言若反”的思维方式，又吸收佛教的某些因素追求“形神俱妙”的境界，并在此基础上，对生死也抱以非常达观的态度；

徐州汉画像石《〈太平经〉修炼成仙图》拓本

它的养生修炼论，也吸收了老子“致虚极，守静笃”的思想，非常重视对“心”的修炼。

总之，前人说《西升经》与《道德经》五千文相为表里，不为虚妄之断，这在同时代的道经中是非常少见的。魏晋南北朝时期，从总体上看，道教尚处于早期阶段，方术盛行，理论基础薄弱，对老庄道家思想的理解与吸收尚停留在非常浅显的层面，并未深入内核，社会上普遍流行的是“长生成仙”的信仰。虽然道教为了与佛教抗衡，也致力于自身的整顿与清整，造作了大量的经书，但不外乎宣扬老君神迹，介绍炼养之术，以及符箓、斋醮、科仪、戒律等等。即使是被称之为义理派的上清、灵宝、三皇三派的经书，其义理也是隐藏在炼养、鬼神以及符图之间，需要人们去提炼、去发掘。像《西升经》这样直接援引老子哲学、自觉运用老子思维方式而很少涉及鬼神的道经，是不多见的。可以说，它出现在那个白日飞升、肉体成仙之说喧嚣甚上的时代是非常特殊的。正因如此，《西升经》在道教老学史上的地位就表现为：它突出了老子学说的指导作用，抑制了道教老学中迷信因素的膨胀，促进了道教老学从以宗教神学为主、宗教哲学为辅向以宗教哲学为主、宗教神学为辅的转变。

《西升经》的这种独特之处，除了对道教老学之外，对后世道教思想的发展，也产生了很大的影响。这种影响主要表现为如下三个方面：

第一，《西升经》的“虚无生自然，自然生道，道生一，一生天地，天地生万物”的宇宙生成模式，在某种程度上推动着道教理论的不断深化与发展。在前面的分析中，我们已经讲过，“虚无”和“自然”只是道自身的两个属性，三者并不是次第相生的关系，而是从不同角度对同一事物进行的描述。应该说，“虚无生自然，自然生道”，和老子的“道法自然”一样，对习惯了直觉思维和感知思维的道教徒来讲，并不难理解，也不需要去寻根究底。所以，此语一出，就迅速传播开来，成为魏晋南北朝道教教义中相当流行的基本信条。但这句话却被擅长逻辑思维的佛教徒抓住了把柄，成为他们攻击道教不够超越，否定“道”是至极至大的最高存在的依据。为了回应这种来自佛门的挑战，道教内的有识之士不得不从老庄哲学以及儒、佛二家吸取营养，对“虚无”、“自然”和“道”的含义重新解释，并对三者之间的关系进行了丰富而又深入的阐释与论证，从而推动了重玄哲学的产生与发展。

第二，《西升经》发展了老子“正言若反”的否定式思维，为南北朝时期道教重玄方法的出现、发展乃至隋唐时的兴盛做了铺垫和过渡。重玄学是一种追求宗教超越的哲学，相应地有一套实现超越的方法，这就是不断地超越事物的片面性，即遣之又遣。学术界一般认为，这是受了佛教中观学“双遣双非”方法的影响。此言不虚，但是，我们不能忘了，佛教“双遣双非”方法之所以能对道教产生那么大的影响，是因为道教本身有老子“正言若反”的思维方式做基础，正如佛教传入中国之初，之所以能够借助老庄哲学以“格义”的方法传播，是因为二者在很多方面确有相通之处。老子讲“外其身而身存”、“无为而无不为”，实际上也就是“一遣”。《西升经》直接援引老子哲学，自觉运用并发挥老子“正言若反”的思维方式，在修炼过程中要求遗形忘神，无疑促进了道教徒对老子思想的理解与吸收，从而为他们以“拿来主义”态度吸取佛教精华并在此基础上加以创新打下了坚实的基础。

第三，《西升经》对“心”的重视，促进了南北朝乃至隋唐时期道教修心理论的产生与发展。魏晋时期，道教给人的印象是，以“炼形”为上，“养神”也只是精神之炼养，而非认识之提高。《西升经》则与众不同，它基本上没有涉及炼形之术，“养神”也是非常重视修心，提出要“以无为心”，达到“无心之心”。这对道教的养生修炼思想产生了很大的影响。自此之后，道教修炼的重点由“炼形”、“养神”转向“修心”，由精神之炼养转向心性的解脱与提高。如随后的《太上老君定观经》就提出，修道最重要的是要把住“心”这一关，“所以教人修道，则修心也；教人修心，则修道也”，将道与心的关系概括为“道以心得，心以道明”。隋唐时期，重玄方法的广泛应用，使道教的修心理论由“无心之心”进一步发展为“心无其心”，即不仅要摒弃欲望，恢复并保持内心的宁静，还要去掉无欲之心，达到“坐忘”。唯有如此，才能真正地认识道，把握道，乃至与道合真。

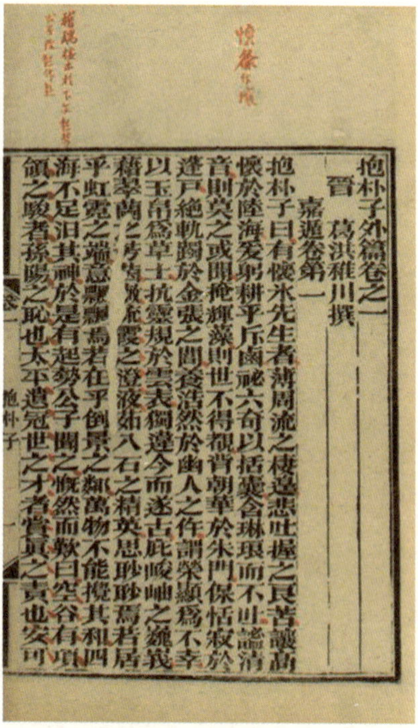
抱朴子外篇卷之一
晉　葛洪稚川撰
嘉遯卷第一
抱朴子曰有懷冰先生者薄周流之棲遑悲吐握之良苦讓高
懷於陸海爰躬耕乎斥鹵祕六奇以括囊含琳琅而不衒謐清
音則莫之或聞掩輝藻則世不得覿背朝華於朱門保恬寂於
蓬戶絕軌躅於金張之閭養浩然於幽人之仵謂榮顯爲不幸
以玉帛爲草土抗靈規於雲表獨違今而遂古庇峻岫之巍峩
藉翠蘭之芳藹漱流霞之澄液茹八石之精英思眇眇焉若居
乎虹霓之端意飄飄焉若在乎倒景之鄰萬物不能攪其和四
海不足汨其神於是有赴勢公子聞之慨然而歎曰空谷有項
領之駿者孫陽之恥也太平遺冠世之才者賞貢之責也安可
卷一　抱朴子　一

晋葛洪《抱朴子》书影

此外，《西升经》中“我命在我，不属天地”的生命哲学，激励着道教徒不断地去探索生命的奥秘，从而推动了道教的发展。应该说，“我命在我”是道教神仙思想体系中一个非常古老的命题，葛洪在《抱朴子·内篇》中就引用早期道教经典《龟甲文》言“我命在我不在天，还丹成金亿万年”。但是，在《西升经》之前，这个命题主要是外丹道理论家和实践者的口号。如葛洪就是在此思想的指导下，毕生从事炼丹实践，并完成了丹鼎派神仙道教的理论代表作《抱朴子》。《西升经》否定了外丹道的白日飞升、肉体成仙之说，但却接过了炼丹者“我命在我不在天”这个响亮的口号，并赋予它新的内涵，认为人只要“自守根本”，保证“神不出身”就能够“与道同久”。这一思想成为以后内丹道重要的理论基础，对后世道教的发展产生了深远的影响。

拾贰

楼观全真一脉系

变化升举起内丹
——道教金丹思想向内丹思想转化

全真七子写意画像

安史之乱，是中国历史上一次重要的事件，是唐朝由盛而衰的转折点。自此至北宋初年，中国社会一直处于动荡状态，人们的社会生活、社会意识，以及社会行为都因之不断地发生着变化。唐末五代，由于道教内容的改变和道士成分的改变，催生了全真教。

唐末五代时期，奉道求神仙的人大致有这样几类：一是隐于山中，不求闻达，如唐初的潘师正。二是精究方术，全性保真，或炼丹合药，如刘商（为中山靖王之后）。三是身情异术，逃于形骸，和光混俗，隐于市井的，如孙登等人。唐末五代社会动乱，修道之人的队伍中便又增添了两类人：一类是仕途无望，归隐山林，到道教中找寄托，或是辞官不做，逃于世外，这类人有罗隐之、郑云叟等。另外一类人专修道教之方术，以求在乱世中或生存自保，或救助贫弱。唐末五代所出现的这两类追求道教的人物中，对后世影响最大的就是被传为神仙的吕洞宾。唐末五代以后人们对道教的追求较多地带有实用目的，内儒外道的道士无形中使道教渗入了更多的儒家思想，这种结果造成的影响，为南宋道教全真派的形成准备了条件。其神仙思想就是：神仙可成的思想发生动摇，神仙的出世与救世变成神仙不高高在天界，可下世救民于苦难。这也影响到了道教金丹思想向内丹思想的转化。在全真教里，神仙已不再是远离世外超出凡间的了，而是可以变化升举，长生永驻的奇幻人物。神仙的神奇色彩少了，人性的色彩多了。再次，唐以前，神仙信仰以追求长生为基本目标，由此发明了诸多修炼的方术。由于炼丹术的衰微，其神仙信仰的内核也为之一变，肉体成仙逐步演变为精神上的永恒，长寿、逍遥、自由、功德成为道士们向往的目标，内丹术的性命双修是实现这一目标的最切实的途径。

在内丹学说的形成过程中，最早的传播者是全真道北五祖的第二祖钟离权。在道史仙传中，钟离权是唐末五代宋初的一位真实历史人物，主要活动在终南山一带，其内丹术得之于终南道士的历代密传。据《历世真仙体道通鉴》载记，钟离权点化吕洞宾于长安酒肆之中。据郑樵《通志》卷6著录，钟离权传授给吕洞宾《灵宝毕法》10卷，而吕洞宾又将其传于施肩吾、曹国舅等23人。其中，麻衣道者曾经活动于华山，据说为陈抟的师父；又

《全真七子全书》书影

有刘操，为全真道北五祖之一。刘操曾经在燕主刘守光手下为臣，因为遇到一位高道，以危累为喻点化，所以辞官归隐，进入终南山一带访仙问道。据说，刘操在华山、终南山受传内丹道之后，隐于代州，直到宋天圣年间才出山，下传弟子李练等7人。在这7人中，最为著名的是张伯端。自张伯端之后，内丹术形成完整体系，并为全真道的创立进行了理论上和组织上的准备，张伯端亦成为全真教南宗的创始人。

不过，就全真教的理论渊源，以及儒、道、佛三教思想合而为一的流变过程来看，在全真道的形成过程中，华山高士陈抟当推首功。自汉至唐，主导长安道教走向的基本思潮是“神仙可学”，长生久视成为大多数道士和奉道者不懈追求的目标。在历代帝王的推动下，服气炼丹成为道教主流意识和整体行为，但炼丹术的失败，使得这一道教修炼行为受到严重质疑，内丹学说开始萌芽并且迅速产生巨大影响。内丹学说认为，要追求个体生命的长生，就必须遵循老庄的自然哲学，力求使得个体的身心与自然、社会的和谐，实现性命双修。为了使得性命双修的内容更加充实，内丹学说还把儒家和佛教与此相关的学说大量地引入到道教的修炼理论之中，从而形成了一个比较完整的神仙修炼体系。在这个理论的提出及其逐渐完善的过程中，陈抟从理论和实践两个层面，做出了自己的贡献。

从《旧唐史》《宋史》等史书上的记载来看，陈抟的籍贯和生卒年月都很迷离，不过，据《宋史》所记其卒于北宋端拱二年（989年），《历世真仙体道通鉴》载其活了118岁上推。陈抟当为唐咸通年间（860～874）人，一生充满传奇色彩，亦曾苦读经史，但科举不第，因而放形山水，遇高士点化，隐于武当九室岩，服气辟谷。据说在后晋、后汉之际，陈抟移居于华山之云台观，在少华山石室中炼气，与吕洞宾、李琪、麻衣道者、刘海蟾等为友。相传陈抟隐居华山不久，就受到周世宗的礼遇，但他辞官不就，乞归山林。然而，当北宋统一中国之后，他却两次主动赴京都开封参见皇帝，被宋太宗赐名为希夷先生，并下令增修其华山宫观云台观。

陈抟在华山隐居时，曾与楼观宗圣观观主梁筌交往甚密。梁筌在后周世宗显德年间为楼观观主，其时陈抟居仙游宫，两人为林下友。所以，在有宋一代，楼观道道士的神仙理念和修炼方法，一定受到陈抟内丹学说的影响。事实上，不仅是楼观道，长安、终南山和华山一带的道教宫观和佛教寺院的佛道人士，都深受陈抟神仙思想的影响。更为重要的是，宋明理学的创始人周敦颐、邵雍、张载、程颢、程颐、朱熹等人，亦受陈抟学术思想的影响甚巨，他们当中的多数人，事实上也是陈抟的再传弟子。所以，樊光春先生说，正是陈抟的易学和道教养生思想，促进了理学的诞生。那么，陈抟的学术贡献到底是什么呢？据樊光春先生《西北道教史》介绍，陈抟的学术贡献，主要是对“天人合一”哲学思想的阐发。陈抟从吕洞宾处得到《无极图》，从麻衣道者处得到先天图后，将其刻于华山石壁之上，并将这两个图式和其中的奥秘之旨传授于种放，种放又传授于穆修、再传于周敦颐等人。除此之外，陈抟还将自己的古文、春秋之学传给穆修、尹源、尹洙等人。

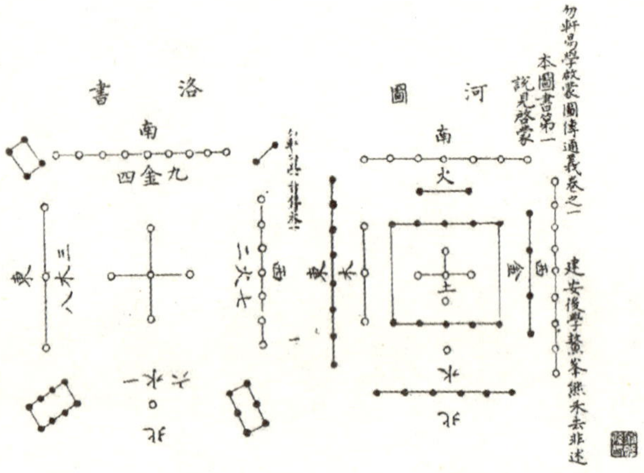

据传为陈抟所列之河洛图

陈抟通过《无极图》的推演而传播出来的基本思想，是以《道德经》为本，用老子“知其白，守其黑，为天下式，常德不忒，复归于无极”中的“无极”来表示世界最终的本原，作为内丹修炼的归宿。将

“道生一，一生二，二生三，三生万物”即“顺则生人生物”的宇宙生成模式运用到内丹修炼中，即：炼精化气，合三为二；炼气化神，合二为一；炼神返虚，一复归道（无极）。其程式刚好与《道德经》相反，实现“逆则成佛成仙”。

据元人袁桷所著《清客居士集》载，朱熹对陈抟所传之象数学的三种图式非常感兴趣，专门派蔡元定入蜀，寻访真迹，并对它们推崇备至，撰写了《太极图说解》，辑于《周易本义》之首。毫无疑问，陈抟的象数之学，以及天人合一的哲学思想，对朱熹的理学产生起到了化合作用。

然而，对于更多的求仙习道之人，陈抟的影响恐怕还在于他的养生思想。陈抟的养生思想，以老子的清静无为为根基，不求名利，追求淡泊，在这一点上，与楼观道派所执无二。其具体的修炼理论，则以《黄庭经》为准则，从扶养性命，恬淡无为、无思无虑、固守虚无、积精养神入手，通过调息、藏精、咽津等方法，从而达到长生的目的。所以，后人总结陈抟的修炼之法为“守静”，其功为“静功”，其方法有导引、叩齿、集神、握固、平坐等。从传承角度看，张三丰武当道派的“静功”修炼，就是陈抟守静养生之法的习传。此外，在陈抟的功法中，还有一个最为有名的“睡功”，后人称之为“蛰龙功”。这个“蛰龙功”又称为睡诀32字。其词云：“龙归元海，阳潜于阴，人曰蛰龙，我却蛰心。默藏其用，息之深深，白云高卧，世无知音。”

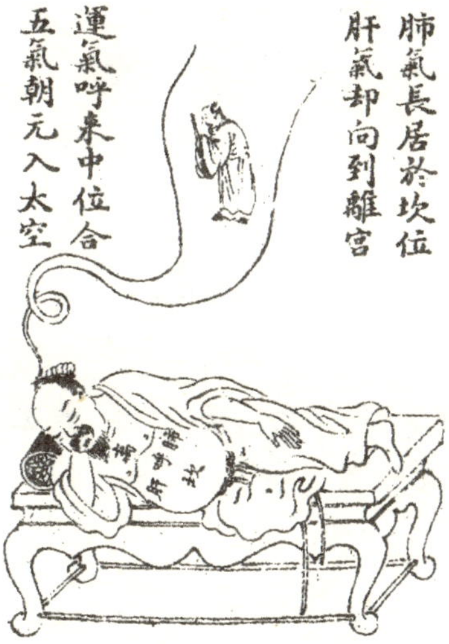
肺氣長居於坎位
肝氣却向到離宮
運氣呼來中位合
五氣朝元入太空
陈抟老祖之《对御歌》

虽然陈抟的内丹学说影响很大，转变了道教神仙追求的走向，但最终完成内丹学理论体系的，却是张伯端。张伯端是北宋时期台州临海郡缨络街人，幼年即慕仙道，精通三教典籍及刑法、书算、医卜、战阵、地理、吉凶生死之术，曾受道于刘海蟾，在紫阳县紫阳洞修炼。宋熙宁八年（1075年），张伯端撰成内丹学的重要著作《悟真篇》。《悟真篇》是汉代魏伯阳《参同契》以后的又一本重要的丹经著作，可以说同为丹经之祖，是道教内丹法的主要经典之一，其丹经地位与魏伯阳的《周易参同契》相仿。全书由诗词歌曲等体裁写成，包括七言四韵16首，绝句64首，五言1首，续添《西江月》12首。总结了北宋以来的内单方术，继承了钟离权、吕洞宾的性命双修学说，并且对陈抟《无极图》中“炼精化气”、“炼气化神”、“炼神还虚”等思想作了进一步发挥。16首七言律诗为总论，指出修炼内丹才是得道成仙的唯一途径，各种旁门小术难以得道成仙，并且指出了内丹修炼需要注意的一些地方。

与后世性命合一之论不同，张伯端其在修炼方法上，明确区分命术、性宗为二途，其性命双修之丹道修炼思想，至为清晰。其方法为：一、先修神仙命脉，要寻真药、辨鼎器、明火候。所谓真药非外丹所用之三黄（雄黄、雌黄、硫黄）、四神（石、砂、铅、银）及草木药之类，而是“真种子”，即真铅，有真阳、阳精、先天一气、先天真一之气、太乙含真气等种种异名，所指皆一，真铅也就是金丹大药。修炼金丹，分安炉立鼎、交媾采药、温养脱胎等几个主要步骤。第一步安炉立鼎，是准备好诱产先天一气的真阴（离）真阳（坎）两般器物；第二步交媾采药，是通过真阴真阳的作用自虚无之中招至先天一气，盗而采之，金丹成就；第三步温养脱胎，是通过细密的火候修炼，育培金丹真气，最终脱胎神化。二、次修无生真性，妙悟本觉，主张以禅宗顿悟之法，了彻性地。虽有承于禅宗法门，实继道家《庄子》之学。

《悟真篇》之重要贡献之一，在于其对道教丹道修炼理论的发展和创造。《悟真篇》将《道德经》“道生一，一生二，二生三，三生万物”的大道生成论，发展表述为“道自虚无生一气，便由一气产阴阳，阴阳再合成三体，三体重生万物昌”修炼模型，特别注重真铅（即先天真一之气）。这一理论鲜明地表现了丹家注重纯阳生生之道的旨趣。同时，采取真铅药物，修成金丹的理论，又是对《阴符经》盗机思想的具体应用。而五行颠倒，三五与一的修炼理论，则直承《周易参同契》。

张伯端的道徒石泰、再传弟子薛道光、陈楠、白玉蟾等根据自己学习《悟真篇》的心得，对内丹原理和药物、火候、沐浴、脱胎等内丹功法进行了补充的阐发，南宗开始在江南大行，并形成了完整的传道体系。

三教合一归全真
——王重阳的宗教学术思想

如前所述，三教合一是唐宋时代宗教思想发展的总趋势，这种思想主要表现在宋代形成的吕洞宾信仰中。由于吕洞宾信仰在宋代的广泛影响，全真教南北宗都把其信仰吸收到自己的教派来。全真教南宗创始人张伯端和北宗创始人王重阳，建立起他们与吕洞宾的师承关系，把内丹术作为全真派修炼成仙的仙林秘籍和不二法门。

道教神仙思想的演变，事实上是一种自我更新。宋代全真教的出现正是这一更新的结果。全真教自建立道教丛林，使道教开始有了统一的教团组织和明确的传法世系。自元代以后道教基本被划为正一与全真两大派，从此结束了前代道教散乱芜杂的存在方式。

全真道北宗的创始人王重阳，其生平事迹主要载记于《全真教祖碑》和刘祖谦《终南山重阳祖师仙迹记》。依《全真教祖碑》记，王重阳（1112～1170），原名中孚，字允卿，又名世雄，字德威，入道后改名喆，字知明，道号重阳子，故称王重阳，北宋末京兆咸阳（今陕西咸阳）大魏村人。

王重阳出生于庶族地主家庭，自幼喜读书，后来入府学，中进士，系京兆学籍。金天眷元年（1138年），王重阳应武略，中甲科。47岁时，深感“天遣文武之进两无成焉”，愤然辞职，慨然入道，隐栖山林。金正隆四年（1159年），王重阳自称于甘河镇遇到两个异人，以水变酒的法术点化他，并授予他内炼真诀，于是王重阳悟道出家。金大定元年（1161年），王重阳在南时村挖穴墓，取名“活死人墓”，又号“行菆”，自居其中，在墓门口插一木牌，题为“王害风灵位”。自作一诗曰：“活死人兮王喆乖，水云别是一般谐。道名唤作重阳子，谑号称为没地理。来者路，不忘怀，行殡须是挂灵牌。”金大定三年，王重阳功成丹圆，迁居刘蒋村。金大定七年，王重阳忽然一把火烧了所居茅屋，村人救火，他不但不救，反而手舞足蹈，边舞边唱：“数载殷勤，谩居刘蒋。庵中日日尘劳长，豁然真火瞥然开，便教烧了归无上。奉劝诸公，莫生怏怏，我咱别有深深况，惟留煨土不重游，蓬莱云路通来往。”而后辞别众人，一路东向，别京兆，指蓝田，经华岳，入南京，

王重阳画像

游海岛，得知友，赴蓬莱，随机施教，以诗词歌曲布道度人，以神奇诡异惊世骇俗。先后收马钰、孙不二、谭处端、刘处玄、丘处机、郝大通、王处一为弟子。金大定十年，携弟子马钰、谭处端、刘处玄、邱处机四人返归关中，卒于开封途中，葬于终南刘蒋村故庵（今陕西户县祖庵镇）。

纵观王重阳的创教活动及其宗教学术思想，就本质而言，是对旧道教的一次“拆洗”。所谓“拆洗”，就是“求返其真”，元人虞集在《道园学古录》卷中说：“昔者汴宋之将亡也，而道士家之说诡幻益甚。乃有豪杰之士佯狂玩世，志之所存，则求返其真而已，谓之全真……涧饮谷食，耐辛苦寒暑，坚忍人之所不能堪，力行人之所不能守，以自至于道。”统括王重阳及全真七子的宗教思想，全真道的精义主要体现为：

一是将老庄思想羼入全真教的教义之中，作为全真教教义的理论基础，恢复老庄哲学对道教的指导作用，以之规范道教人士的习道修炼行为。宋元以前，道教各流派虽然也紧傍老庄，但也极崇神仙，视烧茅炼丹以求长生久视为习道之惟一途径，方术日盛，异行渲嚣，从而远离道教本旨，使道教自污清白，被世人非议。唐末五代以至宋初，吕洞宾、陈抟、刘操、张伯端等人飒然而起，从理论上进行反省，以老庄清静无为学说为认识前提，注重从个人的生命修持入手，去实现道教所追求的长生久视目标。这些正本清源式的理论重建和道迹实践，对王重阳创建全真教提供了坚实的理论基础。王重阳在其基础上，力倡身行，使之系统化和制度化。正如《郝宗师道行碑》所说的那样：“其修持大略以识见性、除情去欲、忍耻含垢、苦己利人为宗……重阳唱之，马谭刘丘王郝六子和之，天下之道流祖之，是谓七真。”

二是融汇儒道释三家宗教哲学思想，对传统道教实行重大理论改造，使之更加适应中国社会各阶层文化需求，成为中国主流社会的意识形态。儒道释三教在唐代之前，虽然有多次纷争，甚至出现过相互攻击，借助政权力量打击对方的现象，但也呈现出合流的倾向。宋代程朱理学出现之后，这种合流倾向已经成为一种不可抗拒的社会思潮和社会时尚。王重阳年轻时，曾经在长安京兆府学听过陈抟再传弟子高怿的讲学，深受陈抟学术思想的影响。因此，王重阳在创立全真教的过程中，旗帜鲜明地提出“三教合一”的主张，对传统道教进行了重大的理论改造。《全真教祖碑》中阐述其重造理论说：“夫三教各有至言妙理，释教得佛之心者，达磨（摩）也，其教名之曰禅师；儒教传孔子之家学者，子思也，其书名之曰《中庸》；道教通五千言之至理，不言而传，不行而别，居太上老子无为真常之道者，重阳子王先生也，其教名曰全真……凡立会必以三教名之者，厥有旨哉。”王重阳在其传道过程中，不仅以老子《道德经》为要旨，而且还要求弟子读佛教的《般若心经》和儒家的《孝经》，以“三教”命名他所创建的道教团体。台湾学者李叔还“以儒教之忠孝，释教之戒律，与道教之丹鼎，融洽于一炉，谓之全真教”来概括其特征。按照王重阳创造的全真教教义，要求入教者将儒家的“忠孝”道德行为规范，作为习道者的日常行为准则；要求出家修道者必须仿照佛教制度，遵行道戒，不事婚嫁，住庙清修。王重阳创教初期，还要求信徒们按照印度教僧尼的乞食之制，离乡云游，乞食为生；在性命修炼方面，则是以身体为“鼎炉”进行内炼，即习炼内丹术。

三是倡导平等，淡化道教辈份差别。从王重阳《三州五会化缘榜》榜文看，王重阳视平等为修道者最高道德、清修之功的原始起点。他说：“窃以平等者，道德之祖，清静之元。”在弟子关系上，王重阳也是以平等视之。比如，马丹阳等全真七子，是他的亲传弟子，有师徒之实，但是他对得力助手马丹阳，却以平辈对待，其法号也与其他六子不同。更重要的是，王重阳首倡男女平等，教内教外一视同仁。比如他劝化孙不二入道，并且使之成为全真七子之一，就体现了他的男女平等思想。

全真仙姑孙不二画像

四是建立了道教丛林制度，确立了道教人士的修炼行为规范。王重阳在《立教十五论》中明确提出，凡是出家修行之人，第一步是必须投庵。这一规定，成为出家修行之人以庙为家的定制，结束了宋以前道士居家、隐遁不分，道士与道教学者不分的散乱状态。在此基础上，王重阳进一步建立起了道教丛林制度，即所有的道教宫观，都向全体道士开放，接纳他们入住驻观修行。住在丛林中的道士，都得按照严格的戒律和清规进行修持活动，并且依靠自己的生产劳动获得生活资料。正如《奉圣州永昌观碑》所描述的那样："耕田凿井，自食其力，垂慈接物，以期善俗。"这种自食其力的道教清修方式，至今仍是习道之人所尊奉的清规之一。

除以上四条宗教学术思想外，王重阳对道教影响最大的当属他的养生思想。王重阳上承老子《道德经》和《黄帝阴符经》，下袭钟离权、吕洞宾、刘操和陈抟、张伯端的内丹学说，建立起了一套完整的全真教养生体系。其特点是，将个人养生和社会实践密切结合，认为妨碍人生健康的是世态炎凉和社会分配不公，人要认清和改造自己生存的小环境。为了拯救世人的沉沦，王重阳利用仙界和地狱的宗教描绘对作恶之人予以警告：作恶之人下地狱，行善之人上仙山。他认为，人生倏忽即过，要想求得身心安宁和长生久视，就必须早悟修行，而这种修行，并不是行功打坐，而是在焚香礼忏之外，行善行孝，减色疏财，先人后己。在修行方式上，王重阳主张“性命双修”，先性后命，认为修身不如修心，只要收心降念，做好明心见性功夫，自然就会修炼有成。此外，在对待人体生命物质的基本成分“精气神”三者的关系上，王重阳最重视“气”，认为气为主，神为次，精为后。他说：“察见真修，真炼气神攒聚。”“自然三耀，攒聚气精神。”那么，如何聚气呢？王重阳认为，要守静，要遵循无为的原则，让真气在体内自然流转，就可以使气神饱满，达到长生的目的。

应该指出的是，王重阳的这种修炼方式，在宋金时期，也深重地影响了楼观道士的修炼方法，成为全真教在长安地区的一个分支。特别是到了金元时期，楼观弟子归于全真教之后，楼观道派与全真教合而为一，成为弘扬全真教丛林之一。

全真教兴宗圣宫
——宋元时期楼观道派的流变

在有宋一代，有着仙都之称的楼观，由因“翊圣”降显故事发迹的张守真主持楼观，并于太平兴国三年（978年）奉诏将楼观宗圣观改为太平兴国观。端拱元年（988年）又诏改为顺天兴国观，仍由张守真主持宫观事务。在此期间，楼观田产大多被划归上清太平宫所有。大观二年（1108年），因为楼观道众50多人生活无着，观主童行领着道众向有关官署申诉。当时，管辖当地事务的清平军奉旨将60余顷祖业判归楼观，楼观道众因此而得以安心修道。金时，楼观仍然继承原有的传统，沿袭道法，与王重阳在关中传布的全真道平行共处。

金元之交，直至南宋覆灭的数十年间，是中国大地铁骑纵横、血火纷飞，生民涂炭的苦难年代，也是楼观道教派式微，道士星散的年代。和日益鼎盛的全真教派不同的是，这一时期的楼观道派处于道观凋蔽，道风不振的时期，据说，其时楼观仅存三门二亭和一座钟楼。不过，由于邱处机深得成吉思汗的宠信，使得全真教成为风靡全国最有影响的道派之一，与全真教有千丝万缕道源关系的楼观道，也因缘而生，在元初获得了再次重建的机会。

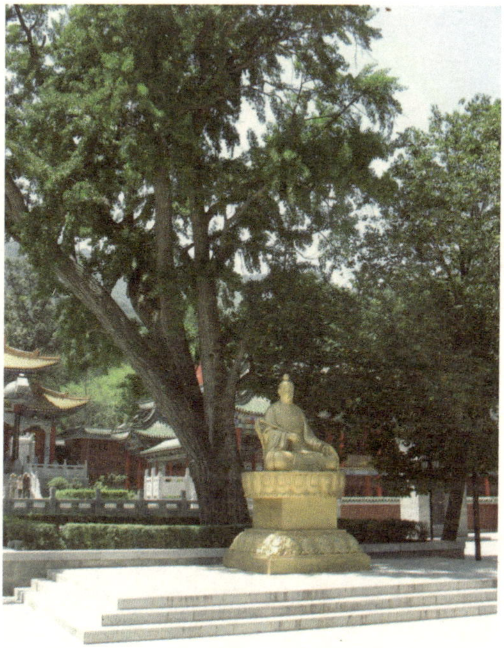

楼观台崇圣宫内老子塑像

金末，蒙古军进攻陕西，全真教祖庵灵虚观焚毁于战火之中，时任全真教掌教的尹志平忧心如焚，发出道令，让杨明真的弟子李无欲返回关中，招集道侣兴复祖庭。这年冬天，李无欲为了修建祖庵之事，奉京兆总管田德灿之命赴京迎请尹志平。1236年，尹志平来到陕西，抵达终南山全真教祖庵所在地。尹志平在考察了祖庭及楼观、骊山、华山道观的焚毁状况后，对如何恢复重建这几处道观做出了规划。其时，楼观前道士张致坚把自己所绘的楼观旧址图样献给尹志平，希望尹志平在修祖庵的同时，也对楼观台进行修复。尹志平即将此事托付给同行的李志柔，要其负责重修。李志柔接受重修楼观的重任之后，自忖不能胜任，于是，他便将修复楼观之事呈请行省长官田德灿和乾州长官刘德山。田刘二人准其所请，由京兆府行文，明确规定把楼观附近原有的田产划归楼观，永为楼观赡众恒产。有了政府的支持，李志柔便让宗师所委大师韩志元、张志朴领衔，率领全真教徒展开了有组织的修复活动。据《大元重修古楼观宗圣宫记》，这些教徒们“薙榛棘，除瓦甓，辇材植，斫者、陶者、规构者、耕以馕给者，莫不同诚竭力”。李志柔的河北弟子们也闻讯赶来，纷纷入陕，参与到楼观重建的劳动中来。经过六年（一说十年）的营建，逐渐恢复了楼观旧貌。就楼观而言，这次重建了三座大殿，一曰三清，一曰文始，一曰玄门列祖。重建了三座高楼，一曰紫云衍庆，一曰景阳，一曰宝章。重建了两堂，一曰真官，一曰斋心。此外，还建了接待来宾道馆、供四方信众临时居信的道寮、道士们焚诵清修的静室，重建了山门、方丈、厨库、蔬圃等等，宫观设施逐渐完备。自此以后，楼观归全真派负责。据《大元重修古楼观宗圣宫记》碑阴所列“同尘真人门下宫观纲首名氏”统计，李志柔门下弟子在楼观的执事就有75人，参加楼观修建的代表就有359人之多。

元世祖中统元年（1260年）六月，忽必烈以朝命改宗圣观为宗圣宫。其后又3次敕令重修楼观，而且还诏命军民不得侵扰道士们焚修，楼观道士与重阳宫道士同等待遇。四年，全真教诚明宗师张致敬命李志柔主持楼观。据樊光春《西北道教史》载，在李志柔和石志坚等人相继住持楼观宗圣宫期间，对唐宋时期楼观附近的宫观也进行了修复，其中多数被列为宗圣宫下院，其中有名的有延生观、玉华观、洪妙观、演化观、元始台、会灵观等。除上述6观之外，被列为楼观下院的还有木则坪崇庆观等24处。

经过尹志平、李志柔等人倾注全力的修葺，楼观道观宫宇一新，道誉复振。由于宗圣宫和各外下院大多为李志柔门人所建和住持，所以，楼观道教彻底为全真道所取代，并成为一大丛林。元至元十六年（1279年），茅山道士朱象先来到楼观，经过十多年的文献整理，撰写成《楼观先师传碑》，对楼观道派的形成和发展，以及归入全真道的历史性转析作了系统的总结。其中对尹志平的贡献做了比较恰当的评价，其赞语曰："法印高提妙举扬，草楼何似宝玄堂，仙源流到全真海，关令家声万代扬。"应该说明的是，从尹志平上溯至北宋时梁筌，其间三百多年间，楼观无一位高道入碑记，可见楼观道派自梁筌之后衰落，以致最后被全真教所融汇，实在是一种历史的必然和大势使然。

楼观台碑刻人物画像

虽然楼观归入全真教，但其道教祖庭地位并未消失。元代住持宗圣宫的高道十分重视老子崇拜及自尹喜以下的传承关系，不仅对前代所遗存的《道德经》石碑妥善保护，而且新刻了两通篆体《道德经》石碑，成为道教信仰崇拜的历史根据，同时也表明了全真教与楼观道派教义一脉相系的内在联系。由于全真教的鼎盛和政治影响，使得楼观道在朝廷禁毁《化胡经》后，仍然能够保留老子崇拜，将道义传继下去，以至当代，这完全可以看做是全真教对楼观道派的保护。此外，尹志平和李志柔在楼观建起全真道丛林之后，对宫观管理也进行了相应的改革和规定，建立起了一套比较完整的组织体系。据资料介绍，宗圣宫的最高负责人叫宗主或知宫，通常为具有很高道教地位的"赐紫"道士担任；处理日常事务的名为提点，属五品阶位，专设提点机构；其下依次为：提领（提举）、副提领、三洞讲经师、玄学讲师等职务，各处下院的负责人为知事。据《大元重修古楼观宗圣宫记》碑阴题名，登录姓名者共计354人，其中280人为李志柔在全国各地住持宫观的弟子，有74人为元中统四年（1263年）楼观宗圣宫及各下院的常住道士，由此可见楼观复兴期间的道士众多，游方道士当为更多。建立这一套组织体系，无疑为楼观道教的兴盛提供了有力的组织保证。

遗憾的是，至顺二年（1331年），楼观遭遇特大山洪袭击，会灵观、洪妙观荡然无存，宗圣宫的大部分殿宇也被冲毁，只有说经台得以保存。在这次毁灭性的洪水袭击之后，楼观道的宗教活动又一次走向低谷。

结语

丹炉不熄千年火

明清以降，楼观的道教仙都地位虽然没有改变，但从总体上看，呈现一种衰落的态势，影响力日渐衰退。从笔者所见楼观资料看，楼观衰落的原因有三：一是自然灾害对楼观宫宇的破坏，二是楼观道派大师的匮乏，三是政权交迭以及执政者的信仰偏好转移的冲击。其中，尤以第三个原因最为重要。

稚柳作《楼观台古银杏树》

楼观自元初大规模修复之后，不到百年间，就多次遭到山洪袭击，毁坏殆尽。1331年（明至顺二年），楼观再次遭遇特大洪水袭击，这次特大洪水给楼观带来灭顶之灾，大部分殿宇被毁，会仙观、会灵观、洪妙庵等处荡然无存。1555年（明嘉靖三十四年），宗圣宫主殿三清殿又被地震摧毁。此后，整个明清时期，地方官府虽曾几次帮助修复，但都无法恢复元初盛况。1573年（万历元年），在皇室成员的资助下，周至县署曾对楼观进行大规模修复，并扩建吕祖洞，新建玉皇阁，增建雷神、三官、灵宝等殿，以及演化庵、八卦亭、七星阁等小型建筑。神宗颁赐《道藏》后，又增建了藏经阁。1794年（清乾隆五十九年）周至县知县邓丙纶对楼观内部教务进行了清理，将败家毁业的道士自楼观逐出，并亲自主持修葺宗圣宫主体建筑。但是，新修的建筑群旋即于1862年（同治元年）被战火焚毁殆尽，仅存18000平方米的遗址。清代中期白莲教起义和太平天国起义，战事都延及周至，楼观的明代建筑大部分被战火焚毁。由于说经台建筑群历经劫难而损失无多，明清以后楼观的教事活动渐以此为中心，沿至当代仍称楼观为楼观台。

楼观的建筑状况如此，其教事传承亦相应冷落。明、清两代，在楼观的历任住持中，对楼观建设有所成就的仅有侯圆方、孔潜真、庞宗文、仵明宫、张道一、姬东坡等人。孔潜真号虚斋，明正统年间（1436～1449）任说经台住持，曾刻立《太上老君抱一说碣》和道教养生诀楹联。庞宗文、仵明宫于嘉靖年间（1522～1566）任宗圣宫住持，曾先后主持重修楼观五祖七真殿和三清殿。张道一，隆庆年间（1567～1572）说经台住持，曾募化集资修建无极、雷祖、灵官、龙虎等大殿。姬东坡，宋万历年间（1573～1619）楼观台道士。雍正《陕西通志》称其善鼓琴，诗文多出奇句，常讲《南华经》，多自悟。宋神宗曾赐给其《道藏》两部以及龙旗、御杖、幢幡、莲瑞图等。云霞逸人，清初隐遁楼观，并隐姓埋名，自称祝逸民，号云霞，与关中大儒李二曲过从甚密。李二曲为他写了《云霞逸人传》，收入《二曲全集》中。然而，统观上述主要传承人，虽然或多或少地为楼观道派做出了应有的贡献，但就道派学术的发展而言，缺乏创新意识，陈陈相因，代代相袭，使得楼观道派的理论活力大减，吸引力、感召力和凝聚力涣散，难以复振楼观道声誉。

直至清初龙门律宗在终南一带大事传戒之后，楼观教事方呈兴旺之景象。康熙五十一年（1712年），有道士梁一亮从京师来到楼观，聚集了100多名道人，检索相关碑石署名，得出“一、阳、来、复、本、教”等字派，由此可知当属龙门派传人。嘉庆十四年（1809年）有刘合仑从西安八仙阉来到楼观，延继龙门派传承。据碑石纪录，从嘉庆十四年到道光七年（1809～1827）在楼观修道之人有“阳、来、复、本、合、教、永、元（圆）、明、智（至）、理、宗、信”等字派。由此可见，楼观道派虽然式微，但作为全真教的一方丛林，仍然发挥着祖庭功能，薪火相传，代不绝人。

民国期间，楼观台和陕西境内所有道观一样，都经历了兵匪占据，天灾人祸的毁损，道众逃散，道废嗣绝。有着道教仙都之称的楼观台，人数最少时仅余20多人，其宫宇除民国三十一年（1942年），监院雷明物募资，重修说经台大殿、山门，补修两庑四子殿、十方堂和显灵山、吕祖洞外，再无大型修葺工程。

新中国成立以来，楼观道教经历了比较曲折的发展历程。建国初期，中共陕西省委发布《关于佛道教工作情况及今后意见》，对陕西省境内2097名僧尼、道士进行组织学习，动员其参加农业生产和兴修水利等。1953年，陕西省委针对个别地方强迫道士还俗、烧毁经书、歧视、侮辱、伤害教徒感情的现象，发布指示要求各级政府贯彻落实保护庙宇政策，帮助教徒生产，组织教徒学习，不得干涉教徒进行正常宗教活动。1957年，楼观台高道侯宗祥和八仙宫高道乔清心等7人参加宗教界人士参观团，赴武汉参观社会主义建设成果。楼观台的百余名道士积极响应政府号召，参加生产劳动，耕种土地300余亩，生产小麦4万余斤，保证了开展宗教活动之需。1957年4月，楼观台侯宗祥当选为中国道教协会

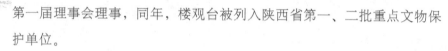

第一届理事会理事，同年，楼观台被列入陕西省第一、二批重点文物保护单位。

在“大跃进”和“文化大革命”期间，楼观道遭到严重破坏，道教活动陷入流散状态。1960年6月，陕西省开展“宗教改革运动”，在严重歪曲宗教信仰自由政策的思想指导下，迫害宗教职业人员的事件屡屡发生，在楼观台的106名道士中，就有5人受到批判，监院侯宗祥被批斗后自杀身亡。在1963年的“四清”运动中，楼观台道士被迫还俗从事生产劳动，变成了完全从事生产的楼观公社的直属生产队，道士集中食宿，共同劳动，并且从事宗教活动。在“文化大革命”中，楼观宫宇多被拆除，2名道士被捕，多人被斗，2人自杀，其余被迫还俗，13人流落外地乞讨化缘或以算卦看相为生。1969年，楼观台相继被县“五七”农场和种牛场接管，道士都被视为牛鬼蛇神，被强迫参加生产劳动，与工人同工同食，但是颇受歧视和虐待。

1978年12月，中共十一届三中全会以后，楼观台道教活动开始得以恢复，并且随着改革开放的步伐，迈入了全面快速恢复兴盛时期。1978年，在省市县各级党政领导的重视关怀及大力支持下，楼观台先后整修了说经台山门前东西两个亭子，并给宗圣宫遗址的古树修了围栏，给老子祠正殿两庑和门房画了彩画。1979年又修葺了说经台山门和东西二碑厅，为老子祠后院修起围墙和门楼，重建说经台北面下一级的藏经阁和两旁走廊。1981年楼观台被列入全国道教重点宫观名单，1985年楼观台完成全面移交工作，建立起了管理委员会，自行管理庙产，开展宗教活动。2003年，楼观台前院归还道教界管理。

这一时期，楼观台道教活动的主要特征表现为道士的职业宗教活动与民众信仰相结合，以道教宫观为聚会点，以老子崇拜为主，兼以民间多神崇拜，大多依托于祭祖习俗、群众文化娱乐和商品交易活动的庙会。楼观台道教人士在老子、尹喜诞辰以及成仙之日，或者其他道教节日，都要办斋醮法事，附近信士往往盛装前往，参与其事。影响所及，楼观台周边的西楼观、师家庵、娘娘庙、东岳庙、拔仙台、赵代村等地，也定期举办庙会。其中西楼观和师家庵每年二月十五日开始的庙会，所敬道教人物和信仰特征与楼观台完全一致，都具有祭祀老子的宗教内容。楼观庙会自明清延至现代，尤其以改革开放后的香火最为旺盛。参加庙会的香客的大多是楼观附近的关中各区县民众，也有大量外地香客慕名而至，据说会期每日秉香礼道的香客多达七八万人。

楼观台二月初十老诞辰庙会

进入新世纪以来，陕西道教学术研究勃然而兴，陕西省道教协会创办《三秦道教》杂志，弘扬道教文化，楼观高道任法融编撰出版了《道德经释义》《黄帝阴符经、黄石公素书释义》《道德经十四字养生诀》等阐释道教经典的道教著作。王士伟出版《楼观源流考》、樊光春出版《长安·终南山道教史略》等楼观道派研究专著，弥补了陕西道教研究的空白。1992年至2006年，陕西道教界先后成功举办了“海峡两岸道教文化研讨会”、“中国西安道教文化研讨会”、“海峡两岸纪念老子楼观授经学术报告会”等大型国际道学研究学术会议。2007年中国道教协会和中国宗教文化交流协会主办的“国际道德经论坛”在西安和香港两地举行，极大地扩大了楼观道教的国际影响。

从2003年开始，楼观道教进入了一个高速发展的新时期。陕西省委、省政府实施“文化强省”战略，西安市委、市政府全面贯彻落实

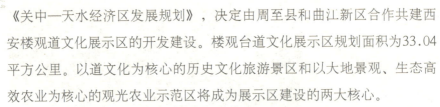

《关中—天水经济区发展规划》，决定由周至县和曲江新区合作共建西安楼观道文化展示区的开发建设。楼观台道文化展示区规划面积为33.04平方公里。以道文化为核心的历史文化旅游景区和以大地景观、生态高效农业为核心的观光农业示范区将成为展示区建设的两大核心。

赵公明财神庙前赵公明塑像

以财神故里为核心的赵公明财神庙；以宗圣宫—说经台中轴线为核心的道教文化区；以老子墓为中心的道家文化区以及延生观、化女泉、大秦寺等重要景区，在2011年底前陆续建成开放。通过推行土地流转、集约化经营和村庄搬迁集中安置，展示区内农民群众生产生活方式将得到根本性的改变，观光农业示范区和生态宜居的“楼观新镇”成为“引领西部，示范全国”的新亮点。西安楼观道文化展示区的开发，紧紧抓住“中国”、“民俗”和“观光”这三个核心理念，按照“保护优先、突出特色、生态融合、持续发展”的原则，高起点规划，大气魄谋篇，通过区县携手共建，确保实现“两年成景点，三年成气候，四年扬名中国”的建设目标，全面建成国家级生态示范区和国家5A级景区。

西安楼观道文化展示区的开发建设必将成为城乡统筹的破题之举和城镇化建设的扛鼎之作，成为陕西关中旅游产业的重要引擎和新的增长极，成为中国一流道文化旅游目的地。

参考文献

1．孙以楷《道德经与春秋史官的哲学思想》，《学术界》1995年第5期。

2．谢青果《太上道祖圣传》，宗教文化出版社2006年2月版。

3．高旷道《道德经诞生新论（上）》，《三门峡职业技术学院学报》2004年第2期。

4．王萍《道德经与中国早期史官》，《文史哲》2000年第2期。

5．朱义明《西汉社会黄老思想兴衰的政治经济视角分析》，《中南大学学报（社会科学版）》2009年第6期。

6．陈彦《重读老子的当下意义》，《人民日报》2010年8月3日。

7．王博《〈道德经〉是怎样一部书》，《光明日报》2010年12月2日。

8．吕鹏志《〈西升经〉的命运观解析》，《中国道教》1999年第4期。

9．王利器《〈化胡经〉考》，《宗教学研究》1988年第1期。

10．贾小艳《〈西升经〉及其思想研究》，华中师范大学硕士学位论文2007。

11．洪修平《道德经·老子之道与道教的发展—兼论“老子化胡说”的文化意义》，《南京大学学报（哲学·人文·社会科学）1997年第4期。

12．闫秀敏《〈关尹子〉的无为管理哲学研究》，《前沿》2009年第6期。

13．张岂之《道德经与〈道德经〉——读任继愈先生〈老子绎读〉》，《光明日报》2009年1月21日。

14．章太炎《国学述闻》，陕西师范大学出版社2008年9月版。

15. 张国振 吴忠正 《道教常识问答》，上海人民出版社2008年12月版。

16. 李申《道德经与道家》，商务印书馆2007年11月版。

17. 顾颉刚《秦汉的方士与儒生》，上海古籍出版社1998年1月版。

18. 冯友兰《中国哲学小史》，中国人民大学出版社2009年11月版。

19. 尚钺《中国历史纲要》，人民出版社1983年10月版。

20. 常础基《庄子浅注》，中华书局2007年3月版。

21. 钟肇鹏《儒家和道家的人生观》，《浙江社会科学》2001年第4期。

22. 王槐茂《谈鲁迅对老子思想的化用》，《语文学刊》2007年第9期。

23. 胡孚琛 吕锡琛 《道学通论》，社会科学文献出版社2003年第1版。

24. 傅家勤《中国道教史》，商务印书馆1937年版。

25. 洪治纲《章太炎经典文存》，上海大学出版社2003年12月版。

26. 许地山《道教史》，上海古籍出版社1999年12月版。

27. 南怀谨《中国道教发展史略》，复旦大学出版社2010年6月版。

28. 张松辉《道德经译注与解析》，岳麓书社2008年12月版。

29. 朱晓进《鲁迅的道教文化观》，《鲁迅研究月刊》1991年第3期。

30. 王礼贤《楼观台与老子》，《中国典籍与文化》1995年第3期。

31. 卢国龙《〈西升经〉成书年代及基本思想》，《中国道教》1987年2期。

32. 易中天《我们从儒家那里继承什么，又该怎样继承》，《南方周末》2011年1月24日。

33. 樊光春《西北道教史》，商务印书馆2010年3月版。

后记

由于资料储备的不足和写作时间上的冲突，这部小书的写作有点艰难，幸亏有责任编辑焦欣波先生从大纲体例的编写，以及写作资料的提供和观点提炼等诸多方面的帮助，这才使得这部小书得以顺利出版。当然，就楼观道派的道脉延承以及楼观道派习奉的道教经典的解读而言，我更要感谢陕西省社会科学院宗教研究所的樊光春先生和贾小艳、卢国龙等同志，没有他们热心提供的研究成果的支撑，这部小书是难以顺利完成的。由于编排体例的限制，书中某些观点及文字引文出处未能一一标出，仅以参考文献的方式列于书后，冀希引文作者予以原谅。同时，文中很多观点，包括文献考释都可能存在着某些缺陷，热切希望能够得到读者朋友的指正。

王琪玖

二〇一一年十一月三十日于大雁塔脚下